ODAの終焉

機能主義的
開発援助の勧め

The Face of
ODA Tomorrow:
End It or Mend It

浅沼信爾・小浜裕久

Shinji Asanuma and
Hirohisa Kohama

勁草書房

はしがき

われわれはずいぶん長く生きてきた。世界が変わってゆくのを眺めたし，その変化にもっと身近に巻き込まれたりしたこともあった。しかし，いま思い返してみると，1990年代初頭から21世紀の初めの10年の変化は目まぐるしいものがあった。グローバリゼーションだ。もちろん，ほとんど革命的ともいえるスケールの変化には，良い面と悪い面があるし，その過程でウィナー（勝者）とルーザー（敗者）が出ることは避けがたい。

全体的に見れば，途上国はグローバリゼーションのウィナーだった。1990年代初頭からの20年は，途上国経済にとってまさに「ゴールデン・イヤーズ」だったといってよいだろう。経済成長は加速し，1人当たりの所得は高くなり，人口に占める貧困層人口の割合は劇的に低下した。経済成長を謳歌したのはアジアの諸国だけではない。長い間経済停滞に苦しんでいたサブサハラ・アフリカの国々も，貧困の罠から逃れるのに成功したかに思えた。

第2次世界大戦後の国際経済体制に欠かせない一部として組み込まれた途上国に対する開発援助——ODA（政府開発援助）——は，グローバリゼーションの過程で，どのように変化・変質を遂げたのか。そもそもグローバリゼーションとは，モノ，カネ，ヒト，知識・技術が国境を越えて自由に流れ動き廻ることだ。ODAの役割がただ単に途上国の開発のためにカネを提供することならば，ODAの役割は終わったとはいえないまでも，主役ではなくなった。今日では，FDI（多国籍企業による直接投資），国際金融・資本市場からの資金の流れ，それに途上国を離れ海外で働く労働者から本国への送金が，ODAをはるかに凌駕するようになった。ODAは途上国へのカネの流れのチャネルとしては，ワン・オブ・ゼムになっている。

途上国に対する開発援助を担っているのは，UNICEFのような国連の特別機関，国際開発援助機関として設立された世界銀行やアジア開発銀行などの国際機関，先進国政府が設立したJICA等の開発援助機関，国際的に活躍する

NGO，等々に関わる「国際開発コミュニティ」とでも呼べる専門家集団だ。国際開発コミュニティでのODAの議論は，1990年代初頭から「人間開発」，「人間の安全保障」，「ミレニアム開発目標」，さらには「持続可能な開発目標」に象徴される人道主義的，理想主義的な方向に大きく展開＝転回した。高邁な理想を実現するためには，世界中のあらゆる国々の人々の強い連帯感と世界政府のような組織が必要とされるにもかかわらず，それが存在しないなかで理想的な目標の議論だけが進んでいる。まさに国連外交官と国際NGOの饗宴＝狂宴が繰り広げられるのを見ているようだった。もっとも厄介なのは，その饗宴に参加している人たちが，雰囲気にのまれて自分自身の発するレトリックを信じてしまうことだ。そして，ほんのちょっとした努力でレトリックが現実になると思い込むことだ。

　われわれのように開発の現場近くで仕事をしてきた者にとっては，夢の議論の非現実性に強い違和感を抱かざるをえない。こんな議論を続けているようでは，ODA自体が存亡の危機——気障に言うと，エクジステンシャル・クライシス——にあるのではないかという危惧感さえ抱く。そこで，この違和感と危機感を表明しようという目的で書いたのが本書だ。ここでわれわれが展開する意見にすぐに賛同を求めることは難しいかもしれない。しかし，少なくともODAの将来の方向性についての議論をいま一度呼び起こしたいというのが，われわれの願いだ。

　この共著書もまた勁草書房の宮本詳三氏の編集者の役割をはるかに超えた協力と激励の賜物だ。本書の企画段階では，「ミレニアム開発目標」のゴール時点の2015年までに完成し，次の開発目標の議論の参考にしてもらおうという意図だった。しかし，われわれの怠慢のために，月1回の検討会（「昼の部」）に持ち込む原稿が遅れに遅れた。検討会の後の「夜の部」と称する食事会に参加してくれた友人たちの絶え間ない激励に支えられて，ようやく完成に漕ぎつけたのが実情だ。宮本さんおよび「夜の部」の友人たちに，深甚の感謝を捧げたい。

　著者のはしがきに共著者に対する謝辞を書くのは異例だ。それを承知で，共著者である小浜裕久氏に対する謝辞を書いておきたい。小浜さんとは本書を含めて3冊の共著がある。小浜さんのこれらの著書での役割は，共著者として

だけではない。映画の製作では，出演者の他に製作者や監督がいるが，小浜さんはまさに製作者と監督の役割を宮本さんと 2 人で分け合って果たしてくれた。著書の場合は，映画と違って製作，監督の名前が字幕に出てこない。字幕に出す代わりに，ここに小浜さんの役割を記録に留めたい。

2017 年夏

浅沼　信爾

目　　次

はしがき

序　章　ODA の新しいパラダイム　　　3

第1章　ODA の半世紀とその実績　　　11
　第1節　イントロダクション：ODA の起源 11
　　ボックス1　ブレトンウッズ会議 13
　第2節　ODA の量的拡大と展開 18
　　ボックス2　ODA の定義 20
　第3節　「制度化された ODA」とその展開 26

第2章　途上国経済の発展　　　35
　第1節　イントロダクション：第2次世界大戦後の途上国経済 . . . 35
　第2節　輸入代替工業化路線とその帰結 39
　第3節　輸出志向工業化路線とグローバリゼーション 51
　第4節　途上国の経済発展：半世紀の記録 62

第3章　ODA パラダイムの変遷　　　65
　第1節　イントロダクション：ODA パラダイムの系譜 65
　第2節　ギャップ理論と開発プロジェクト援助 71
　　ボックス3　IDA の起源 77
　　ボックス4　ギャップ理論から債務の持続可能性分析へ 83
　第3節　構造調整政策のパラダイム 86
　第4節　MDG パラダイム 93
　　ボックス5　「貧しさ」について 97

第4章 日本のODAの展開　99

第1節　イントロダクション 99

第2節　日本ODAの展開 100

　ボックス6　ODAはどっちで測る——ネット(純額)それとも
　　グロス(粗額)? 104

第3節　日本ODAの理念と政策枠組み 113

　ボックス7　日本のODA大綱と開発協力大綱 121

第5章 迷走するODA　125

第1節　イントロダクション 125

第2節　MDGパラダイム再論 130

第3節　「パリ宣言」:開発主体と援助体制(いわゆる「援助アーキ
　　テクチャー」) 139

第4節　ODAの現状:機能不全に陥ったODA体制 144

　ボックス8　ミレニアム村落総合開発プロジェクト・プロファ
　　イル 145

第6章 途上国の成長戦略とODAの役割　159

第1節　イントロダクション:MDGsの教訓 159

第2節　「トラック・ワン戦略」と「トラック・トゥー戦略」 161

第3節　途上国成長の要件とODAの役割 171

第4節　失われるODAの意義と残された役割 181

終　章　ODAをどう再構築するか　185

第1節　イントロダクション:ODAの機能不全 185

第2節　新しいODAのパラダイム 188

第3節　「機能主義パラダイム」の勧め 192

　ボックス9　ラオスのナムチュン2水力発電プロジェクト 196

第4節　ODAとドナー国の国益 199

目　次	vii

参考文献　　　　　　　　　　　　　　　　　　　**205**

あとがき　　　　　　　　　　　　　　　　　　　**219**

索　　引　　　　　　　　　　　　　　　　　　　**227**

ODA の終焉
機能主義的開発援助の勧め

序　章　ODAの新しいパラダイム

"In successful economies, economic policy has been pragmatic, not ideological. It has been concrete, not abstract."（成功した経済では，経済政策は実践的で，理念的ではなかった。また，具体的で，抽象的ではなかった。）
Stephen S. Cohen and J. Bradford DeLong, *Concrete Economics: The Hamilton Approach to Economic Growth and Policy*, Boston: Harvard Business Review Press, 2016, "Introduction".

　「貧困のない世界」は，誰もが理想とする。2015年9月に国連総会に集まった世界の政治指導者たちは，2030年に向けて，それを達成すべく，「SDGs（持続可能な発展目標）」を高らかに宣言した。先進ドナー国も，いわゆる新興ドナー国も，連帯感を持ってこの実現にいま一層の努力をする決意を表明した。そして，その目標達成のために，ドナー諸国のODA活動を一層活発化させることが必要だという議論だ。

　われわれは，このような，いわば正統的な意見（Politically correct view）に異論を唱えたいと思う。ODAの現実は，ニューヨークの国連本部付近で考えられているような甘いものではない。途上国のODAの現場では大いなる閉塞感が漂い，ODAの有効性や実効性には，しばしば疑義が投げかけられる。野球の言葉を借りるならば，今日のODAはいまや二軍のプレーヤーに成り下がっているうえに，実戦での成績も良いとはいえない。近い将来，ODAの終焉も可能性としてありうる。

　われわれの本書を通じての主張は，今日のODAは，終焉を迎える準備をするか，あるいは大胆なパラダイム転換を図らざるをえない時期に来ている，というものだ。本書には，新しい事実もなければ，斬新な分析があるわけではない。今日のODAを批判的に考えてみようという試みだ。「正しそうなこと」

や「一般受けするようなこと」を述べるつもりはない。むしろ、「毒」があって、反発を持って考えてもらえるような論争を始めたいというのが、われわれの意図だ。その毒が薬になるのがわれわれの望みだ。

われわれは、ODA の現状に強い危機感を持っている。その危機感が、われわれが本書で展開する議論の基礎にある。しかし、ODA 関係者の間でこのような危機感が広く共有されているかというと、そうではない。ODA は、ドナー国の国民が、それほど身近に感じられる問題ではないことは、容易に理解できる。ODA が関わるのは、途上国の経済発展と貧困削減だ。グローバリゼーションとテレビ映像などの通信技術が進歩して、世界中のニュースがほとんどリアルタイムで伝わる今日でも、途上国の政治・経済・社会を自分の皮膚に近く感じられる人は多くない。しかし、現実には、ODA は先進国の GNIの 0.3%（OECD/DAC 加盟国平均）に上る所得移転だ。日本の場合は、それより少なく、GNI の 0.22%（2015 年）だ。すべての ODA が政府予算から出ているわけではないが、政府予算の約 1% という、無視できない支出項目だ[1]。それを多いと考えるか、あるいは少ないと考えるかは、人それぞれの視点の問題だ。しかし、政府予算の 1% といえば、文教・科学振興費、防衛関係費、公共事業関係費と比較してみれば、それらの約 1 割になる。そう考えると、ODA 問題はもっと世の中の関心を集めてしかるべきなのに、なぜ人々の関心は低いのだろうか。

その理由を考えてみると、第 1 に、ODA は第 2 次世界大戦終結後の世界で発展し、その過程で「制度化（インスティテューショナイズ）」されてきた。世界銀行やアジア開発銀行などの国際機関が作られ、ドナー政府にはその一部として国際開発援助機関が作られた。日本の場合は、現在は国際協力機構（JICA）と一緒になった海外経済協力基金や国際協力事業団が作られた。これら機関や機構やそれに関係するところには、途上国の発展に関わる専門家が集まり、その結果世界中では何万人規模の「国際開発コミュニティ」とでも呼べる「専門家」集団ができた。そして、いわばそのコミュニティあるいは「国際

---

[1] 日本の ODA の財源は、一般会計、出資・拠出国債、財政投融資等だが、このうち一般会計が占める割合は、47%（2016 年度事業予算）となっていて、財政投融資等が過半の財源となっている。

開発村」で，ODA の議論が展開されてきた。しばしば内向きになる「村の論理」はなかなか外部者に理解されない。そのコミュニティの活動が，国際経済を支える国民の税金や貯蓄をベースにしているにもかかわらず，だ。本書で議論するミレニアム開発目標（MDGs）やその第2ステージである持続可能な開発目標（SDGs）は，「村の論理」の典型だ。

　第2に，ここ四半世紀位の間に，途上国の経済発展と貧困削減は，ずいぶんと進んだ。ほとんどの途上国で，人口に占める貧困層の割合（貧困率）は急激に低下してきた。そのために，MDGs の基準年とされた1990年に平均35%だった貧困率は，MDGs の最終年である2015年には，10.7%にまで下がった（World Bank 2016）。これは実に驚異的な貧困削減だ。サブサハラ・アフリカには，まだ貧困率の高い国は多いし，またその他の地域にも貧困率の高い国はある。しかし，大多数の途上国で，極端な貧困が姿を消したのは事実だ。この事実をもって，第2次世界大戦から今日まで営々として続いてきた ODA 活動が順調に進んでいると誤解している人は多い。しかし，1990年からの約20年間の途上国の成長と貧困削減に対する ODA の貢献は小さい。この期間の世界経済の成長，なかんずく一次産品の好況が，この「黄金の20年」を演出した主役だったのだ。

　第3に，人々の無関心は，実はある程度正当化されるかもしれない。なぜなら，上に述べたように，途上国の成長と貧困削減に占める ODA の重要性は，年を経るごとに低下してきたからだ。第2次世界大戦直後の世界経済は，モノ・カネ・ヒト・知識が国境を越えて動き難い世界だった。しかし，グローバリゼーションが進むにつれて，途上国の経済成長に不可欠の貿易や資本移動や経営資源や技術等々の途上国への流れは自由になり，大きくなった。その状況の中で，ODA の相対的な重要性は，大きく低下した。途上国の開発と貧困削減に不可欠な要素ではなくなったのだ。

　われわれが持っている ODA に対する危機感は，多分に MDGs や SDGs に対する批判にもとづいている。われわれは，MDGs をめぐる国際開発コミュニティの動きは，「国連外交官と国際的 NGO の饗（狂）宴」だと思っている。また，MDGs の最終期限が2015年に来て，その次の15年間をカバーする SDGs が国連総会で採択されたとき，ロンドン『エコノミスト』誌は，「国

連総会で提案されている持続可能な開発目標（SDGs）は，ただ単に役に立たないだけでなく，それより悪い（"The proposed sustainable development goals would be worse than useless"）」と評した[2]。われわれもまったく同感だ。しかし，MDGs も SDGs も，目標自体を見れば理想主義的で，人道主義的で，途上国開発の現状に詳しくない人には，至極もっともで，反対する理由など見当たらないと思えるに違いない。しかし，現実の途上国とその国民は，そんなユートピアではなく，厳然として現に存在する世界経済や国際関係の中におかれた国に生きている。それぞれの国は，それぞれの「地理と歴史」を背負って，経済発展と貧困削減を達成しようと努力をしているし，またある場合には国の中の利害関係にとらわれている。「地獄への途は善意に敷き詰められている（The road to hell is paved with good intentions）」という古い西洋の諺がある[3]。現実をよく注視して考え抜かれた ODA でなければ，ODA はまさにその諺の善意になってしまう。

それにもかかわらず，MDGs や SDGs に描かれた目標を批判するのは，大変勇気がいる。批判的になったのは，われわれが年老いて理想を追求する情熱を失い，すべての物事に懐疑的になったからだと思われるかもしれない。しかし，本書の目的は，途上国の開発と貧困削減という実質の成果を求める現実主義者の意見を，国際開発コミュニティの内外の人たちにわかってもらうことだ。そのために，ODA の歴史的な展開を含む背景を説明するのに紙幅を割いた。第 1 章から第 4 章までは，そうした背景の説明だと考えていただいてよい。ODA に詳しい読者は，われわれの意見が書かれている第 5 章「迷走するODA」から読んでいただきたい。

第 1 章では，「ODA の半世紀とその実績」と題して，ODA（政府開発援助）の起源を第 2 次世界大戦中のアメリカ政府とイギリス政府による戦後計画に求め，戦後すぐに途上国の開発を支援する目的で世界銀行が設立され，その後

---

[2] "The 169 Commandments", *The Economist*, March 26th, 2015.

[3] 元 USAD の職員で対アフリカ人道援助に関わったマイケル・マレンは，その経験を Maren (1997) に書いた。その本は，アルベール・カミュの "The evil that is in the world always comes out of ignorance, and good intentions may do as much harm as malevolence, if they lack understanding"（「世界の悪は無知から生まれる。理解を欠く善意の行いは，悪意と同じ害を及ぼす。」（*The Plague*）の引用から始まっている。

先進工業国がバイの（2国間の）開発援助機関を作り上げたこと，その体制の
もとでODAは量的に拡大してきたことを確認する。半世紀にわたるODAの
展開で特に注目されるのは，ODAのための国際機関が設立されたばかりでな
く，先進国のそれぞれがバイの専門機関を作り，ODAが先進国のそれぞれの
国際経済政策の一環として「インスティテューショナライズ（政策として制度
化）」されたことである。開発援助は途上国への所得移転を伴うが，所得移転
の手段として「開発プロジェクト」の概念が定着したのも，ODA制度化の重
要な一部だ。

　第2章では，視点をODA供給側の先進国ドナーから，ODAを受け取る途
上国側に移す。第2次世界大戦直後から今日まで，途上国経済は成長と貧困
削減を達成してきた。しかし，その歩みは直線的なものではなかった。1970
年代半ばまでは，途上国経済は比較的高い成長を享受してきたが，1973年の
オイルショックを契機に1990年代初めまで，成長に陰りが見られる国が多
数出てきた。しかし，1990年代初めには，成長は加速傾向を見せる。そして，
それから2007-08年のリーマン危機と世界大不況まで，「ゴールデン・イヤー
ズ（黄金の歳月）」と呼びたいくらい，途上国の成長と貧困削減は順調に進ん
だ。趨勢的な成長率の屈折の直接的な契機は別にして，この間に，途上国のお
かれた世界経済の環境と途上国がとった開発戦略や政策は，大きく変わって
いる。途上国の多くは，当初輸入代替工業化路線をとったが，徐々にその戦略
のマイナス面が顕在化してくると，今度は輸出志向工業化路線に転じた。その
成功を後押ししたのは，第2次世界大戦後加速的に進行したモノ・カネ・ヒ
ト・技術のグローバリゼーションだ。

　第3章では，第2章で議論したような途上国経済の成長過程と開発戦略の
変化に対応して，ODAがどのような変遷を遂げてきたかを，ODAパラダイ
ムの変遷として展望する。ODAパラダイムは，その時々にODAは何を政策
目的とし，またどのような政策手段を使ってその目的を達成しようとしてきた
かを如実に表している。まず，ODAの政策としての制度化に最初に貢献した
のは，「2つのギャップ理論」と「開発プロジェクト」を含むODAパラダイ
ムだ。途上国の成長を阻んでいるのは，途上国の貯蓄不足と外貨不足という2
つの制約要因だと考えられたからだ。しかし，次第に――特にオイルショック

を契機に——途上国の輸入代替工業化路線等の発展戦略や政策が経済に歪みをもたらし，それが持続的な成長を阻害しているという考えが強くなり，「構造調整政策のパラダイム」と呼べるような ODA パラダイムが現れた。しかし，構造調整政策は，当事者である途上国政府に不評で，その批判として「MDGパラダイム」が生まれた。途上国の貧困削減と保健教育等の社会的発展を主眼とする ODA を推奨する考え方だ。その根本には社会的正義の実現という理想がある。現在の ODA は，この MDG パラダイムを強く反映している。

　第 4 章では，日本の ODA に焦点を合わせ，日本の ODA がどのような起源で生まれ，日本経済の発展とともにどのように展開してきたかを考察する。日本の ODA は，日本経済の発展とともに展開してきた。日本 ODA は，その過程で 3 つの異なった「顔」を見せてきたように思われる。すなわち，「経済外交の顔」，「国連外交の顔」，そして「アジア地域のヘゲモンの顔」だ。日本 ODA の対 GDP 比率は，0.2〜0.3％ と，終始 OECD 諸国間の比較ではアメリカとともに最低の部類に属するが，日本経済が高度成長を遂げ，世界経済における比重が高まると，総額では世界第 1 位の ODA 大国になったこともある。バイの開発援助がドナー国の国益を反映するのは避けられないが，日本の場合に ODA 政策の動因になったのは，第 2 次世界大戦直後日本の経済復興と国際社会への復帰の時期に日本外交の指針になった「吉田ドクトリン」やそれを踏襲・確認した「福田ドクトリン」だったようだ。しかし，最近では「国連外交の顔」や「アジア地域のヘゲモンの顔」といった国際安全保障の側面が現れている。

　さて，以上第 1 章から第 4 章までが，世界の ODA の現状と将来を議論するための背景で，われわれの ODA 批判は第 5 章から終章で展開する。第 5 章では，われわれは，今日の ODA は機能不全に陥っていると主張する。その最大の理由は，MDGs/SDGs とそれを設定したプロセスにある。まず，MDGs にしても SDGs にしても，個々の途上国の開発戦略や政策の指針になる代物ではない。そのうえ，開発目標を設定するに際して，国連外交官と国際 NGO がその主導権を途上国から奪ってしまった。途上国の開発努力に対するサポート役に徹するべき ODA が主役の座に躍り出てしまったのだ。しかも，それが途上国の開発における ODA の重要性が低下した状況で起こっているのは，まこ

とに皮肉としかいいようがない。そのうえに、途上国に対するODAドナーの数は、国際NGOを含めると多数に上る。その多数のドナーが、それぞれ多くの開発プロジェクト支援の提案を途上国政府に持ち込んでくるから、政府はそれに対応しなければいけないし、また混乱をさけるためにはドナー間の調整も必要になる。このような状況が、途上国政府にとってODA活動を複雑かつ煩瑣にして、ある場合には政府の政策策定と実施を邪魔することになる。途上国が、開発戦略と政策のオーナーシップを持たなくては、効果的な開発と貧困削減はおぼつかないからという理由で、ODA活動を途上国政府の戦略と政策の枠組みを尊重しようという目的で結ばれた「パリ宣言」さえもが、現実には国際開発コミュニティ主導のODA活動の一環になっている。現在のODA体制は、このように機能不全に陥っている。ODAの存在意義自体に疑義が生じるような事態だ。

　第6章では、MDGs/SDGs批判の教訓として、経済成長路線と成長戦略が途上国の開発と貧困削減に必須だという議論をする。それは、インド経済についてバグワティとパナガリアというインド経済の権威が主張する戦略で、「トラック・ワン政策」と呼んで、この開発戦略と、MDGsの考え方の基礎にあるアマルティア・センやドゥルーズの「トラック・トゥー政策」を対比させて、なぜ経済成長戦略の復権が重要かを検討する。そのうえで、途上国が成長戦略を追求する過程で、ODAがどのような役割を果たすことができるか、ODAの重要性が低下した現在においてODAに残された役割は何なのかを考える。

　「ODAをどう再構築するか」と題した終章では、途上国の開発と貧困削減に対してODAの重要性が低下した現実と、現在のODA体制が機能不全に陥っている現実を考えると、ODAの新しいパラダイムが必要になってくると主張する。新しいODAのパラダイムを、「機能主義パラダイム」と呼ぶことにして、ODAを途上国開発のサポートという役割に限定し、従来ODA議論で大きな比重を占めてきた「ODA数量信仰」をギブアップしたうえで、途上国の経済成長と貧困削減に先進国ドナーのODAはどのような貢献ができるかを再考する。その結果、現在のODAに期待される役割は、おおむね（1）開発のための政策・制度作りの支援、（2）ハード、ソフト両分野でのインフラ構

築の支援，(3) 天災，人災および地球環境事業等に対する支援，の3分野に重点が置かれるべきだという結論を導いた。ODA は，これらの分野で，途上国政府が持っていない技術や政策技法や資金を提供することによって，途上国の発展と貧困削減に貢献できる。

パラダイム転換は，困難ではあるが不可能ではない。まず必要なのは，国際開発コミュニティでパラダイム転換の議論を始めることだ。そして，その議論がマルチやバイの開発援助機関の政策に影響を与えることができれば，新しい ODA 事業で必要とされる専門家のネットワークや専門家人材の育成ができる。そして初めて，途上国が持っていない技術や技法や資金のギャップを埋めるための ODA が実施できる。ODA が自然死による終焉を迎えないためには，このような ODA パラダイム転換の努力が必要だ。

第1章　ODAの半世紀とその実績

第1節　イントロダクション：ODAの起源

　政府開発援助と訳されるODAの起源はいつだろう。政府開発援助あるいは国際開発援助が，ODA（Official Development Assistance）と呼ばれるようになったのは1960年代になってからだが，途上国の開発のための先進国政府による資金援助は，もちろんそれ以前からあった。現在進行中のグローバリゼーションを第2期のグローバリゼーションだと考えると，第1期のそれは第1次世界大戦前の数十年で，その時代——すなわち先進国による帝国主義的拡張と植民地の開発時代——にも，先進国から周辺国あるいは植民地への大掛かりな資本移動は存在したし，その中には宗主国政府からの植民地開発のための資本移動も含まれていた。しかし，それは主として植民地経営のためで，ODAとはいえないだろう。

　やはり，ODAの起源は，第2次世界大戦後，しかもアメリカ政府のイニシアティブだと考えるのが妥当ではなかろうか。ともに第2次世界大戦の連合国側の指導者であったアメリカ政府とイギリス政府，すでに第2次世界大戦終結以前に，いわゆる戦後計画——すなわち第2次世界大戦後の世界経済をどのように構築するか，大戦間の国際経済の混乱を再現させないためにはどのような国際経済体制をデザインしなければいけないか——を考えていた。もちろん，その政治的動機はさまざまで，両政府内部でも意志の統一がとれていたわけではない。アメリカの場合は，知的な政治指導者としては国務長官の職にあったヘンリー・モーゲンソーと財務長官を務めたコーデル・ハルが，第2次世界大戦後の世界秩序と国際経済体制を真剣に考えていたらしい。特に経済

に責任を持つハルは，戦争が終わった後でアメリカが直面する問題として，国際通貨制度と国際金融システムをどのように機能させるか，国際貿易をどのように復活させるか，そして戦後復興に必要な巨額の資金をどのようにして供給するか，の3つの問題を避けて通れないとの認識をもって，戦後計画を考えていた。

　イギリス側の戦後計画の動機は，もうちょっと複雑だ。イギリスの戦争努力を指揮していたチャーチル首相は，目先の戦争をどうするかが喫緊の問題で，「戦争の最中に仮定的な戦後問題を考えるのは時間の無駄だ」と考えていたようだ。さらに，たとえ戦勝国になったとしても，イギリスの国力が絶対的，相対的に低下してしまっているのは明らかで，どのようにして英連邦を維持していくのかさえも見通しが立たないことだった。たしかに，ロンドンのシティーという国際資本市場を持っているイギリスにとって，国際通貨制度と国際金融制度は重要だ。しかし，外国貿易については英連邦という経済ブロックを維持していくのが重要な課題だ。戦後復興や開発にいたっては，自国経済のために必要な資金をどのようにしてアメリカから引き出すかが重要で，世界秩序や国際経済体制を考える余裕はなかった（Steil 2013, pp.127-128）。それにもかかわらず，イギリス財務省がケインズまでも動員して戦後計画を企画したのは，ナチス・ドイツが大英帝国をはじめとする帝国主義体制に反対する新興国家群の覇権を主張する「新体制」を喧伝するなかで，それに対抗する「戦後世界のビジョン」を示す必要に迫られたからだ。イギリスの戦後計画には，第2次世界大戦遂行のための「広報活動」とアメリカからの資本導入のための体制作りという動機が透けて見える。

　アメリカとイギリスの戦後計画が，それ以外の連合国との協議の結果，戦後の新しい「ブレトンウッズ体制」として結実したのはよく知られた歴史的事実だ（ボックス1を参照）。ブレトンウッズ体制の設立交渉では，国際通貨基金（IMF）がセンターステージを独占し，国際復興開発銀行（IBRD，世界銀行）は，大した議論の的とはならなかった。たしかに世界銀行の設立協定（Articles of Agreement）には，世界銀行の目的として「低開発国（Less developed countries)の生産設備と資源の開発」を支援すると書いてある[1][2]。しかし，「国際復興開発銀行」の名前に明らかなように，第 2 次世界大戦で破壊され，荒廃した連合国やその領土の復興が第 1 目的だった。現実に世界銀行が加盟国に対しての貸付業務を開始した直後には，戦争被害が甚大だった西ヨーロッパ諸国に対する借款が優先され，途上国に対する借款は 1948 年のチリと翌年のメキシコに対するプロジェクト・ローンが最初だ。

 ボックス 1　ブレトンウッズ会議[3]

　第 2 次世界大戦後の国際経済にとって，ブレトンウッズ会議（1944 年）の果たした役割はとてつもなく重要だ。なぜなら，国際経済の発展の制度的な基盤となった IMF（国際通貨基金）と途上国の開発機関としての世界銀行は，この会議を通じて作られたからだ。その詳細はここでは論じないが，国際通貨と国際的な金融取引の規制や自由化の制度——いわば国際的金融取引に関する「ルールの塊」の管理とそれを推進する短期の金融——は IMF が，ヨーロッパをはじめとする戦火に見舞わ

---

[1] *Articles of Agreement of the International Bank for Reconstruction and Development*, Article 1, "Purposes". 国際復興開発銀行がいつから「世界銀行」と呼ばれるようになったかは，はっきりしない。1950 年代初めに，世界銀行内部で世界銀行という呼称を使用しようという動きがあったらしいし，1954/55 年度の年次報告書（ちょうど設立 10 周年にあたる）には，「世界銀行」という名前が使われている（Ziegler 2016, p.27）。

[2] 今日「開発途上国」あるいは「発展途上国」と呼ばれる国の呼称は，時代とともに変わってきた。第 2 次世界大戦後までは，これらの国々は，「後進国（Backward countries）」と呼ばれていたが，これは蔑称とも受け止められかねないという理由で，「低開発国（Under-developed countries）」と呼ばれるようになった。さらにその呼称もあまり望ましくないとして，「低開発国（Less-developed countries）」が用いられるようになった。さらに，1960-70 年代になると，低開発という言葉は未開発が永続的な状況を示唆するから，より前向きの「開発途上国，発展途上国，途上国（Developing countries）」という呼称が使われるようになった。これは，もともとフランスの学者・インテリが使う「開発の途上にある国々（Les pays en voie de development）」の英訳だ。

[3] IMF と世界銀行の歴史（特に起源）については，それぞれの歴史に詳しい。Horsefield (1969) および Mason and Asher (1973)。また，アメリカとイギリスの設立のための共同作業については，Gardner (1956) に詳しい背景と分析がある。設立から 70 年がたっているにもかかわらず，IMF と世界銀行の設立がいまだに興味を持って語られている。読み物風に語られているのは，Conway (2014) で，より学術的なのは，Steil (2013) だ。このボックスの歴史的な記述は，上記の文献によっている。

れた国々の復興と多くの新興独立国を含む途上国の長期的な発展のための開発資金
——いわば往年のロンドンの国際資本市場の役割——は世界銀行（国際復興開発銀行）が中心となって治めることになった。

　もちろん，通貨制度と開発資金という2つの側面だけでは国際経済制度は完全ではなく，国際経済の実態面，すなわち貿易が欠落していることは明らかだ。この面についても国際制度と国際機関の設立が計画されていたが，その役割を担うとされていた国際貿易機構（International Trade Organization, ITO）は，ブレトンウッズ会議では議論されず，後のハバナ会議（1947年）での議論を待たなければならなかった。そのうえ，ハバナ会議においては，アメリカは，個別の国の間の貿易協定や地域主義的な貿易圏（いわゆるブロッキズム）を排して，世界中が共通のルールにしたがって，特定国に対して差別しない貿易制度を作るべきだと主張する，いわゆる多角主義原則を主張した。一方，イギリスは，英連邦を自国中心の貿易ブロックとして，域内の優遇関税制度を存続させたい意向で，両国の主張の折り合いがつかず，結局ITOは設立されなかった。代わりに，GATT（General Agreement on Tariffs and Trade）という多角的な条約とそれに付随する国際的な事務局が設立された。GATT事務局は，IMFや世界銀行のような国際的な制度を司る国際機関とはならなかった。

　さて，1944年といえば，まだ第2次世界大戦は終結していない時期だから，ブレトンウッズ会議で議論された国際通貨制度と開発金融機関の設立は，連合国政府による（大戦の勝利を前提とする）戦後計画の一環だった。そして戦後計画を真剣に考えていたのは，アメリカとイギリスで，ブレトンウッズ会議に先立つアメリカとイギリスの交渉で，戦後計画のたたき台になったのは，イギリスの場合は，財務省のアドバイザーをしていたケインズを中心に作られた「ケインズ案」，アメリカの場合は，やはり米財務省のハリー・ホワイトが主導して作り上げた「ホワイト案」だった。

　もともと戦後計画が作られるようになった契機は興味深い。第1次世界大戦と第2次世界大戦のいわゆる「両大戦間期（Interregnum）」は，世界経済にとって問題の多い時代だったことはよく知られている。世界の主要国がそれぞれに経済ブロックを作って，域外国に対しては排他的な貿易・為替体制を敷いていた。金本位制度の崩壊後の国際通貨制度は混乱し，大不況の影響もあって輸出振興のための通貨切り下げ競争があった。また，ヨーロッパ，特にドイツ経済は第1次世界大戦の賠償支払いの重圧から混乱に陥っていた。世界経済の混乱は，第2次世界大戦の遠因にもなっていた。だから，戦後の世界経済がそのような混乱に逆戻りしないためには，新しい国際経済体制を構築する必要があった。

　実は，ケインズ案の直接的な契機になったのは，ナチス・ドイツの経済相ウオルター・フンク（Walther Funk）が1940年に発表した「金融新秩序計画」だ。これ

第 1 節　イントロダクション：ODA の起源　　　15

が発表されると，イギリスの情報省のスタッフは，財務省のアドバイザーをしていたケインズに，この計画を徹底的に批判して，それをラジオで発表して欲しいと要請した。ケインズはその計画を読んで，批判するよりも「ドイツをイギリスに替えれば，ここに書かれていることの 4 分の 3 は正しい」と言ったそうだ。そしてそれを契機にケインズは戦後計画を考え始めたという。

　しかし，ブレトンウッズ会議を制したのは，結局は「ホワイト案」で，やはりアメリカの経済力・政治力がイギリスに勝っていたのだ。では，「ホワイト案」はどこから来たのか。やはり 1940 年に全米共和国外相会議がパナマで開かれた折りに，全米銀行（Inter-American Bank）構想が採択された。その一部は，同銀行を地域の通貨安定の礎にする——いわば地域的な IMF——アイデアが盛り込まれていた。そして，ホワイトはこの構想を作り上げた国務省，財務省，連銀のエキスパート・グループの一員だった。ホワイトが彼自身の構想を作り上げるのに際して，「全米銀行案」を下敷きにしたのは想像に難くない。

　アメリカとイギリスは 1941 年から 1944 年まで，厳しい交渉を続け，1944 年に 16 か国の専門家が参加したアトランティック・シティでの準備会議を経て，同年ニューハンプシャー州の避暑地，ブレトンウッズのマウント・ワシントン・ホテルに連合国 44 か国の代表が集まって，アメリカとイギリスの主導のもとに IMF と世界銀行の設立約款を起草した。そして，それにもとづく最初の設立総会（Inaugural Meeting of Board of Governors）が，ジョージア州サバンナで開かれ，こうして IMF と世界銀行が誕生した。アトランティック・シティ，ブレトンウッズ，サバンナ・ジョージアのアメリカの 3 つの地名は，IMF と世界銀行の誕生の地として知られている。

　IMF も世界銀行も世界に数多くあるいわゆる国際機関だが，国連や国連の諸機関との性格の違いはあまり注目されていない[4]。まず形式的には国連の諸機関と違って，ブレトンウッズ機関の統治形態は，国連のような「民主的な」一国一票を原則としないで，世界経済に占める各加盟国の相対的な重要性を反映したクオータや資本金がベースになっている。すなわち，株式会社における株主のように，主要国が多くの投票権を持ち，多数決によって政策決定をするガバナンス構造を作った。また，これも株式会社のように，一定の投票権を有する大口の株主——この場合は大国——は，重要事項に関して拒否権を行使できるような制度になっている[5]。しか

---

[4] 国際機関に関する論考で有名なのは，Kennedy (2006) や Mazower (2012) だが，IMF と世界銀行が名目的には国連の特別機関（Specialized Agencies）に分類されることを理由に，他の国連機関とは際立って異なった性格を持っていることは強調されていない。

[5] 通常の業務に関わる決定は多数決によるが，設立協定の改定等の「重要事項」については加盟国の 5 分の 3 の賛成と投票権の 85% の賛成が必要とされる。したがって，IMF と世界銀行の両方で 16.66% の投票権を持つアメリカが，「重要事項」の決定に関して拒否権を持っている。

し，それ以上に際立った性格の違いは，ブレトンウッズ機関の統治を司る加盟国の代表が，それぞれの財務省と中央銀行だということだ。国連の多くの機関が，加盟国政府の外務省の代表で統治されており，またそれらの機関が立法機関としての性格を色濃く持っているのと対照的に，IMFや世界銀行は，執行機関としての性格が強い。その結果，両機関とも政治性を極力抑えた実務的，テクノクラティックな国際機関となっている[6]。

　世界銀行の途上国メンバーに対する借款がODAの起源と考えられるか。答えはたぶんYESアンドNOだ。なぜなら当時の世界銀行のビジネスモデルは，世界銀行が国際資本市場で債券を発行して，そのようにして調達した資金を途上国の開発プロジェクトに融資することが基本になっていたからだ。市場で決まる金利（すなわち資本コスト）が借款の条件になる。もともと世界銀行構想は，途上国の政府や企業が資金調達をできるような国際資本市場は当面復活しないだろうという想定にもとづいて，第1次グローバリゼーションの時代に機能していたロンドン資本市場のような役割を世界銀行に負わせることを目的としていた。この当時に十分な資金調達ができる資本市場はニューヨーク市場をおいてほかにない。そこで，先進国加盟国（なかんずくアメリカ）の株主としての信用をベースに世界銀行の発行する債券に米国財務省証券と同じAAAレーティングの格付けを取得して，そのようにして調達した資金を途上国政府に貸し付ける。途上国政府は，その資金を電力公社のようなプロジェクトを実施する会社に貸し付ける。そうすることによって，途上国が直接にウォール街で調達するよりよりも長期の資金を，実質的にAAAレーティングの優遇金利で調達できる。

---

[6] ブレトンウッズ機関ができる過程で，特にアメリカでは財務省と国務省の間に確執があった。しかし，ブレトンウッズ機関の構想を作ったのが，財務省のホワイト（イギリスの場合は，財務省の顧問を務めていたケインズ）の主導する財務省官僚だったので，結果としてできあがった機関はテクノクラティックなものになったと考えられる。国際開発援助の分野では，この確執は後にはマルチとバイの開発援助の性格的な差異として現れる。アメリカでは当初，バイのマーシャル援助が，ブレトンウッズ機関の活動を凌駕していた。

第1節　イントロダクション：ODA の起源　　　17

このようなビジネスモデルは，究極的には国際資本市場で決まる金利をベースにしていて，のちに定義された ODA が重要視する譲許性（すなわち資金供与側の贈与）にもとづくものではない。それは，1960 年に設立された IDA（International Development Association，国際開発協会）の設立を待たなければならなかった（第3章のボックス3を参照）。IDA は，資本市場で調達した，市場金利の付いた資金協力では経済成長がおぼつかない途上国——具体的には，インドやパキスタン——に対しては，譲許性の強い，すなわち贈与としての要素を多く含んだ（これを「グラント・エレメント」と呼ぶようになった）資金を長期間にわたって供給しなければならない，という考えから先進国政府の拠出金をベースに長期，無利子の借款を供給する機関として作られた。当時から第2世銀と呼ばれて，世界銀行グループの一員となった。

　もう1つ，ODA の起源になったと考えられるアメリカ政府のイニシアティブがある。それはマーシャル・プランで，今日でも開発援助の活性化や改革が議論されるときに，歴史的に記念碑的な経済援助の事例として挙げられるものだ。マーシャル・プランとは，当時のアメリカの国務長官マーシャルが，ハーバード大学での有名な講演で，西ヨーロッパの経済復興のために大規模な経済援助が必要で，世界の指導者・覇権国家となったアメリカはそれを提供する責任があると提案した欧州復興援助のことだ[7]。1946 年に西ヨーロッパ諸国経済の悪化は危機的状況に陥った。第2次世界大戦の破壊の結果として生産設備は荒廃し，また新規投資のための設備と原材料の輸入は，輸出生産の減退によって圧迫されざるをえなかった。物資不足から国内的にはインフレと失業が懸念されたが，西ヨーロッパ諸国政府のこれに対する対応は物価統制しかなかった。戦時経済から平和時の経済への転換ができなかったのである。この危機に対応するために，アメリカは物価統制の撤廃と財政均衡の達成を条件に当時の価値で実に 130 億ドルに上る無償の経済援助を4年間にわたって供与することにした。マーシャル・プランは，最終的に 1948 年経済協力法（Economic Cooperation Act of 1948）としてアメリカ議会を通過した。マーシャル・プランは，当時のヨーロッパ諸国の国際収支の制約を軽くし，それによってヨーロ

---

[7] 1947 年6月6日のハーバード大学の卒業式典でのスピーチで，ヨーロッパに対する経済援助の必要性を訴えた。Gardner (1956, p.302).

ッパ経済の生産能力の回復に貢献した。同時に，経済に対する国家統制を軽減して経済における市場の機能を復活させ，ひいては浸透しつつあった社会主義思想に対する防波堤の役割を果たしたと評価されている。さらにマーシャル援助は各国別ではなく西ヨーロッパ諸国全体に供与され，ヨーロッパ内での援助配分についてはヨーロッパ諸国間の交渉と調整にゆだねられたから，ヨーロッパ経済統合を促進したとも考えられている[8]。

　マーシャル・プランは，戦後復興の目的で西ヨーロッパ諸国に与えられたもので，途上国の開発目的の援助ではなかった。また，当時年を追うにつれて熾烈さを増すアメリカを中心とする自由主義陣営とソ連を核とする社会主義陣営の間の「冷戦」を政治的な背景としていた。その後は，マーシャル・プラン以降のアメリカの対外援助は次第に軍事援助の色彩が濃いものになっていく。アメリカの ODA は，ケネディ大統領の出現と，ケネディ政権による 1961 年対外援助法（The Foreign Assistance Act of 1961）を待たなければならなかった。この法案のもとで，アメリカ政府は，途上国に対する経済援助を軍事援助から切り離し，増額し，かつ国別の国家開発計画をベースとする開発援助に転換しようとしたのだ。

　今日的な意味での ODA の定義に当てはまらないにしても，世界銀行の設立とマーシャル・プランという 2 つのアメリカの第 2 次世界大戦後のイニシアティブが ODA の源流であることに間違いはない。

第 2 節　ODA の量的拡大と展開

　ODA が国際社会のメインストリームになったのは，1960 年代初めだ。この時期に世銀グループの IDA やアメリカ，ドイツ，スウェーデンの援助省や援助機関，OECD の開発委員会（DAC）が設立された。日本もその動きに遅れていない。さらに，アジア，アフリカの旧植民地が政治的独立を勝ち取って，これらの国では今度は経済発展と貧困削減が第一義的な政治課題として浮かび上がってきた。

---

[8]　川口融 (1980)。マーシャル・プランの評価については，Eichengreen の "Normalization and the Political Economy of the Marshall Plan"(2007, pp.65-70) 参照。

第2節　ODAの量的拡大と展開　　　　19

　1950年代には，途上国の援助はアメリカの独壇場だった。戦後の経済復興に忙しいヨーロッパ諸国や日本は，国内の経済問題で手がいっぱいで，またことあるごとに国際収支の赤字に悩まされていたから，途上国のことを考える余裕がなかった。しかし，1960年代になるとヨーロッパの経済はおおむね戦後復興を終え，日本の経済成長にも明るい見通しが出てきた。さらに，自由主義陣営と社会主義陣営の冷戦はますます厳しさを増しており，アメリカでは――特に国内問題優先のアメリカ議会をなだめるためにも――経済復興を成し遂げたヨーロッパ諸国と日本は途上国に対する経済支援の責任を分担するべきだという意見がますます強くなってきていた。国際社会（その議会の役割を果たす国連）では，それを受けて，1960年代を「国連開発の10年（United Nations Development Decade）」と名付け，「1970年までに途上国は年平均5％の経済成長率を達成すべきで，そのためには途上国への国際援助と資本の流れを増大させ，先進国の総所得の1％目標をできる限り早期に達するようにすべきである」という国連総会の議決を採択した[9]。

　先進国政府の援助関係者やIMFや世界銀行等の国際機関のスタッフは，そのような目標が簡単に達成されると考えるほどナイーブではなかったから，この国連総会決議は，希望的観測にもとづいた国際政治的なスローガンに過ぎないことはよくわかっていた。しかし，ODAがこの時期に国際政治のメインストリームに躍り出てきたこと，ODAの量的拡大と後で詳しく議論する「ODAの制度化」のために先進国の政府が途上国開発支援の政策を強化し始めたのは間違いない。

　援助のバードン・シェアリングだとか，援助額の目標という話が出てくると，では現状はどうなっているのかという疑問が出てくる。そして，先進国各国の援助状況をモニターするための統計が必要になってくる。途上国に対する資金の流れの統計は，それまで細々とIMFの統計局や世界銀行の経済局（調査局）で収集されてきた。IMFの場合は，途上国政府から報告を受け

---

[9]　「国連開発の10年」の試みは，途上国の成長加速の面で大きな成果をあげたとは言い難い。しかし，その他の国連のイニシアティブ同様，一度始めたものはなかなかやめられない。事実，「国連の開発の10年」は，2000年代の10年をカバーする第5次まで続いた。しかし，「国連開発の10年」イニシアティブは，その後「ミレニアム開発目標」と「持続可能な開発目標」にとってかわられた。

て国際収支統計を作るために，また世界銀行の場合は借款供与に際して途上国の対外債務状況を判断するために，このような統計作業を続けてきた。しかし，OECD/DAC ができてから，そのような統計収集の責任は，DAC の事務局が負うことになった。もちろん IMF も世界銀行もそれぞれが収集する統計を DAC に持ち寄ることになっていた。その当時 DAC の事務局には，アンガス・マディソン（Angus Madison）がスタッフとして働いていて，最初の DAC の途上国に対する資金の流れの統計は，彼をリーダーとするスタッフ・グループが作成した。マディソンは，国際経済の仕事をするエコノミストはだれでも一度はお世話になったことのある 19 世紀から現在までの世界の主要国の人口と GDP を推計した自称「統計オタク（彼の造語でフランス語で数字を偏愛する者を意味する Chiffrephile）」だ[10]。途上国に対する ODA をはじめとする資金の流れの統計は，アンガス・マディソンの功績だといってよい（ボックス 2 を参照）。

 ボックス 2　ODA の定義

　ODA 統計は，ドナー・グループの組織である OECD/DAC（Development Assistance Committee）が加盟国からの報告にもとづいて編纂している。DAC による ODA（政府開発援助）は実に簡単で，ODA は：

1. 地方政府を含む政府，あるいはその実施機関によるもので；
2. ODA 案件それぞれが，(a) 途上国の経済発展と福祉の推進を主目的とし，かつ (b) 譲許的で，(年率 10% の割引率で計算して) 少なくとも 25% 以上のグラント・エレメント（贈与相当分の全体に占める割合）を持つもの：

と定義されている。そして，ODA の目的に照らして，軍事援助等の援助は除外されることになっている[11]。

---

[10] OECD (2011, p.3). アンガス・マディソンは，大胆にも世界の特定地域については，西暦 1 年頃の人口と GDP 推計を試みているほどの統計オタクだ。

[11] OECD/DAC, Official Development Assistance — Definition and Coverage, www.oecd/dac/stats/officialdevelopmentassistqancedefinitionandcoverage.htm#Definition.

第2節 ODA の量的拡大と展開　　　21

　定義自体は，このように簡単で，グラント・エレメントの概念だけが多少の説明
が必要だろう。グラント・エレメントとは，ODA が借款の形態をとる場合（たとえ
ば日本の円借款），将来の元本の返済と利子支払いを年率 10％ の割引率で割り引い
た現在価値（B）をもともとの借款の名目額（A）と比較して，

$$グラント・エレメント ＝ (A － B) ÷ A$$

によって求められる割合だ。

　この定義は多くの問題を含んでいるのは明らかだ。たとえば，今日のような世界
的な低金利の時代に年率 10％ の割引率を使うのは非現実的だし，また借款の返済に
使われる通貨が何であるかが問題になる。通貨価値が安定しているスイス・フラン
建ての借款と韓国ウォン建ての借款を，（相対的な為替レートは不変と前提して）同
じようにグラント・エレメントを計算している。

　明らかに，ODA の定義は，国際的な交渉から生まれた妥協の産物だ[12]。

　OECD/DAC 加盟国は，途上国に対する開発援助の量，条件，効果の重要な 3 つ
の課題に取り組んできた。1964 年にジュネーブにおける UNCTAD 会議（UN
Conference on Trade and Development）が開催されたが，途上国政府代表が会
議の大多数を占め，途上国に対する開発援助を増額すべしとの要求が出された。そ
して，先進国は，目標として GNP の 1％ を途上国に対する公的資金の流れに使う
べきだということになった。しかし，その当時の途上国に対する資金の流れは，開
発支援の他に輸出振興目的の資金提供（たとえば輸出入銀行の借款）があった。公
的機関が提供するとはいえ，輸出信用は輸出を前提とするし，その輸出は民間の輸
出業者の活動で，政府が決める立場にない。そこで，「純粋な開発援助」をその他の
資金の流れから切り離し，そのうえで目標として GNP の 0.7％ とすることにした。
「純粋な開発援助」をモニターする必要から，それを定義する必要が生じたのだ。こ
うして ODA が定義され，生まれた（Scott 2015）。

　現在の ODA の定義が生まれるまでは，永い交渉が必要だった。OECD/DAC 内
部では，1965 年から真剣な検討が繰り返され，1972 年に初めて今日の定義が合意
された。もちろん，ODA 統計の作成だけでも有意義だ。しかし，ODA の目的が譲
許性を持った資金を開発のために提供する，そして共通の量的目標として GNP（の
ちに GNI）の 0.7％ を目標として始めて ODA の定義が有意義になる。そして，そ

　ODA の定義から軍事援助が除外されているのは当然だが，現実には ODA の数字に軍事援助
　が例外的に含まれることがある。途上国政府に対する債務救済は ODA に含まれるが，その場
　合救済される債務に過去の軍事援助に起因する債務が含まれていることがあるからだ。1992 年
　にエジプトに対する債務削減があったが，その際アメリカは自国がエジプトに対して供与してき
　た軍事援助債務を削減し，それを ODA にカウントして問題となった。

[12]　OECD による ODA の定義は，当然時代の流れとともに変化してきた。表 1.1 は定義の変遷
　を示しているが，その時々に何が問題となったが興味深い。

のような目標がほとんど忘れられている現状では，ODAの定義が統計上の意義以上の意義を持つかどうかは，はなはだ疑問だ。

表 1.1　ODA：定義の変遷

＋，？，△	年	
＋	1970	NGOに対する政府の直接支援をODAにカウント
？	1972	ODAローンはグラント・エレメント25％以上（割引率10％）
＋	1974-1979	ODA供与にかかわる行政経費をODAとカウント
△	1980	世界銀行などの国際機関に手形で拠金された段階でカウントする
＋	1984	途上国の学生が先進国で学ぶときの学費補助金も開発援助の枠組みの場合はODAとカウント
＋	1988	先進国に着いた難民の1年目の費用をODAにカウント
？	1992	軍事援助に起因する債務削減はODAにカウントしない
？	1993-現在	高所得国はDACの途上国リストから削除する。DACの途上国リストは3年に1回改訂する
＋	1994	平和維持活動に対する2国間支援のうちODAにカウントする原則合意
＋	2000-現在	ODAにカウントされる拠金を受ける機関の毎年のレビュー制度化　ODAにカウントされる拠金を受ける機関数増加傾向
？	2004	ODAプロジェクトによる二酸化炭素削減の認証排出削減量の市場価値はODAにカウントしない
＋	2004-2005	紛争，平和維持，安全保障分野における6項目のODAカウントの定義合意
＋	2006	DAC諸国の国連平和維持活動に対する拠金6％をODAにカウントする原則合意
？	2007	途上国の対外債務を額面以下で買い戻す場合，額面と額面以下の買い戻し額との差はODAにカウントしない

注：＋，？，△は，制度変更によってODA金額が増加する，減る，不変を示す。
資料：OECD (2011, p.6).

　図1.1を見ていただきたい。この図は1960年から今日まで，ODAの流れがどのように推移してきたかをOECD/DAC統計によって示している。この図が1960年から始まるのは，それ以前の統計が完全でないからだ。この図によると，OECD加盟国のODA総額は，1960年の356億ドル（2015年価格，ドル換算）から半世紀を経過した2010年には，1206億ドルへと3.4倍に増え

第2節　ODAの量的拡大と展開

図1.1　ODAの推移：1960年から2015年

出所：OECD/DAC, OECD Finance.

ている。さらに，2015年になると1316億ドルに達し，3.7倍に達している。しかし，それは絶対額で，何をもって増大というかは比較の基準となる数値によってさまざまだ。1960年の国連総会決議にのっとってドナー国のGNIを比較の基準にすると，GNIの0.5%プラスから0.3%プラスへ大きく低下している。

　この図からどのような結論を引き出すかは微妙だ。まず，この数字はOECD/DAC定義によるODAの純額で借款形態のODAに対する利払い金額は差し引かれている。第4章のボックス6で詳しく説明するように，このことはODAを過小評価することになる。さらにまた，この統計がカバーするのはOECD/DACの加盟国だけだ。しかし，中国やインドやその他の途上国は，近年侮れないドナーになっている。これも，ここに示したODA総額の過小評価につながる。これらのことを考えると，過去半世紀の間にODAがかなり増加したことは疑いのない事実だ。

　しかし，そのことは世界経済や途上国経済におけるODAの重要性が増したことを意味しない。先進国ドナーの経済規模をGNI（Gross National Income,

粗国民所得）で表すとして，ODA 総額をその比率で見ると，図 1.1 に明らかなように，ODA/GNI 比率は 1960 年の 0.51 から 2015 年には 0.30 と 20 ポイント以上も低下している。さらに，実質 ODA の年率の増加率は，1960 年から 2015 年の 55 年間に平均年率 2.4% になる。明らかにこの増加率は，世界貿易の増加率，途上国の GDP 増加率にはるかに及ばない。ODA の相対的な価値は，この半世紀の間に下落したと考えられる（このことについては，後に詳しく議論する）。

　もう一度 ODA 総額に視点を移して，それがここ半世紀にどのように推移してきたかを見てみよう。この半世紀の間に，ODA 総額が実質で 3.6 倍に伸びたことはすでに述べた。しかし，この増勢は直線的なトレンドをたどったわけではない。1960 年代をとってみると，ODA 総額は「国連開発の 10 年」の掛け声にもかかわらず，伸び率は大きくない。しかし，その理由は，1960 年代が国際経済にとって，「黄金の 10 年」だったことにある。アメリカをはじめとする先進国グループの経済成長は高く，堅調だった。世界経済の好景気を反映して，途上国の一部（特に発展段階の高い途上国）の成長率も高く，ブラジル，チリ，トルコといった途上国に対する援助資金の需要は低かった。しかし，先進国経済が順調に成長していたわけだから，ODA/GNI 比率は低下している。

　その後 1970 年代に入ると，第 1 次オイルショックが起こり，世界経済は大きく揺れた。特に非石油産出国の途上国は大きな打撃を受け，国際収支の持続可能性が問題となった。当然のことに，ODA に対する需要は高まり，先進国政府は G7 を作って途上国の需要にこたえる努力をした。この時期の ODA の増大傾向はそれを表している。1980 年代は，途上国にとっては対外債務危機の時代だった。第 1 次，第 2 次オイルショックの結果，産油国には膨大な余剰資金が蓄積された。産油国の財政支出は大幅に増え，同時に余剰資金は国際資本市場を通じて石油輸入国に銀行借款の形でリサイクルされた。その結果産油国は持続可能な規模以上の財政支出をするようになり，石油輸入国は持続可能な範囲を超えた国際市場からの借り入れをするようになった。1980 年代の途上国の対外債務危機はこのようにして起こった。1980 年代の ODA 増大は，途上国の債務救済の色彩が濃い。

第 2 節　ODA の量的拡大と展開　　　　25

　1990 年代から 21 世紀初頭の間に，世界経済には大きな変化があった。1990
年代初頭のソ連の崩壊とロシアをはじめとする社会主義国が，市場経済に移
行を開始したことである。移行国に対する ODA 需要は増大したが，同時に冷
戦の終結は，それまで冷戦下において自由主義陣営と社会主義陣営の間の途
上国に対する「援助競争」を動機としていた ODA の減少を招いた。第 2 次世
界大戦の終結直後から，アメリカを中心とする自由主義陣営とソ連を中心とす
る社会主義陣営は，アジア，ラテンアメリカ，アフリカの各地で，途上国を自
らの陣営に引き込むための外交的，軍事的，経済的な競争を繰り広げてきた。
ODA は，そのための政策手段として使用されて，その結果熾烈な援助競争が
繰り広げられたのだ。しかし，社会主義陣営の崩壊によって，ODA の国際政
治的動機がなくなった。これが 1990 年代の ODA の下落の原因だ。
　しかし，その下降トレンドは，今度は 21 世紀初めの「ミレニアム開発目標
（MDGs）」を契機に増大に転じた。もともと MDGs は，冷戦終結後に低下す
るであろうと思われた ODA を活性化させるのが目的の 1 つだった。しかし，
冷戦後に期待された世界平和は実現しなかった。自由主義陣営に対抗する社
会主義陣営は消滅したが，それに代わってイスラム勢力をベースにする国際
的なテロが蔓延した。そして，世界に点在する貧困がその根源にあると考えら
れることから，ODA の国際政治的動機が復活したのだ。それを端的に示すの
は，アメリカ政府の ODA 政策だ。アメリカのバイの ODA は永い間低迷して
いたが，2001 年のニューヨーク世界貿易センターに対するテロ攻撃を契機と
して復活した。MDGs 達成のためのファイナンスを議論するモンテレイ会議
（2002 年）で，国際的なテロとの戦いのためにも，貧困削減のための ODA の
活性化が必要だとして，ODA 増額を強力に推し進めた[13]。さらに，2005 年，
2006 年には，イラクとナイジェリアに対する大規模債務削減処置がとられた
ので，ODA 総額が跳ね上がったという経緯がある。
　ここで縷々述べたように，ODA 総額（実質）は，過去半世紀の間，大きな
変動を繰り返しながら増大してきた。しかし，ODA 総額を対先進国の GNI
であるとか，途上国人口 1 人当たりの金額で見ると，必ずしも増大傾向が明

───────────
[13]　United Nations (2002). この国連文書には，2001 年 9 月 11 日のテロ攻撃が，ODA 増大の
　　　動機として明示的に挙げられている。

らかではない。むしろ ODA の相対的な水準は 1960 年代に比べ落ちてきているといえる。ここで使った ODA 統計は，OECD/DAC の定義にしたがって，先進国から途上国への譲許性の高い資金の，「ネット」の流れだ。ODA をあくまでも，途上国の資本ギャップを埋めるための援助として見ている。後で詳論するが，見落としてならないのは，この半世紀に世界経済のグローバリゼーションは大きく進展し，ODA の範疇に入らない，途上国に対する資金の流れは，ODA に比べはるかに速いペースで増大してきた。ODA を，他の途上国に対する資金の流れと比較すると，ODA の相対的な比重は，半世紀前には想像もできなかったくらい小さくなっている。

第 3 節 「制度化された ODA」とその展開

　上に説明したような経緯で始まった先進工業国の ODA は，過去半世紀にわたって存続してきた。量的な変化は，国際政治と世界経済の影響で増大と停滞を繰り返しながら，それでも ODA を撤廃しようというような否定的な国際世論がさして強くなることもなかった。それは，ODA という先進国から途上国に対する資本の移動が，一度限りの政策ではなく，国際経済体制の一部として，組織化され，制度化されたからだ。

　その制度化の過程を時系列的に見ると，まず 1960 年に OEEC が OECD として改組され，ヨーロッパの先進工業国のグループが全世界的な——すなわち，アメリカばかりでなく，カナダや日本を含む——先進国のクラブとなった。そして同時にそれまで開発援助の政策協調のためのグループとして，ヨーロッパ諸国間で作られていた，OEEC の「開発援助グループ（Development Assistance Group, DAG）」は，OECD の DAC（Development Assistance Committee, 開発援助委員会）として再編成された。そして，少なくとも発足当初は DAC のメンバー国政府が，途上国に提供する ODA の条件をハーモナイズすることに重点をおいた援助協調作業をすることになった。ODA の制度化——実は制度だけでなく，政策原則や実施の方法等を含むインスティテューション化——は，DAC の設立によって大きく進展した（OECD 2006）。

　DAC が ODA の条件のハーモナイゼーションを重視したのには，それなり

の理由がある[14]。第2次世界大戦後の国際経済には，2つの特徴が顕著だった。第1に，第2次世界大戦でヨーロッパと日本の生産力は大きく後退した。戦場にならず，戦争の破壊をこうむらなかったアメリカだけが圧倒的な生産力を誇っていた。だから，ヨーロッパ諸国と日本は，1950年代の後半まで，恒常的に「ドル不足」の状態が続いていて，工業力の回復と輸出振興が重要な経済政策課題になっていた。そこで，先進国間の熾烈な輸出競争が起こったが，各国は輸出競争を自国に有利にするために，途上国の輸入に対して輸出信用を供与する公的機関——たとえば，アメリカの場合はワシントン輸出入銀行 (The Export-Import Bank of Washington, のちに The Export-Import Bank of the United States と改名) や日本の場合には日本輸出入銀行——を設立した。第2の特徴は，第2次世界大戦後の国際経済では，国際的な資本取引は厳しく規制されており，唯一機能している国際資本市場はニューヨーク市場だけだった。しかし，ドル不足に悩む先進国も途上国もともにニューヨーク資本市場で資金調達ができるだけの信用力はなく，資本市場に代わる資本調達には，輸出業者が提供する，いわゆるサプライヤー・クレジット (suppliers' credits) と公的な輸出信用を主として利用した。その結果，いくつかの途上国では，すでに債務返済能力を超える債務累積が発生して，対外債務返済が不能になる事態（すなわち債務不履行）が発生していた。このような状況のもとで，公的な開発援助の名を借りた輸出振興は慎むべきだとの考えから，援助条件のハーモナイゼーションが重要になった。いわば，ODA供与国間でのカルテルを作る動きだった。

ODA の制度化で，第2に重要なのは，1960年の世界銀行による「国際開発協会 (International Development Association, IDA, いわゆる第2世銀)」の設立だ（第3章のボックス3を参照）。世界銀行——正式には国際復興開発銀行 (International Bank for Reconstruction and Development, IBRD) ——が設立されたときの考えでは，世界銀行は当面機能回復が難しいと思われる国際的な

---

[14] 後に述べるように，ここでいう「ハーモナイゼーション」は，ODA を他の輸出信用と厳密に区別することにある。できる限り ODA を途上国の開発目的に沿うようにし，できる限り輸出競争や軍事援助の手段との混同を避けるために，ODA の定義を厳密にしたのだ。ボックス2を参照。

資本市場，たとえば，第1次グローバリゼーション（第1次世界大戦前の数十年間）の時代のロンドンの国際資本市場に代わる機能を想定していた。途上国が世界銀行から借款を受けた場合，借款でファイナンスする投資から十分な投資収益が得られ，それによって商業条件に準ずる条件の世銀借款の返済は可能になる，また投資収益は間接的にせよ輸出能力の強化となって現れ，国際収支の面でも返済が可能になる，というシナリオをベースに世銀のビジネス・プランを作っていた。すなわち，世界銀行は，加盟国政府からの資本金（払込資本金と世界銀行が必要とするときに払い込みを要求できる資本金の両方）をベースに，国際資本市場で世銀債券を発行する。そして，ほとんどコスト・ベースで途上国政府に融資をする。世界銀行の資本金に占める先進国のシェアは大きく，世界銀行の信用格付けは当初から AAA だったから，世銀債の利率は低く，投資適格にもならない途上国は，市場では得られない長期融資を市場金利よりは極端に低い利率で借りられる。これが，世界銀行のビジネス・プランだった。

　しかし，当時の現実では，インドやパキスタンのような途上国の経済成長は，想定よりも遅く，しかもこれらの国の国際収支の経常赤字は構造的なもので，長期に続きそうだった。世界銀行の当初のシナリオをベースに，これらの国が借り入れを続けると早晩対外債務返済困難に陥る可能性は高かった。そこで，インドやパキスタンのような低所得国に，50 年という超長期の，無利子の借款を供与できるような国際機関を作ろうという機運が生じて，IDA の出現となったのだ。そのための資金は，資本市場からの調達は無理で，先進加盟国政府の定期的な拠出金を転貸することになる。こうして，世銀グループは，IDA の設立によって ODA を供与するようになった。世界銀行の融資は，OECD/DAC の ODA 条件を満たさず，世銀融資は OOF（その他の公的資金フロー，Other official flows）と定義されているからだ。また，世銀グループの商業条件ベースの借款を供与する世界銀行と，譲許性の高い ODA 条件の借款を提供する IDA を組み合わせて発展段階・所得水準の違った多様な途上国を援助するというビジネス・モデルは，のちに米州開発銀行（Inter-American Development Bank, IDB, 1959 年設立）やアジア開発銀行（Asian Development Bank, ADB, 1966 年設立）が採用することとなった。

第3節 「制度化された ODA」とその展開　　29

　ODA 制度化の第3弾は，主要先進国が，次々と双務的（いわゆるバイラテ
ラルな）開発援助機関を設立したことである。これも 1960 年代初頭（主とし
て 1961 年）に起こっている。1960 年の国連総会は，1960 年代を「国連開発
の 10 年」とする決議を採択したが，やはりこの年にアメリカ政府の外国援助
法（Foreign Assistance Act）が議会を通し，2 国間援助機関として国際開発庁
（Agency for International Development）が設立された。当時のアメリカ大統
領は J. F. ケネディで，彼はまた，ラテンアメリカ諸国との「進歩のための
同盟（Alliance for Progress）」と称する 10 年にわたる援助計画を打ち上げた。
このアメリカの動きに呼応するように，1961 年に日本は海外経済協力基金
（Overseas Economic Development Fund, OECF）を，ドイツは，途上国に対す
る援助活動のために経済協力省（Ministry for Economic Cooperation）を設立
すると同時に，途上国に対する長期の投資資金を経済復興基金（Kreditanstalt
fur Wiederaufbau, KfW）を通じて提供することにした。またさらに，1962 年
にはスウェーデンは，スウェーデン国際開発公社（Swedish International De-
velopment Authority, SIDA）の前身の国際開発庁（Agency for International
Development）を設立している。

　このように 1960 年代前半には，まさに 2 国間援助機関の設立ラッシュとで
もいうべき活発な動きがあった。そして，OECD/DAC の加盟国それぞれが，
独自のバイラテラルな援助機関を作る過程で，ODA とは何かが定義・合意さ
れ，先進国の ODA 活動に関する国際的な基準（norm）とでも呼べる政策規
範ができあがっていった。その規範の中で，とりわけ重要なのが，世界銀行に
よる「プロジェクト概念の発見」ではなかろうか。プロジェクト概念自体は別
段目新しくはない。しかし，途上国に対する資本援助を開発プロジェクトに焦
点を合わせて行う，という「プロジェクト・フォーカス」とでも名付けるべき
政策の枠組みは当時としては新しい。

　世界銀行が設立当初に注力したのは，第2次世界大戦で疲弊したヨーロッ
パ諸国経済の復興だった。その目的で世界銀行が供与した借款は，のちに「プ
ログラム借款」と総称されるようになる国際収支サポートや一般財政支援のた
めの資本貸付だった。これら諸国が，復興の過程で必要とする資材・商品の輸
入資金を提供したのだ。しかし，途上国が世界銀行の主たる借り入れ国に浮上

してくると事情が違ってくる。世界銀行も銀行である以上，借り手の財務状況を審査しなければならない。そうでなければ，借り手が借款の元利支払い能力を持っているかどうか，デフォルトの可能性があるかどうか判断できないからだ。しかし，借り手が途上国政府の場合は，財務審査は幾多の難しい問題を抱えることになる。企業に対する融資審査であれば，その企業の過去の財務諸表（外部監査付の）があるし，損益決算書の推移を他の同業者の実績と比較して，その企業の将来の収益見通しを予測することができる。しかし，借り手が，企業ではなく，一国の政府となると——しかも投資適格の格付けが得られそうにない途上国政府となると——事情は違ってくる。もちろん，不完全ながら国民所得統計や国際収支統計やさらにまた財政統計は入手可能だ。しかし，財政支出ひとつをとってみても，実際にどのような支出が行われ，その支出が適正なものであったかどうかは判断が難しい。

　そこで世界銀行が注目したのが，開発プロジェクトだ。もちろん，世界銀行の設立協定（Articles of Agreement）の第3条第1項には「復興プロジェクト（projects for reconstruction）」と並んで「開発プロジェクト（projects for development）」という言葉が使われている。しかし，この協定の起草者たち——第2次世界大戦後の戦後計画に参画したアメリカとイギリスの財務省や国務省・外務省，あるいは政府に近いアカデミックの人たち——がこのプロジェクトという言葉をどう理解していたかは定かではない。もともと，世界銀行自体が，戦後世界ではヨーロッパの戦争被害にあった先進国経済の再建と今後政治的独立を達成するであろう新興独立国の経済発展が重要な課題になる，そのために政府がどのような政策をとらなければならないかはわからないが，ある程度の資金を集め国際的な銀行を設立して，後は将来の銀行のスタッフに考えてもらおうという趣旨で作られたのだ。だから，協定に現れる「プロジェクト」という言葉も厳密に定義されたわけではない。しかし，開発プロジェクトを，それ独自で意義を持つ投資の最小単位と定義すると，発電所，港湾，高速道路，灌漑ダム，製鉄所，等々の具体的な投資案件がプロジェクトと定義できる。そして，国の財政や政府企業全体についての審査が難しい場合でも，ある特定の水力発電ダムと発電所建設については，技術的，財務的，経済的，組織的な健全性を審査することができる。そして，独立したプロジェクトとして国

第3節 「制度化されたODA」とその展開　　31

の経済発展に貢献できれば，世界銀行としても資金的な支援（プロジェクトの技術的・経営的な側面からの支援も含めて）をすることを正当化できる。このように，途上国に対する資金供給を「プロジェクト単位」で見ていくアプローチは，ODA事業の有用な方法論になった。そして新たに設立された先進国各国のバイの援助機関も，プロジェクト援助を主たるODA業務とするようになった。ある種の制度化がここでも起こったのだ。

　援助機関の設立と「プロジェクト・フォーカス」というODA制度化の2つの面は，同時に，世界中に，同じ職業的な言語を話す，一大専門家集団を生み出した。途上国の経済発展に関与するエコノミストの集団が必要になる。エネルギー，交通，等々のインフラ部門から農業部門——そしてのちには教育や保健等の社会部門——のプロジェクトを策定したり，審査したりする技術専門家，プロジェクト実施の財務面や経営面を分析できる財務や経理の専門家等々を含むエキスパートの集団が出現したのは，こうした理由による。そして，このテクノクラートの集積が，ODA活動に持続性をもたらしたのは疑う余地がない。

　このような制度化過程を経て発展してきたODA世界は，現在どうなっているか。包括的な援助論を書いたロジャー・リドゥル（Riddel 2007）によると，現在（2003年ベース）23か国のOECD/DAC加盟国のバイの援助機関がバイのODA額の95％を供与している。残りの5％はDACに加盟していない14か国が供与している。さらに，そのほかに世銀グループやUNDP等の国際機関が15あって，これらがマルチの90％を占めている。しかし，国際機関（すなわちすべてのマルチ援助機関）は，それにとどまらず，残り約10％は実に150の国際機関が出している。そして，これだけの援助供与側から，50か国のLLDCを含む180か国がODAの受け入れ国になっている。これらの機関が扱うプロジェクトの数は，はっきりしない。もちろんその数はプロジェクトの定義に左右されるが，ロジャー・リドゥルは，全プロジェクト数は年々増え続けているので，把握し難いがと注記しながら，世界銀行の推計によれば，1997年当時20,000程度だったプロジェクト数は，2004年現在60,000に上る，といっている。これに加えるに，最近年では国際的なNGOも開発援助事業を行っている。国連の推計では，2003年現在，国際的に活動している

NGO は 35,000 くらいある。

　これは実に驚くべき数だ。これら援助機関のほとんどが，いくつもの国で，いくつものプロジェクトを抱え，その活動のためにカウンター・パートとしての途上国政府の担当部署に出入りして，全体の援助計画やプログラムやプロジェクトを実施している。ある推計によれば情報がある途上国 54 か国全体をとってみると，年間 15,000 のドナー政府の調査団が派遣されている。典型的な途上国を取り上げると，1 週間で約 20 の調査団の相手をしなければならなくなる[15]。さらに，ドナー側も忙しい。これだけ多数の国や機関が特定の途上国で ODA 事業を展開しようとしているのだから，当然ドナー・グループと受け入れ国政府の事業担当部署の間だけにとどまらず，ドナー間でも当該国の経済見通しから，開発計画，公共投資計画を含む開発支出計画，重要な部門の開発プログラム，そして個々のプロジェクトにいたるまで，何らかの「援助調整（aid coordination）」が必要になってくる。1980 年代後半までは，このような援助調整は，たとえば世界銀行が主導権を握って，当該国政府プラス主要援助機関——通常主要ドナー国の代表と UNDP や IMF，それにアジア開発銀行（ADB）等の地域開発銀行等——の代表によって，「援助国グループ」や「開発パートナーシップ・グループ」会合の名称のもとに開かれていた。しかし，1990 年代からは，このような調整グループは，より「民主的」になり，主要国際 NGO を含むすべての ODA 事業に関与するグループに開かれている。そのうえ，パートナーシップ会合のもとには，個別の重要なテーマを取り扱う作業部会（working group）がおかれている。そこで，たとえば教育部門の開発戦略や政策等々が議論される。あたかも，当該国の政府の他に，もう 1 つの影の政府（shadow government）が作られているような有様だ。

　ここで議論してきた ODA の制度化の 3 つの面——すなわち，多数の援助機関の設立，プロジェクト・フォーカス，それに援助調整——が典型的な ODA 受け入れ途上国の開発政策決定と開発事業の実施の現場に，多大の混雑と混乱をもたらしている。典型的な途上国政府は職員も人材も不足しており，とうて

---

[15] これらの数字は，次から引用。Riddell (2007, p.360). 調査団に関する数字は，Ramalingam (2013, p.3)。この数字は 2009 年の DAC リポートからの引用で，2009 年時点での推計と思われる。

いこの混雑と混乱を整理・整頓したうえで，ODA 資金を効果的・効率的に使用するキャパシティがない。その結果，途上国にとっての ODA の受け入れコストは高くなっている。この問題は，国際開発コミュニティでは，「援助アーキテクチャー」，すなわち開発援助の組織問題と呼ばれている。より詳しくは，第 5 章で議論したい。

第2章　途上国経済の発展

第1節　イントロダクション：第2次世界大戦後の途上国経済

　第2次世界大戦後に——特に1960年代に入って——今日の途上国の多くは政治的な独立を獲得した。そして，新しい国家の第一義的な政治目的は，経済発展と貧困削減となった。もちろん，新しい国で，新しい政治指導者層が一致団結して国の発展のために働き始めたわけではない。経済も社会もいまだ戦前の列強による帝国主義や植民地主義の遺物でできていた。新しい国には，それぞれ違う利害と思惑を持ったビジネス・コミュニティがあり，その中には旧宗主国の資本でいまは外国資本家となったグループがおり，国民の大多数を占める農民層がおり，またその中にも地主層や小作層がおり，植民地時代に教育を受けた政府官僚や知識階級がいた。新しい国をどっちの方向に，どのようにして発展させていくかについての国民的コンセンサスなど存在しなかった。

　もちろん，第2次世界大戦前から独立国だった途上国もある。特にラテンアメリカでは，早くにスペインやポルトガル等の帝国が弱体化していたから，19世紀には政治的な独立を達成していたが，その経済は決して自律的な発展を遂げていなかった。スペインやポルトガルの植民地として始まり，先進工業国に対しての鉱物や農産物等の一次産品の生産と輸出で発展してきたラテンアメリカ経済は，いまだ一次産品輸出国で，むしろ第1次世界大戦前に起こったグローバリゼーションの波に乗って，イギリス，フランス，アメリカ等々の列強，先進工業国の資本が地場資本を凌駕する規模で進出していた。ラテンアメリカ諸国もまた，第2次世界大戦後には，先進工業国の資本と輸出市場への強い依存関係から抜け出して，自律的な国の経済発展を目指すようになっ

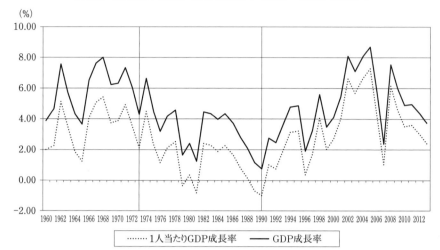

図 2.1　途上国の GDP と 1 人当たり GDP：1960-2015 年

資料：World Bank, World Development Indicators.

た。先進工業国への経済的な依存は，「従属関係」だととらえて，自国の経済の運命を自国のコントロールのもとにおきたいと願ったのだ。

　経済発展と貧困削減の目的に，すでに経済の自立や依存関係の解消——すなわち政治的な独立に続く「経済的独立」——が，たぶんにはっきりした定義も内容もなく付け加わっている。その考え方，すなわち発展路線や戦略がどのように進化を遂げていくかは以下で議論するが，戦後の途上国の成長の軌跡を単純化してみると，次のような輪郭が見えてくる。まず，途上国の 1960-2015 年の期間の GDP 成長率と 1 人当たり GDP 成長率を示した図 2.1 を見ていただきたい。

　まず，1960 年から 1975 年までの期間で，途上国の成長率は加速的に高まっている。すなわち，GDP の年平均成長率は，1960 年初頭の 2% 台から 6% 台に加速している。これと対照的に，1960 年代には 5% を上回っていた先進国の GDP 成長率は，1960 年代後半には途上国を下回り，1970 年代にはオイルショックの影響もあって下落している。もちろん，これは GDP の成長率の話で，1 人当たりの GDP 成長となると話が違う。途上国の戦後の人口増加率は高く，1 人当たりの GDP 成長率は，1960 年から 1975 年にかけて，0.5%

第1節　イントロダクション：第2次世界大戦後の途上国経済　　37

から3.5%に加速したにすぎない。いわゆる「コンバージェンス（所得水準の収斂）」が起こったわけではない。当時はコンバージェンスという言葉は使われていなかったが，要するに，意味するところは，途上国群の経済成長と発展のペースが先進国群を凌駕することにより，両グループの経済格差が縮小する，あるいは縮小しつつある状況だ。理論的には，先進国の有する技術が成功裏に途上国に移転されれば，コンバージェンスが起こると期待される。

　しかし，オイルショックを契機とした1970年代後半から1990年にかけての途上国の成長は，年率6%のピークから徐々に減速している。1980年代後半には，先に示した1960年の水準，すなわち年率2%を下回る水準にまで下落している。この30年の期間に，いったい何が起こったのか。当然のことだが，途上国と一口に言っても，小国を含めれば100以上の国の集まりだ，ラテンアメリカからアジア，アフリカの種々雑多の国だ。それぞれに地域的な特徴があり，資源の賦与度も違い，またそれぞれの国の地政学的な環境も違う。だから，途上国の経済発展が同じリズムで，同じ傾向線をたどって起こるわけはない。それにもかかわらず，第2次世界大戦後の途上国経済の発展は，3つのフェーズに分けて考えるのがわかりやすい。

　その3つのフェーズの第1の分岐点になるのは，1973年に起こった第1次オイルショックだと思う。オイルショックは，多くの途上国に，それまでこれらの国々が追及してきた経済発展のモデルが失敗に終わったことを教えた。そして経済発展の戦略を転換させる契機になった。ここで第2フェーズと呼ぶ期間は，実際は路線転換の過渡期で，いまだ成果が現れていない時期だ。この時代の途上国のGDP成長率の減速は，新しい路線の成果ではなく，第1フェーズの清算の期間とでも呼ぶのが適切だ。

　それでは，第2フェーズの後の第3フェーズ，すなわち1990年代から現在までの状況はどうか。ある意味で，1990年代初頭から2007/08年のいわゆるリーマンショックまでの期間は，途上国経済にとっては「ゴールデン・イヤーズ」とでも呼べる高度成長と貧困削減が順調に進んだ時期だった。オイルショックのような1つの大きな出来事が起こったわけではない。しかし，時代の変化は明らかだった。1990年代の初頭にソ連とソ連を中心とする社会主義圏が崩壊した。1980年代に停滞気味だったアメリカ経済は，国際収支と財政の

双子の赤字を克服して堅牢な成長を始めた。慢性的に不安定だったラテンアメリカも安定と成長が軌道に乗った。何よりも，全世界的にグローバリゼーションが格段の飛躍を遂げた。財やサービスの貿易だけでなく，多国籍企業の躍進と途上国経済への直接投資の増大，国際資本市場の拡大は，途上国経済の成長加速に大きく貢献した。また，途上国の中でも，中国やインドといったアジアの大国の経済成長の高まりは，一次産品に対する需要を生み出し，それが資源産出国の経済成長を高めた。いわゆる一次産品のスーパーサイクルが世界経済に好循環をもたらしたのだ。停滞（あるいは退行）を特徴としていたサブサハラ・アフリカ諸国が新たな成長フェーズに入ったのも，このスーパーサイクルのおかげだ。しかし，2007/08 年に起こったリーマンショックとそれが招来した「大不況（The Great Recession）」は，「ゴールデン・イヤーズ」の終わりを告げているようだ。大不況の結果，世界経済の成長軌道は下方に移動してしまったようだ。先進国では長期停滞の時期に入ったのではないかという議論が盛んだし，高度成長を謳歌してきた中国もより穏やかな成長経路に入ったようだ。その結果，一次産品のスーパーサイクルは終焉した。一次産品需要の増加と価格上昇を梃として成長を享受してきた資源輸出国にとっては，低成長が今後の常態になるかもしれない。これらの途上国にとって「新常態（New Normal）」とは，低成長のことだ[1]。

　この時期を通じて——そして 1990 年代と 2000 年代を通じて——ますます明らかになってきたのは，途上国の分化あるいは多様化だ。第 2 次世界大戦後に，ほとんど同じ発展水準で出発した途上国も半世紀の間に違った軌跡をたどり，一部の途上国は新興市場国（emerging market economy）と呼ばれる中所得国家に成長し，またそのうちの数か国は先進工業国の仲間入りを果たした。一方で，何十年の期間を無駄にして，いまだ後発発展途上国（LDC）と呼ばれる国家群がある。そしていま，それらの LDC 群にも国によって成長のスピードに差ができている。

---

[1] リーマンショックが世界経済に引き起こした変化は一時的ではなく，危機から回復した後も，危機以前の状態には戻れない。危機以降の趨勢を，新しい常態だという議論。もともとモハメド・エレリアンが 2010 年の IMF/世銀総会のときにペール・ヤコブソン・レクチャーで使って有名になった言葉。El-Erian (2010).

第2節　輸入代替工業化路線とその帰結　　39

　途上国の発展にとっての ODA の役割も，このような途上国経済の変貌の
影響を受けざるをえない。しかし，ODA の変貌は後の章で議論することにし
て，本章では，ここに述べた3つのフェーズを通じて，途上国がとってきた
発展戦略とその結末を簡単にスケッチしてみたい。

第2節　輸入代替工業化路線とその帰結

輸入代替工業化戦略の登場

　第2次世界大戦は，1945年に終わった。そしてそのあとに現れた世界は，
以前の世界とはまったく違った世界だった。第2次世界大戦は，イギリスや
アメリカを指導者とする連合国のグループとドイツ，イタリア，日本を中心に
した枢軸国グループの戦争であったが，戦後世界が目にしたのは，その2つ
の陣営の世界征服の戦いが連合国側の勝利に終わったという事実だけではな
い。戦前の世界を支配していた帝国主義と植民地主義の終焉という国際政治的
な現実でもあったのだ。第2次世界大戦後に政治的独立を果たした多くの旧
植民地の新しい政治指導者が，新しい国作りの課題に直面して，その戦略や政
策を考える過程で，反帝国主義，反植民地主義のイデオロギーを強く意識して
いたのは，ごく自然な傾向だった。
　旧宗主国からの政治的独立は達成した。しかし，植民地の経済構造は，当然
ながら，宗主国の経済に依存する構造になるように発展してきた。端的に言え
ば，「良い植民地」の「良い経済構造」とは，宗主国あるいは第3国市場に食
糧，原材料，等々の一次産品を輸出して宗主国の国際貿易活動を助けるような
相互依存的な，いわば「垂直分業」体制だった。したがって，独立時に途上国
が持っていた経済構造は，大多数の国民が従事する自給自足的な農漁業部門
と一次産品を中心とした輸出部門が特徴的だった。もちろん，商業部門もあっ
た。その商業部門は，宗主国の流通・金融部門の出先機関のようなものと，主
として国内の商業活動と輸出部門をつなぐ役割を果たしていたものの2層か
らなっていて，国内部門の主流を占めていたのは，華僑，印僑，レバノン・シ
リア商人（日本では「レバシリ」という蔑称で呼ばれる），等々の第3国商人
だった。植民地経済を支配運営してきたのは宗主国から派遣された上級植民地

官僚と主として宗主国から来た外国資本で，国内資本は中規模の商業資本・金融資本で，産業資本やそれの担い手となる企業家層は，貧弱だった。

アジアやアフリカの新興独立国の政治指導者と新たに政府の運営を担うことになったテクノクラート官僚は，このような経済発展の初期条件に直面して，どのような発展戦略を選択したのか。インド，インドネシア，ガーナ等の典型的な新興独立国がとった典型的な経済開発の戦略は，輸入代替工業化路線だった。植民地経済は，大多数の貧困層とごく一部の富裕層から成り立っているから，政治的には格差と分配が問題になる。しかし現実的には，独立段階では「全国民に平等に分け与えることができるのは，貧困以外になにもない」[2]。したがって，貧困層の生活水準を改善する手段は，経済成長をおいてほかにない。そして，経済成長のためには，従来の植民地経済の構造を変えなければならない。自給自足的な農業の生産性を上げるのは難しい。近代医学の浸透と初歩的な医療の改善によって，途上国の人口増加は加速してきた。一方，食糧生産の増加はそれに追いつくのが困難で，天候不順のために農業生産が落ちると，食糧不足やその極端なケースとして飢饉が生じる。途上国の農業は，まさにマルサス的な状況にあったからだ[3]。

一方の植民地経済に特徴的な一次産品も将来性に欠ける。歴史的に見れば，一次産品産業は，多くの国や地域に経済的な破滅と停滞をもたらしてきた。第1次世界大戦前の第1次グローバリゼーションの波に乗って発展を遂げた先進国の工業を支える原材料供給源としての一次産品輸出産業は，1929年に始まった世界大恐慌で壊滅的な打撃を受けた。第2次世界大戦中は，軍事用物資の不足が価格を押し上げて，戦場にならなかった途上国に対する一次産品の市況は戻ったが，戦後になると1953年の朝鮮戦争の終結を境に，一次産品の価格は停滞するようになった。

当時の途上国関係者の一大関心事は，この一次産品価格の停滞が一時的な

---

[2] Smith (1958, p.122). この言葉は，経済成長と所得分配に関するネルーの基本的考えを要約している。

[3] 18世紀のイギリスの政治経済学者マルサスは，経済成長は当初1人当たりの所得を増加させるが，所得上昇がインセンティブになって人口増加が起こり，その結果1人当たり所得は元の水準に戻ると論じた。マルサス理論の現代的な解釈は，Galor (2011), Chapter 3, "The Malthusian Theory" を参照。

ものか，あるいは長期的な趨勢なのかだった。もし長期趨勢だとすると，従来途上国経済の成長を支えてきた一次産品輸出は，今後は「成長のエンジン」になりえない。当時国連事務局に新設された経済局（Economics Department）のエコノミストだったハンス・シンガーや，やはり国連の地域機関，ラテンアメリカ経済委員会（Economic Commission for Latin-America, ECLA）のラウル・プレビッシュは，一次産品価格の交易条件悪化は，長期的，趨勢的なものだと主張していたし，それが開発経済学者の間のコンセンサスになっていた。第2次世界大戦後の先進国の技術進歩のペースは速く，その技術進歩は工業製品生産に必要とされる原材料の投入量を節約するようになった。また，繊維，ゴム，等々多くの分野で，合成製品が出現し，一次産品への需要を抑制した。その結果，一次産品に対する需要の伸びは鈍く，長期的な一次産品交易条件の悪化は避けられないと予測されたのだ（Meier and Seers (eds.) 1984, "Raul Prebisch" and "H. W. Singer"）。植民地経済のバックボーンだった一次産品輸出は成長のエンジンになりえない。

　となると，残る選択肢は工業化だ。先進国はすべて工業国だし，工業部門は持続的な技術進歩によって，生産性の上昇の可能性が無限であるように思えた。したがって，途上国の経済発展の長期的な目標が工業化であることは間違いない。歴史的に見ると，今日の先進工業国が先進国になったのは，イギリスの産業革命から始まったのだ。途上国も，このような産業革命なしには，高い生活水準を達成できない。ただし，先進国であると途上国であるとを問わず，イギリス以外の国の場合は，イギリスのような内発的な革命ではなく，技術移転によるキャッチアップだ。そのうえ，途上国の場合は，キャッチアップは容易には達成できない。

　途上国が工業化を経済開発の目標にすると，いくつもの制約条件が現れる。第1に，チープレイバー（低賃金の労働力）は豊富にあっても，工業部門で必要な熟練労働は希少だし，また訓練するにしても，工業部門で最低限必要とされる基礎教育が行き渡っていない。第2に，新しい産業分野に投資をする企業家層や経営者が極度に不足している。先にも述べたように，商業資本家や金融資本家は存在しても，産業資本家がいないのだ。第3に，たとえ供給サイドの労働や技術や投資資金の問題を解決しても，産出物に対する需要の問題

がある。大多数が貧困層に属する途上国の市場は狭隘で，ある程度の規模の生産を支えるだけの需要は見込まれない。第1次世界大戦以前のように，世界経済がグローバル化していたときには，解決策は常に国際市場に求められた。先進国・宗主国の産業資本家による直接投資は，技術と資本と市場，そして何よりも経営資源をともなってくることが期待できた。また，国際資本市場は，投資資金を調達してくれることが期待できた。しかし，第2次世界大戦後の世界は，これとはまったく正反対の世界だった。

　それでは，これらの制約条件をどのようにして克服して，工業化を達成するのか。当時の途上国の政治指導者とテクノクラート——そして国連の諸機関やアカデミアのアドバイザーたち——が提唱した解決法は，輸入代替工業化だった。しかし，輸入代替工業化政策とは，いったい何だろう。工業部門の小さな国が工業化する過程で，最初に起こることはそれまで輸入していた工業製品が国内生産に置き換えられることだ。その意味では，輸入代替工業化はごく自然の流れで，戦略とか路線とかの議論に値しない。問題は，それが国際的な比較優位原則にのっとって内発的に起こるか，あるいは政策・制度的なインセンティブによる動機で起こるかだ。政策的や制度的となると，これは戦略と路線の問題になる。ある程度の経済的損失（比較優位原理にもとづく国民経済的ウェルフェア・ロス）をこうむっても，それは政策的コストとして，国内産業に対する需要を増やし，工業化を促進しようとするのが輸入代替工業化戦略だ。そして，それは，第2次世界大戦後の世界では先進国自体が成長と雇用の創出・安定を追及する過程で，国内産業の保護政策に走り，外国からの輸入をできるだけ阻止しようとして，途上国からの市場アクセスを制限している事実によって正当化された。そのうえ，先進国（特に旧宗主国）に対する経済的な依存関係を希薄なものにできれば，それはまさに政治指導者の反帝国主義・反植民地主義的センチメントに訴える。

　実は，第2次世界大戦後の途上国の経済発展戦略に影響を与えた要因はもう1つある。それは，ソ連をはじめとする社会主義圏の経済発展だ。ソ連をはじめとする社会主義圏の諸国（特に東ドイツ等の東欧諸国）は，社会主義体制のもとで，第2次世界大戦後比較的高い経済成長率を達成してきた。また，国際比較優位原理からは正当化できない重化学工業を設立することに成功して

きた。社会主義（あるいはその思想的基礎にあるマルクス主義）は、途上国の政治的指導者に、イデオロギーとして魅力的であったばかりでない。社会主義国家が採用した国家による生産手段の所有と国家による経済活動の計画とコントロールが経済成長の成果をあげている事実は、政治指導者のもとで働く経済テクノクラートにとっても括目に値した。

典型的な途上国が、輸入代替工業化戦略の実現手段としてとった混合経済体制と国家による経済計画は、このような背景から生まれた。代表的な途上国、インドを例にとるとわかりやすい。独立以来インドに指導者として君臨してきたのは、カシミールのブラーミンとして生まれ、大英帝国の上流階級の一員としての教育を受け、当時の時流に乗ってフェビアン社会主義とマルクス主義の洗礼を受け、インド独立の闘士となったジャワハルラル・ネルーだ。彼が、社会主義に同情的で、インドにも社会主義を持ち込みたいと考えていたことに間違いはない。彼にとって、私企業は経済発展のエージェントになりえない、蔑視に値する存在でしかなかった。しかし同時に、政治指導者としてのネルーは現実的で、途上国インドの現実を痛いほど自覚していた。そこで、ネルーが、インド経済の発展目標にしたのが、「社会主義型の社会（Socialistic pattern of society）」だ[4]。

この考えにしたがえば、第1に、国の経済発展の主導権は国家が握らなければならない。私企業や民間部門の経済活動を否定するわけでない。また、外国との交易を避ける必要もない。私企業も外国との貿易も、それなりの役割があり、インドの現実を考えれば、政府部門が経済活動のすべてをカバーするわけにはいかない。しかし、民間部門や外国貿易をまったく自由放任にしておいて、経済発展と貧困削減が実現できるとは考えられない。何らかの方法によって、政府がこれらの部門に強く影響を与える——より強い表現を使えば、コントロールする——ことが重要だ。ここから、2つの経済政策の方向性が生まれてくる。第1は、経済的な独立を経済政策の目的とすること。そのためには、民間部門の投資等も、規制の対象になる。そして、民間部門に欠けているとこ

---

[4] ネルーの伝記では、Wolpert (1996) がよい。しかし、最近ではネルーの政治・経済思想で重要な位置を占める「社会主義型の社会」という言葉は使われなくなった。その考えについては、Smith (1958), Chapter VI, "Economic Democracy: The Approach" を参照。

ろがあれば，国家がその穴を埋める努力をすることになる。要するに，途上国
においては，政府も国営企業を設立して，直接的な生産活動を行う必要がある
ということだ。インドをはじめとする途上国では，民間企業と公営企業の両者
が併存するいわゆる「混合経済体制」はこのような考えで正当化された。そし
て，この混合経済体制は，民間企業が主導する資本主義体制と政府部門が経済
の太宗をカバーする社会主義体制との，途上国の現実を考慮したうえでの折衷
案だと考えられた。

　第2に，経済の構造改革と長期的な発展のためには，経済計画が必須にな
る。経済計画は，混合経済体制のもとで，政府部門の投資をどのように進めて
いくかのガイドラインとなると同時に，民間部門の投資の方向性をも決め，そ
れにしたがって産業規制を実行に移すガイドラインとする。また同時に，輸出
入規制および外国投資等の外貨規制のベースになる。要するに，経済政策の基
本的な要綱だ。

　しかし，混合経済体制もまた経済計画も両方とも抽象概念にすぎず，現実に
国有企業と民間部門がどのように活動分野を分担するか，また国家が作る経
済計画で，どこまで民間部門の経済活動や国際収支をコントロールするかと
いう，規模と程度が問題になる。インドの場合には，独立当時の政府は当然イ
ギリスの植民地政府の構造をそのまま受け継いで，新しい組織は 1950 年に設
立された首相を首班とする国家計画委員会（National Planning Commission）
だけだった。そして，そのもとで作成された「第 1 次 5 カ年計画（First Five-
Year Plan, 1951-56 年）」は，その点に関してきわめて自由な政策がとられた。
しかし，第 2 次 5 カ年計画（1957-61 年）には，本格的な経済計画と混合経済
体制の実現が目指された。有名なインドの統計学者であるマハラノビス（P.
C. Maharanobis）は，当時ネルーの経済顧問と同時に計画委員会のメンバー
だったが，彼は今日マハラノビス・モデルと称されるマクロ・モデルを駆使し
て，インドが経済的独立を達成するためには，それまで輸入に頼っていた資本
財を自国生産に切り替えなければならない，そのためには政府が自らの手で資
本財生産のための重化学工業を設立すべし，という勧告をした。第 2 次 5 カ
年計画はその考えをベースに策定された。より具体的には，新規の投資を規制
する 1956 年産業政策決議（Industrial Policy Resolution）によって，鉄鋼，石

炭，鉱業，航空機，通信機器等々の重工業部門に対する新規投資は，国有企業の専権分野であると規定され，鉱工業部門の全新規投資の 60% 以上を占めるとされた。

第 2 次 5 カ年計画の実施中には，外貨不足が顕著になったが，その対応策として 1958 年の「外貨予算制度（foreign exchange budgeting）」が導入された。ここにきて，インドの悪名高い輸出入規制と投資規制を柱とする認可制度が確立されたのだ。そして，その認可制度を運用する政府役人は「ライセンス・ラージ（License Raj）」と呼称され，インド経済の非効率の源泉と考えられるようになった[5]。

輸入代替工業化路線とは，旧宗主国からの――さらには先進国経済が牽引する世界経済からの――経済的独立と経済発展の目的のために，混合経済体制と経済活動，とりわけ投資と外国貿易・為替規制を政策手段として追及した戦略だった。第 2 次世界大戦後の典型的な途上国で，経済開発の戦略として輸入代替工業化路線をとったのは，インドだけではない。その時期や政策の細部については多少のバリエーションはあるにしても，インドに続いて他の途上国も同様の世界経済の状況判断と政策的意図をもって，5 カ年計画を導入し，輸入代替工業化を推進しようとした。東アジアではスカルノ大統領の統治下のインドネシア，西アフリカではエンクルマ大統領のガーナだ。北アフリカではナセル大統領が統治していたエジプトも例外ではない。ラテンアメリカの主要諸国もまた，輸入代替工業化路線を追求した。ただ，ラテンアメリカ諸国の場合，それは多少違ったコンテキストで起こった。

ラテンアメリカ諸国の輸入代替工業化戦略は，アジアやアフリカの新興独立国と違って，1930 年代の世界大恐慌の影響を強く受けている。ラテンアメリカ経済は，ヨーロッパ先進工業国に対する一次産品輸出国として発展してきた。アルゼンチンの牛肉や小麦，ブラジルのコーヒー，チリやペルーの銅，と数え上げればきりがない。世界大恐慌は，これら一次産品に対する需要を激減させた。輸出産業は壊滅的な打撃をこうむったが，それに対する政策的な対応が，輸入代替のための産業振興だった。ラテンアメリカ諸国にとって幸いだっ

---

[5] 詳しくは Panagariya (2008, Chapters 2 and 3) を参照。

たのは，第2次世界大戦の勃発が世界大恐慌に終止符を打ったことだ。戦場にならなかったラテンアメリカは，一次産品に対する戦時需要増加と同時に，ヨーロッパからの輸入の減少を補う形で発展した国内の工業生産で経済成長を謳歌できたのだ。しかし，それも長くは続かない。朝鮮戦争の終結を境に，一次産品の交易条件の悪化が始まったからだ。そして，それに追い打ちをかけるようにヨーロッパの工業生産が回復すると，貿易収支の赤字が増える。

　そこで，多くのラテンアメリカ諸国が，再度輸入代替工業化戦略を打ち出すが，この段階では比較的代替が容易な消費財はすでに国内生産に置き換わっていたから，さらなる輸入代替は中間財，資本財，そして自動車やトラック等の耐久消費材の国内生産にならざるをえない。従来，ラテンアメリカの工業部門には多くの多国籍企業が入っていたが，収益見通しが立たない重化学工業の投資となると，新たに設立された国営の開発銀行や開発公社や政府企業に頼らざるをえないし，またこれらの重化学工業への新規投資を可能にするためには，政策金融だけでなく，高関税や輸入制限といった保護政策をとらざるをえなかった。このような輸入代替工業化戦略とそのための保護政策は，1960年代にピークに達した。アルゼンチンの場合は，ペロン大統領の政権が輸入代替工業化戦略の推進者であり，また，ブラジルでは現代ブラジルの卓越した政治指導者であったジェトゥリオ・バルガス大統領がその主導者であるとすれば，その政治思想的な後継者ともいえるジュスセリーノ・クビチェックは，その戦略を大きく前進させ，その当時喧伝された高度成長の「ブラジルの奇跡」を演出した[6]。

輸入代替工業化戦略は失敗だったか

　輸入代替工業化戦略が新興独立国にもてはやされたのは1950-60年代のことだ。それから半世紀たったいま，この戦略をどう評価すればよいのだろう。もちろん，国によって採用された政策には違いがある。そのうえに，それぞれ

---

[6] ラテンアメリカ諸国のすべてが，足並みをそろえてこのような政策を同時期にとったわけではない。しかし，多少の時期的な差異と程度の差はあっても，主要ラテンアメリカ諸国の状況は似通っていた。代表的なアルゼンチンについては，次を参照。Barbero and Rocchi (2003). Brambilla, Galiani, and Porto (2013), Galiani and Somaini (2013). ブラジルについては，Coes (1995) および Reid (2014) を参照。

第 2 節　輸入代替工業化路線とその帰結　　　　47

の国の経済的な環境や政策を遂行するうえで必要とされる政府や民間企業のキャパシティには大きな差があるから，一概にはいえない。しかし，途上国一般の平均的な輸入代替工業化戦略は，失敗に終わったといってもいい。しかも，その戦略が残した負の遺産は，今日でも多くの途上国経済に影響を与えている[7]。

　もともと輸入代替工業化戦略は，何らかの政策手段で「幼稚産業」を政府企業の形で新たに創出したり，あるいは民間企業に対して直接補助金を出したり，あるいは輸入規制や政策金融などの間接的なサポートすることを意味する。一般的に国営企業の設立と民間企業の保護によるが，これを現実に政策として実施するのは，容易ではない。まず，政府企業と民間企業の間の線引きをどうするか——特定産業部門に対する参入を政府が行うのか，あるいは民間企業に任せるのか，何を基準にそのような線引きをするのか，大変難しい問題がある。たとえば，ほとんどの途上国で，鉄鋼業を設立する際には，既存の民間企業の能力を超えるという理由で新たな国営企業が設立された。さらに，ある特定の産業部門を設立するという計画を立てたとして，そのためにどのような保護を，どの程度，どのような期間与えるかの決定をしなければならない。

　これらの政策決定には経済合理性にもとづいた政策基準が必要になるが，問題は政府の政治指導者と彼らをサポートする政府官僚が，その決定権を握っていることだ。国営企業の場合を考えてみよう。国営製鉄所を設立するとして，理想的には製鉄所の経営に経験のある経営者——外国人であってもかまわない——をトップ・マネジメントに据えて，その下に経営のテクノクラートと技術的なエキスパートを据えることが望ましい。そして，輸入代替工業化政策を打ち上げた当初は，そのような理想的な経営陣と技術陣に国営製鉄所の設立と経

---

[7]　途上国の輸入代替工業化戦略にまつわる保護政策の評価で画期的な成果をあげた研究グループが3つある。第 1 は世界銀行のベラ・バラッサをプロジェクト・ディレクターとする研究グループで，第 2 はジャグディシュ・バグワティとアン・クルーガーを共同ディレクターとする NBER (National Bureau of Economic Research) の研究プロジェクトで，第 3 が OECD の開発センターのイアン・リットゥル，ティボール・スキトフスキィ，モーリス・スコットの指導下で実施された研究プロジェクトだ。すべて 1970 年代初頭に発表されて，途上国の工業化戦略の再考に貢献した。Balassa and Associates (1971), Bhagwati and Krueger (co-directors) (1974-1978), Little, Scitovsky, and Scott (1970).

営を任せようとする。しかし，現実はそのような理想から徐々に離れていく。たとえば，韓国の浦項綜合製鉄（POSCO，1968 年設立）は明らかに大成功だったが，1960 年初めのスカルノ時代にソ連の援助で始まったインドネシアのクラカタウ製鉄所プロジェクトは，まったくの失敗で，1980 年代になってようやく軌道に乗った[8]。

　問題は多々ある。まず，国営企業の設立と運営については，時の政権の政治的な要請が，経済的・技術的な判断をオーバールールし始める。途上国に限ったことではないが，途上国の政治ダイナミックスで強い影響力を持つのは，政治指導者グループと彼らを支持する国民層との間に存在する親分・子分関係の強さだ。一般的に，そのような権力関係は「家産制（Patrimony）」と呼ばれるが，途上国の国営企業設立の動機，人事，雇用，請負契約等に，その要素が強く反映される。たとえば，国営製鉄所のトップ・マネジメントに，企業経営の経験がない政治家が選ばれる。企業幹部に有力政治家の親族が就任する。そのうえ，製鉄所の設立に貢献した政治家の支持層が従業員として雇用される。さらにそれ以前に，どこに製鉄所を作るかといった製鉄所の技術的な問題までもが，政治家の出身地と選挙区の所在地によって決まってくる。あらゆる種類の汚職が発生する素地はこのようにして作られる。そして，その結果生じるコストは，国営企業の非効率性，競争力の欠如，低収益——そしてある場合には当該企業の赤字補てんのための補助金やその他の優遇策——等々として現れ，財政負担の原因となる。

　これは国営企業に限ったことではない。私企業の場合でも同様のことが起こりうる。民間部門で，新しい産業創出の担い手になれるのは，植民地時代にその国に根を下ろした外国資本や華僑・印僑・レバシリ等の商業・産業資本家のグループが多い。もちろん，いわゆる民族資本家グループもいることにはいるが，おうおうにしてごくまれだ。そこで，新しい産業を創設するとなると，このようなグループに協力を仰ぐほかなくなる。政治指導者層あるいは政府官僚群とビジネス・グループの間に癒着関係が成立する素地がここにある。「クローニー・キャピタリズム（crony capitalism）」という言葉で，このような政

---

[8]　韓国とインドネシアの歴史的な産業政策については，浅沼・小浜（2013），第 3 章と第 4 章を参照。

第2節　輸入代替工業化路線とその帰結　　　49

治・経済関係は呼ばれることが多い。開かれた市場ではなく，仲間内あるいは
お友達グループの輪の中の癒着した関係にもとづく資本主義という意味だ。輸
入代替工業化戦略との関連で重要なのは，そのためには何らかの産業保護政
策が必要になるが，どのような形で，どの程度，どの程度の期間，どのグルー
プに対して保護処置や優遇処置をとるかというのは，大変難しい経済政策問題
だ。純粋に経済政策の問題としても，いろいろの議論がありうる。途上国のお
かれた状況からいって，新しい産業を興すには，当初は相当規模の保護処置が
必要になるのは明らかだが，厚い保護が長期間続くとなると企業側の競争力強
化の努力が弱くなる。しかも，政治指導者とビジネスに癒着関係があれば，ビ
ジネスに有利なように産業保護が厚く，長くなるのは当然の政治力学だ。

　クローニー・キャピタリズムから利益——あるいは不当利益を意味する「レ
ント」——を得るのは資本家だけではない。工業化は，同時に工場労働者を
生み出す。途上国では，工業部門の正規労働者は，都市エリートの一部だ。彼
らは労働組合を結成し，政府や資本家と集団で交渉する政治力を持つように
なる。そして，集団での賃金交渉等を通じて，レントの一部を獲得する。そし
て，賃金水準の上昇は，産業の効率と競争力を弱める。

　輸入代替工業化戦略の悩ましいところは，その戦略が当初から失敗として
現れることがないことだ。最初に述べたように，経済が発展する過程で工業部
門で輸入代替という現象が起こるのは自然だ。国際的な比較優位は，長期間に
わたって不変ではない。経済が成長し，市場規模が拡大し，1人当たりの所得
の変化に応じて消費構造が変わり，新しい技術が海外から移転され，インフラ
の改善によってロジスティクス・コストが低くなるという環境では，政府によ
る制度や政策によるサポートなしにでも，輸入代替は起こる。それに，政府の
強力な保護政策・優遇政策が加われば，当初は輸入代替工業に対する投資が増
え，生産が増える——すなわち，輸入代替工業化戦略がとられた最初の10年
や20年の間は，いわゆる「ロウ・ハンギング・フルーツ（手の届くところに
ある果実）」をもぎとるように，比較的容易に成果をあげられる。先に挙げた，
「ブラジルの奇跡」はその良い例だ。

　しかし，長期に保護政策を続けると——しかも，工業部門の成長率を維持す
るために，保護政策をますます強化させていくと——経済全体に大きな悪影響

を及ぼすようになる。輸入代替工業化戦略の帰結は，まず高コスト産業の出現
だ。しかも，保護政策に守られているから，効率化や競争力増強のインセンティ
ブもない。すなわち，技術移転のプレッシャーもない。経営努力や技術進歩
の面で，実に停滞した産業群ができあがる。

　第2に，経済にとってより深刻なのは，高コスト工業部門が農業と一次産
品産業に及ぼす影響だ。もともと，一次産品産業の停滞は，長期的な交易条件
悪化の影響だと説明されることが多い。しかし，そればかりではない。農業の
場合は，輸入代替工業化戦略の影響は，国内の農工間の交易条件が農業部門に
とって悪化するという結果として現れる。農業部門のインプット——化学肥料
や農業機械を考えるとわかりやすい——は，輸入代替の結果高価格となる。一
方，生産物価格（特に食糧生産について）は都市労働者の利益のために，政治
的な動機が働いて低く抑えられる。一次産品産業の場合も，同じように農工間
交易条件の悪化によって不利になる。そのうえ，政府財政のために，輸出税が
課されることがままある。さらに，一次産品産業にとって不利な為替レート政
策がある。輸入代替工業化戦略を推し進める政策手段として，もっとも一般的
に使われるのは，高輸入関税あるいは輸入の数量規制だ。しかし，工業部門が
必要とする資本財の輸入は優遇される場合が多い。高い輸入関税（そしてある
場合には輸出税）の使用によって，国際収支均衡のために為替レート自体を低
い水準に誘導したり，低く保つ政策的な必要はなくなる。むしろ，資本財輸入
のためには，多少高い為替レートを保った方がよい。しかし，その結果は，関
税にも保護されず，むしろ輸出税で被害を受ける一次産品産業の国際競争力を
削ぐことになる。

　第3に，輸入代替工業化戦略の結果は，国際収支のギャップとなって現れ
る。上に説明したように，伝統的な輸出産業（一次産品産業）は停滞する。一
方，新しく設立された産業には国際競争力はないから，その国際収支への影響
は，資本財と中間財の輸入増加というネガティブな貢献だ。第2次世界大戦
後の世界では，国際的な資本市場の復活は遅れていたから，途上国の国際収支
ギャップを埋めるのは，資本財の輸入等のファイナンスに使うサプライヤー
ズ・クレジット（中期の輸入信用）と外国援助（ODAやOOFといわれる政
府間融資）だ。

第3節　輸出志向工業化路線とグローバリゼーション　　51

　このように，多くの途上国で，輸入代替工業化戦略は，保護主義の壁に守ら
れた高コスト産業の出現，農業部門，とりわけ一次産品産業の停滞，そして構
造的な国際収支ギャップと援助依存，という結果をもたらした。一般的にいっ
て，輸入代替工業化戦略は失敗に終わったのだ。そして，1973年に起こった
第1次オイルショックが，輸入代替工業化戦略の破綻を露呈した。

第3節　輸出志向工業化路線とグローバリゼーション

オイルショックと構造調整政策

　振り返ってみると，1973年に起こったオイルショックは，第2次世界大戦
後の世界経済を大きく転換させた大事件だった。もちろん，そこにいたるまで
には，世界経済の石油資源に対する需要増加とその供給源としての中東の重要
性の増大——それはアメリカ自身の石油産業が需要増大に追いつかなくなって
きて，アメリカ経済の石油輸入への依存度が高まってきたことを反映している
——と同時にアラブ・イスラエル間の政治・軍事的な緊張関係の高まりにかか
わる複雑な政治・経済的なダイナミックスが働いている。しかし，第1次オ
イルショックの直接の切っ掛けは，1973年10月の「第4次中東戦争」に際し
てアラブ産油国グループがイスラエルに友好的な国に対して実施した石油の輸
出停止だ。それまでは国際的な政治交渉の場でのみ語られてきた「石油輸出と
いう名の武器（"oil weapon"）」が，現実に使われたのだ。その結果，世界経
済における石油価格は，ショック前の1バレル当たり2ドル以下から11ドル
へと4倍に跳ね上がった[9]。この事件が世界経済に及ぼした影響は計り知れな
い[10]。

　オイルショックが途上国経済に及ぼした影響は，大きくいって2つある。
第1は，途上国群は石油・ガスの輸出国と輸入国に二分されることになった。

---

[9]　世界銀行の World Bank Commodity Price Data（www.worldbank.org/en/research/
commodity-markets）による。第1次オイルショックは1973年に起こった。それを挟む
1971年と1974年のそれぞれの年平均 Dubai Crude は，$1.82/bbl と$10.97/bbl だった。

[10]　オイルショックについて書かれたものは，それこそ数知れずあるが，バランスがとれて，かつ詳
細な分析とナラティブが素晴らしいのは，Yergin (1991, Chapter 29)。

52　　　　　　　　　　第2章　途上国経済の発展

　オイルショックは，もともと国際政治的な理由で始まったが，始まってみると
石油のような希少資源を持つ国々が連携してカルテルを形成すれば，供給側
の独占体制を築くことが可能で，資源の国際価格形成に大きな影響力を持て
るようになることが実証された。しかし，石油輸出国の政策当局は，輸出額の
増大に見合った輸入増加が必ずしも自国経済のためにはならないことをよく
知っていたから，結果として生じる貿易黒字を国際金融市場・資本市場で運用
するか，あるいは生産量を制限して，高輸出価格を維持するだけでなく，将来
使用できる資源の保全を図る政策をとった。この結果，オイルショックを契機
として，国際金融市場（特にユーロ市場）は大きくなった。ロンドンのユーロ
バンクは盛況を呈し，貸し出し先を求めるユーロ銀行は石油輸入国である途上
国政府に貸し出しを始めた[11]。石油輸入国には，オイルショックのために生
じた大きな国際収支ギャップを埋めるために多額の借入需要があったし，また
石油の国際価格が上がったと同時に，他の一次産品価格（特に鉱物資源の国際
価格）も上昇したから，ユーロバンクとしては，途上国の債務返済能力は高ま
っている，途上国は十分に返済能力のある貸し出し先だと主張することもでき
た。
　興味深いことに，ユーロ市場からの借り入れは，石油輸入国に限られたこと
ではなかった。石油輸出国でも，人口が大きく，石油産業の他に発展可能性が
大きい，たとえばメキシコやインドネシアやナイジェリアのような途上国の場
合は，オイルショックは国の債務返済能力を高める効果があった。国際金融・
資本市場での格付け（クレディット・レーティング）が上がったのだ。その結
果，これらの国はユーロ市場から歓迎される大手の借り手になった。
　第2の影響は，石油輸入国である途上国経済は，オイルショックに対して
どのような政策的な対応をすべきかの問題が実にシビアな形で出てきたこと
だ。もともと，途上国の国際収支構造は硬直的だ。途上国の主たる輸出である
一次産品輸出は，需要の伸びが低く，輸出の増加は困難だ。一方，途上国の産

---

[11]　第2次世界大戦後世界経済におけるイギリスの地位は低下した。国際通貨としてのポンドも国
　際的な金融・資本市場としてのロンドンのシティの地位も，同様に低下した。そこで，シティ
　の金融機関は，シティに非居住者のための「オフショア・マーケット」を作り上げ，ドルをはじ
　めとする外貨の取引を始めた。これがユーロ・マーケットあるいは，ユーロ・ドル・マーケット
　だ。また，ユーロ市場の取引のために特別に作られた銀行が，ユーロバンクだ。

業は未発達で，特に産業用の中間財や資本材は輸入に頼らざるをえない。したがって，投資主導の成長政策は，必然的に輸入増加を必要とする。そのために先進国からの資金援助に対する依存体質が染みついている。そこに，オイルショックが，国際収支ギャップを広げた。特に石油輸入途上国にとって，オイルショックの国際収支ショックはまさに想像を絶する規模のものだった。

　これは，途上国に限ったことではないが，オイルショックに対する国際経済の対応策としては，3つの可能性があった。第1の対応策は，オイルショックが世界経済に与えるのはスタグフレーション的な影響だという認識にもとづくものだ。スタグフレーションは，一方でコスト・プッシュ的なインフレーションが進行するかたわらで，経済の実質成長が落ちるという現象だが，オイルショックの場合も，石油・ガスの価格上昇だから，コスト・プッシュの要因になる。しかし同時に石油輸入国経済にとっては，エネルギーの輸入価格の上昇は，たとえば石油税の上昇に等しい効果を持つ。当時，OECDの事務局から発信された政策提言は，世界の非石油産出国が，このような状況に対応するために，金融財政の引き締め政策をとると，世界経済にデフレ的な圧力がかかり，世界不況に陥るかもしれないから，むしろ協調して財政拡張に努めるべきだというものであった。石油価格については，人為的に補助金政策等によって低く保とうとするよりも，高価格のもとでエネルギー使用が効率化され，需要の伸びが抑えられ，同時に代替エネルギー供給の増大を推進するというシナリオを描いていた。

　そのような長期の対応シナリオが可能であるにしても，短期的な国際収支の不均衡は如何ともしがたい。石油輸出国に蓄積される余剰資金は，国際金融・資本市場に投資されざるをえないから，赤字国は国際金融市場からの借り入れによって国際収支に生じたギャップを埋めることは可能だ。現実に，石油輸出国の余剰資金を石油輸入国の国際収支赤字補てんにあてるために，ユーロ市場は大いに役立った。しかし，ユーロ市場を通じたリサイクリングでは国際収支のギャップを埋められない途上国——すなわち，国際市場で借り入れができるだけの信用力のない低所得国——は，別の方法によって救済する必要がある。IMFは，通常国際収支困難に陥った国に短期融資をするが，1974年にはオイルショックによって国際収支破綻が危惧される途上国に対して，より長

期，低金利の融資をする新たな「オイル・ファシリティ（石油融資制度）」と呼ばれる融資制度を作り上げた。そして，そのためにサウジアラビア等の産油国から原資を借り入れる制度も作り上げた。そしてその後数年のうちに，第2次の「オイル・ファシリティ」とより借り入れ国の長期的な構造改革と可能にする目的で「拡大基金融資制度（Extended Fund Facility, EFF）」を創設した。IMF 自身がペトロダラーのリサイクルに乗り出したのだ[12]。

世界銀行や米州開発銀行，アジア開発銀行，それに主要 OECD 諸国の開発援助機関は，オイルショックにどう対応したのか。開発援助機関は，特別に困難な問題を抱えていた。指導的な立場にある世界銀行の政策対応は，興味深かった。世界銀行のマクナマラ総裁とチーフ・エコノミストのチェネリーは，石油輸入途上国の国際収支赤字は構造的なもので，長期にわたって解消することは難しい。唯一とりうる手段は，OPEC 以外の途上国のエネルギー資源を開発して石油の輸入需要を抑制するしかない。そのためには，途上国のための大規模なエネルギー資源開発基金を作り，エネルギー分野への投資を飛躍的に増大させることだと考えた。しかし，国際資本市場にペトロダラーの余剰資金が溢れているのに，国際開発機関がエネルギー開発投資に融資を考えるのは筋違いだという先進国政府の見解のために，このアイデアは不発に終わった。

オイルショックのような突発的な国際収支不均衡に陥った場合にとるべき政策は，まずつなぎ融資を得ることで，その次に財政・金融引き締めで不均衡の幅を縮小することだ。この場合に債務の持続可能性の維持と緊縮政策による経済成長のスローダウンのトレードオフが生じるが，そのバランスは政治的に難しい。ともすれば——国際資本市場や国際開発機関からの借り入れが可能な限り——財政金融の緊縮政策を回避したいというのが政治家の本音だ。また，長期的には，あらゆる種類の経済改革が避けて通れない。しかし，経済構造を改革する——すなわち従来とっていた政策や制度を変える構造改革——となると，国内にある既得権益を侵すので，政治的な抵抗はさらに強まり，経済的な安定と政治的な安定のトレードオフが生じる。当然，政治指導者は政治的な安

---

[12] オイルショックが IMF に巻き起こした政策論争と新しい融資制度については，James (1996), Chapter 11, "The 1970s: Capital Markets Versus the New International Economic Order" が興味深い。

定を優先する。

　第1次オイルショックの7年後の1979年に，イランの王政転覆の革命を契機として，第2次オイルショックが起こった。そのあとに起こったのは，まさに上に述べたような政策対応の結果だった。途上国の対外借り入れ能力が限界に達し（対外債務の持続可能性が破綻し）国際収支の赤字ファイナンスのためにユーロ市場から多額の銀行借款を受けていた多数の途上国がデフォルト（債務返済不能）に陥った。これが，1982年夏に始まった途上国債務危機だった。皮肉なことに，デフォルト連鎖の発端は産油国の1つのメキシコだった。第1次オイルショックも第2次オイルショックもメキシコ経済に莫大な輸出収益をもたらした。メキシコ政府は，その収益をもとに大規模なインフラ投資を始め，そのために多額のユーロ市場からの借り入れを行った。メキシコの産油国としての地位は，国際金融市場では最優良借り手とみなされていたから，ほとんど無限に近い借り入れが可能だった。このような状況のもとで，メキシコ政府は，持続可能な限度を超えた債務を累積したが，第2次オイルショックの直後に世界経済が不況に陥って，石油価格が急落すると，レーガンの高金利政策と相まって，外貨の資金繰りが困難になり，1982年夏にデフォルトを起こしたのだ。まさに「石油の呪い」が現実になったのだ。それを契機として，ラテンアメリカ諸国，アフリカ諸国（北アフリカを含む）の間にデフォルトが発生した。

　もちろんすべての途上国がデフォルトを起こしたわけではない。興味深いのは，途上国債務危機の域外にいたアジア諸国だ。インド，パキスタン，バングラデシュ等々の南アジア諸国は，もともと国際金融市場では貸し出し対象国とは考えられていなかったから，そしてこれら諸国の対外債務はほとんどODA資金かIMFからの借り入れだから，債務危機の影響を受けなかったのは，至極当然のことだ。しかし，東アジアの諸国は違う。ちょうど第1次と第2次のオイルショックの間にフィリピンのマルコス政権が崩壊した。そして，マルコス政権の残した経済運営の負の遺産（債務の持続可能性を超える対外借り入れ）に苦しんでいたフィリピンを例外として，東アジアのどの国も，デフォルトを起こさなかった。もちろん，たとえば韓国のように，マイナス成長に陥った国もあったが，それも短期間に克服された。債務の持続可能性が保たれたの

だ。

オイルショックは，途上国の開発戦略に何をしたのか。もちろん，それは突然のエネルギー価格の高騰という契機にすぎなかったが，それまでほとんどの途上国がとってきた輸入代替工業化戦略は，いまや破綻しているという事実が明白になったことだ。この場合，輸入代替工業化戦略とは，外国資本をできるだけ排除して「民族資本」に主たる役割を負わせる，輸入代替産業に対して手厚い保護と優遇策をとる，政府は経済計画と国営企業の設立等を通じて経済運営と開発政策に深く関与する，という3点セットを包括する戦略だ。

輸入代替工業化戦略が破綻したからといって，その戦略からの転換は容易ではない。マクロ，ミクロ，構造的なすべての政策と制度がその戦略に沿って構築されてきたからだ。すなわち，輸入代替工業化戦略は，今や途上国経済の構造にインスティテューション化されていた。当時，「構造調整（structural adjustment）」とか「ワシントン・コンセンサス（Washington Consensus）」という言葉が，戦略転換の議論でよく使われたが，それは戦略転換のためには政策・制度・経済構造を改革する必要があることを構造調整と称し，その方向性をワシントン・コンセンサスと呼んだのだ。

先に挙げた3点セットをもとに戻すのは，国内産業に対する保護・優遇・規制をすべて自由化することであり，閉鎖的であった国内市場を開放することであり，さらに経済計画と国営企業という政府の経済への関与をやめること，であった。また，ワシントン・コンセンサスは，新しい戦略として財政均衡等の経済安定化策と同時に経済発展を市場の自由な活動に任せる自由主義的な政策を目指すものだ[13]。この底流にある考え方は，2回にわたるオイルショックを原因として途上国が陥ったのは，一時的な流動性不足ではなく，まさにインソルベンシー（破産）と呼ばれるような状況だという認識だ。その状況からの脱出には，経済構造の改革が不可欠だった。

これは，後に社会主義圏の経済が市場主義経済に移行したときにも経験したことだが，体制にまで浸みこんだ発展戦略の転換は政治的に容易なことではな

---

[13] 構造調整政策とワシントン・コンセンサスについては，浅沼・小浜（2007），第5章「構造調整とガバナンス」を参照。また，より最近のワシントン・コンセンサスの議論については，Serra and Stiglitz（2008）を参照。

い。特に経済に極端な不均衡が生じていて，マクロ経済の安定が優先されるような移行期においては，どのような戦略も毀誉褒貶を免れない。経済成長は減速する。失業率は高くなるし，家計は圧迫される。それまで優遇されていた部門の企業は，業績の悪化やある場合には倒産の憂き目にあう。社会的な不満は鬱積し，社会や政治の安定が脅かされることもままある。このような状況で，「構造調整」が——特にその政策が国際機関等の外部から押し付けられたと受け取られる場合には——国民に拒否反応をもって迎えられるのは自然に思われる[14]。

輸出志向工業化戦略の成功

2回にわたるオイルショックを克服し，それに続く累積債務破綻を免れた国々でも際立っているのは東アジア諸国だ。2006年に世界銀行は，他の国際開発援助機関と協働して，「成長と発展委員会（Growth and Development Commission）」を立ち上げて，途上国の長期経済成長問題を検討した。その報告書によると，第2次世界大戦後（1950年以降）に，長期にわたって（25年以上の期間），高度成長（平均年7%以上のGDP成長率）を達成できた国は13か国あるが，そのうちの9か国は東アジアの国あるいは経済だ[15]。これらは，もともと「東アジアの奇跡（The East Asian Miracle）」と呼ばれた国々で，これらがとっていた開発戦略は，輸入代替工業化戦略と対比して，輸出志向工業化路線だった[16]。これらの東アジア諸国は，第2次世界大戦直後にはスカルノ政権下のインドネシアのように輸入代替工業化戦略をとっていた国もあるが，ほとんど輸出志向工業化路線をとってきた国々だ。また，これらの諸国の中には，香港やシンガポールのように，都市経済国家で国内市場の規模が

---

[14] 構造調整については，第3章「ODAパラダイムの変遷」でもう少し詳しく議論する。

[15] 13か国（あるいは経済）は，ボツワナ，ブラジル，中国，香港，インドネシア，日本，韓国，マレーシア，マルタ，オマーン，シンガポール，台湾，タイ。Commission on Growth and Development (2008, Part I).

[16] World Bank (1993).「東アジアの奇跡」は，1965年から1990年の期間に高度成長を達成した東アジアの8か国を，HPEAs（High-performing Asian economies）と呼んで，分析対象にしている。したがって1990年以降に高度成長を達成した中国はそのグループに入っていない。

小さく，輸出以外に工業製品の市場がない国々も含まれている。さらに，東南アジア諸国の中には，マレーシアに典型的に見られるように，豊かな天然資源に依存する一次産品の生産と輸出を当初の戦略とした国もある。

『東アジアの奇跡』で詳しく分析・描写されたように，輸出志向工業化路線は成功した。その成功のためには，これら諸国が満たすべきいくつかの条件があり，東アジア諸国は初期条件においても，また政策面でも，それらの条件を満たしたのだ。その条件の中で忘れてならないのは，アメリカ経済の成長と市場開放，そしてアメリカ企業群の多国籍企業的な展開に端を発したグローバリゼーションの進行がある。第2次世界大戦後のアメリカ経済は，力強い発展を遂げたが，その特徴の1つは，産業発展の重点が東海岸からカリフォルニア州を中核とした西海岸に拡大したことだ。その結果，アメリカは巨大太平洋経済となった。そのうえに，すべての面で自給率の高かったアメリカ経済の輸入性向は大幅に高くなって，アメリカの輸入市場は拡大した。この拡大するアメリカの輸入市場を，自らの輸出市場として開拓し，自国産業を発展させたのが日本であり，また時期的には多少後になるが，台湾・韓国だ。香港やシンガポールもまた，同じような経緯で工業化した。主としてASEANの諸国は，当初はこれらの国々で発展した労働集約的な消費財産業のための原材料の輸出国であったが，次第に東アジアの産業集積に組み込まれて，それぞれの技術水準に適した部品の生産に携わるようになる。これが，「雁行形態」的な産業発展と呼ばれる東アジアにおける工業化の伝播のプロセスで，雁行形態の後発国は，アメリカをはじめとする多国籍企業からのFDIを受け入れることにより，資本，技術，経営資源，マーケット・アクセスを海外から得ることによって，工業化を成し遂げた。

1991年末にソビエトが崩壊し，ソビエト圏の途上国はいわゆる「移行国」，すなわち社会主義体制から市場主義体制に移行する過程にある国々となった。東アジアでは，すでに1970年代末より市場化と開放経済体制を試みていた中国に加えるに，ベトナム，モンゴル等々が東アジアの経済圏に加わった。1990年代の初めには，第2次世界大戦後の長きにわたって輸入代替工業化戦略を追求してきたインドが市場主義と開放経済体制を受け入れるという戦略転換を果たした。インドは長い間「ヒンズー的成長率」と揶揄された低成長を

第3節 輸出志向工業化路線とグローバリゼーション　　59

続けてきた。その政策的特徴は、おおむね健全なマクロ政策運営と政府の広範囲にして多層にわたる、非効率を助長するミクロ政策だった。しかし、1991年に国際収支危機に陥ったのを契機に本格的な市場化政策に転じ、この政策改革がインド経済の成長加速に貢献した（浅沼・小浜 2007，第1章補論 1.「インド：経済発展の記録」を参照）。また、1980年代の債務累積とデフォルトの影響で低成長を続けていたラテンアメリカ諸国は、困難な構造改革を成し遂げ、1990年代には成長に転じた。概して、1990年代は途上国にとっては――そしてこれは先進工業国についてもいえるが――経済の成長と安定を達成したという意味で、「黄金の10年間」だった。

　もちろん、この「黄金の1990年代」には例外がある。第1に、この時期に途上国でも新興市場国と呼ばれた国々で、国際金融危機あるいは国際通貨危機が連鎖的に起こった。1994年にはメキシコで「テキーラ危機」と俗称される金融危機が起こっている。また、1997年にはタイを震源地として韓国、インドネシア等の東アジア諸国を襲った「アジア金融危機」、その余震のような1998年のロシアの金融危機、21世紀に入ってからのアルゼンチンの国際債務デフォルト、と1990年代に起こった新興市場国にまつわる金融危機は枚挙にいとまがない。しかし、これらの国際金融危機は、金融のグローバリゼーションが進み、特に短期の資本移動が激しく動くなかで、世界経済の影響にさらされた途上国経済の運営の難しさ、それに対応するための金融制度改革の必要性を示したが、これらの国の将来の経済成長に長期的な悪影響を及ぼすことはなかった[17]。

　第2の例外は、1980年代、1990年代を通じて、途上国間の経済パフォーマンスの格差が開いたことだ。新興市場国と国際金融市場でもてはやされるアジアやラテンアメリカの途上国の陰で、経済停滞を続ける低所得国が多数あった。特にサブサハラ・アフリカ諸国の多くは、「黄金の1990年代」を謳歌す

---

[17] 例外は、アルゼンチンだ。アルゼンチンは、国際債務のデフォルトに陥ったが、民間の債権者との債務繰り延べ・削減交渉で躓き、2016年まで国際資本市場へのアクセスを失った。もともとの債務危機は、インフレをコントロールする目的で採用したカレンシー・ボート（1ドル＝1ペソの固定相場制度＋通貨供給を外貨準備にリンク）の運営に失敗したために起こった国際収支危機が引き起こした。為替相場のデバリュエーション（平価切り下げ）をタイムリーに実行しなかったのだ。

る世界経済から取り残された。

　しかし，そのサブサハラ・アフリカ諸国も，21世紀に入ると，いわゆる「スーパー・コモディティ・サイクル」と呼ばれる一次産品市況の高騰に乗って，アジアやラテンアメリカ諸国と同様に，目覚ましい成長を享受した。これが第3フェーズだ。第3フェーズは，ある意味では第2フェーズの続きだが，図2.1に明らかなように，この時期における途上国の成長加速は注目に値する。

　長い間途上国が追い求めてきた経済の成長と安定は，どのようにして達成されたのだろう。この第3フェーズの始めに，ソ連の崩壊に始まる社会主義圏，すなわちソ連をはじめ東欧諸国，中央アジアの諸国，それにアジアでは社会主義圏に属していたベトナムやモンゴルが市場主義経済に移行する決定をした。しかし，実はソ連圏の崩壊は，世界経済に直ちに大きな影響を与えたわけではない。むしろ，市場主義経済体制をとる地域が拡大して，それまで進行してきたグローバリゼーションの規模とペースが大きくなった。

　グローバリゼーションは，財とサービスの貿易分野ではつとに進んでいたが，資本の流れやヒトの流れといった生産要素の分野が加わって，特に金融と資本の国境を越えた動きが活発になった。21世紀に入ってから，貿易のみならず，直接投資（FDI），金融投資，海外で働く労働者の送金，等々すべてが飛躍的に増大した。グローバリゼーションが途上国の多くにまで広がったのは，途上国の側でもグローバリゼーションを積極的に受け入れる政策的・制度的な体制が作られたからだ。そのような体制は，一朝一夕でできあがったものではない。先にも述べたように，途上国の自由化政策や市場化政策は，2回のオイルショックとその後遺症ともいえるデフォルトの連鎖に対する政策的対応の結果で，そのような政策や制度の実施には数年を要した。さらに，この間の技術進歩，特に運輸・通信等の進歩は，国際的な商取引のロジスティック・コストを大幅に引き下げて，グローバリゼーションの進行を早めた。

　さらに，この当時起こった中国やインドといった人口と経済規模の大きい新興市場国の高度成長が他の途上国の成長加速をもたらした。ブラジル，ロシア，インド，中国の4か国の頭文字をとってBRICsと俗称して，途上国群の経済的勃興を象徴するようになったのは，21世紀に入って間もなくだっ

た[18]。特に，中国の高度成長は，国内需要に加えて先進国をはじめとする消費財市場の需要をベースとする製造業の発展・拡大が主たるドライバー（動因）で，石炭・石油などのエネルギー資源をはじめ鉄鉱石，銅鉱石，その他の鉱物資源に対する膨大な需要を生み，そのために資源輸出国の途上国に投資と成長を呼び起こした。さらに，中国の所得水準の上昇は食糧等の消費財の輸入増にも及び，それが他の途上国に波及した。これも，一般的にはグローバリゼーションの展開だと解釈することも可能だが，このチャネル――中国の高度成長の波及――を通じる途上国全体の成長加速は，やはり注目に値する。先進国に牽引される形での成長ではなく，途上国の内部での成長の好循環が現れたという意味で重要なのだ。

　第3フェーズの「ゴールデン・イヤーズ」は，今後も続いていくのだろうか。どうもそれはあまりにも楽観的な見通しのように思われる。ここで詳しく論じる余裕はないが，グローバリゼーション（特に金融・資本のグローバリゼーション）がアメリカとヨーロッパ諸国の金融部門の肥大化させたのは否定できない。それが2007年から2008年にかけての「リーマンショック」と呼ばれる金融危機を呼び起こした。そして，それがほとんど同時期に起こった「ユーロ危機」とともに，世界経済に「大不況（The Great Recession）」をもたらした[19]。この2008/09年の世界不況が途上国に与えた影響は，ごく短期的だった。リーマンショック以前（2003-07年）に年率7%超を記録した途上国の平均GDP成長率は，2009年にはわずか1%超に下落している。しかし，2010年には5%超に回復している（Nabli (ed.) 2011, p.55, Table 2.4）。問題はより長期的な影響だ。大不況後の先進工業国の長期的な成長見通しは明るくない。長らく忘れられていた「長期停滞」という言葉が使われるほどだ（Sumners 2014）。それに加えて，新世紀に入ってからの世界経済成長の動因の1つだった中国の高度成長が転換期を迎えているようだ。これは「新常態（New Normal）」と呼ばれているが，要するに輸出増と高投資に牽引されてきた中国経済は構造的な限界に達し，国内消費を成長の動因にする経済へと構

---

[18] O'Neill (2001). 後にこの4か国に南アフリカを加え，BRICSにした。

[19] リーマンショック，ユーロ危機，そして大不況に関する文献は多数あるが，最近では当時のアメリカ連邦準備制度理事会議長を務めたバーナンキの回想録が参考になる。Bernanke (2015).

造転換を迫られている，そのような経済構造の転換期に入ったということだろう。当然のことに成長率の減速が起こる。それと同時に中国の資源輸入需要も減退せざるをえない。それが一次産品の国際価格を下落させる——こうして一次産品のスーパーサイクルは終焉を迎える。資源輸出国の投資や成長は，厳しい影響を受けることになる。スーパー・コモディティ・サイクルの終焉とともに，途上国経済の「ゴールデン・イヤーズ」も幕引きということになる。これが，われわれがここで議論してきた第3フェーズの物語だ。

第4節　途上国の経済発展：半世紀の記録

　第2次世界大戦後70年弱の間に，途上国経済は大きく変貌を遂げた。そしてその変貌は趨勢的に良い方向への変化が目立った。当初，途上国の多くが輸入代替工業化戦略をとって，経済発展を目指したが，その戦略は総じて失敗に終わった。そればかりでなく，その失敗は途上国の政治・経済に深い構造的な歪みを残した。失敗が明らかになったのは2回にわたるオイルショックが契機だが，歪みの調整には時間がかかり，ラテンアメリカ諸国は「失われた10年」を余儀なくされた。しかし，期間を通じての途上国経済全体の平均GDP成長率は，先進工業国のそれを大幅に上回り，全体像として見れば，いわゆる経済成長の「コンバージェンス（収斂）」が起こったことは明白な事実だ。何よりも注目すべきは，第2次世界大戦前に見られた，先進工業国と途上国の間の「中心国対周辺国（the center-periphery）」——すなわち，工業国群とそれらの産業のために一次産品を提供する途上国という関係——が崩れ，途上国の多くが工業国になったことだ。そして，その成長プロセスを通じて，途上国における政治経済的な第1の問題である貧困削減は大きく前進した。また，世界経済に占める途上国経済の比重は大幅に増えて，いまや世界全体のGDPの半分以上は途上国経済が生み出すようになった。

　途上国経済の発展に国際経済の変化が大きく寄与した点も見逃せない。この間，国際的な貿易政策と制度の改善努力と運輸や通信といった国際貿易のロジスティックスの技術進歩によって，世界の貿易は経済の成長を大きく上回って成長した。また，第2次世界大戦後には，途上国の世界経済へのつなが

第4節　途上国の経済発展：半世紀の記録　　63

りは，貿易と開発援助——プラス，限られたトレード・クレジットやサプライ
ヤー・クレジット——の関係だったが，今日ではそれに国際金融市場を通じる
金融・資本，多国籍企業による FDI，途上国から先進国への労働移動と海外
送金，等々の関係のチャネルが加わっている。途上国のほとんどは国際経済に
いくつものチャネルを通じて組み込まれている。財，資本，労働，技術，文化
を含むグローバリゼーションが起こっているのだ。

　もちろん，ここに述べたことが途上国のすべてに当てはまるわけではない。
いろいろな理由で，このような成長と貧困削減とグローバリゼーションの流
れから取り残される国々が出てくるのは，至極当然のことだ。長い間サブサハ
ラ・アフリカの諸国は，取り残されたグループの典型例だとみなされてきた。
しかし，2000 年代になって，長期停滞に陥っていたサブサハラ・アフリカ諸
国にも成長の兆しが見えた。少なくとも 2007 年から始まるリーマンショック
を契機とする世界大不況までは，先進国の経済成長は堅調で，それに加えて中
国やインドの高度成長が一次産品に対する需要を押し上げ，一次産品輸出国
のサブサハラ・アフリカ諸国の成長を支えたのだ。サブサハラ・アフリカ以外
の地域でも，取り残された途上国はある。しかし，それらの国においても，今
後成長と貧困削減が実現できない，越えられない制約条件があるとは思われな
い[20]。

---

[20] リチャード・クーパーは，2004 年の世界銀行主催の「経験からの教訓（Lessons of Ex-
perience)」をテーマとする Annual Bank Conference on Development Economics
(ABCDE) に提出された「開発の半世紀」と題する論文の中で，「1950 年から 2000 年の期
間の（途上国の）経済のパフォーマンスは，素晴らしい（fantastic）の一言に尽きる（……)」
と述べている。Cooper (2005, pp.89-117).

第3章　ODAパラダイムの変遷

第1節　イントロダクション：ODAパラダイムの系譜

　誰の言葉だったか忘れたが，20世紀は人類にとって比類のない残酷さと暴力に満ちた世紀だった。国家と国民のすべてが巻き込まれた第1次，第2次の世界大戦は20世紀の前半に起こった。加速的に進化する技術と資本主義は，2つの「主義」の名前を持つ政治形態を生み出した。1つは帝国主義とそれに付随する植民地主義で，もう1つはロシアと中国を中心に起こった社会主義だ。しかし，第1次，第2次世界大戦は主として20世紀前半の歴史で，後半の歴史はむしろ前半の世界大戦をめぐる歴史的な展開に対する反動ともとらえられる。人類に大きな戦禍をもたらした世界大戦は，もともと世界政治経済体制に問題があったのではなかったのか。だとすれば，世界の体制を変えない限り，世界大戦の再発は防げないことになる。この考え方を念頭に，20世紀前半の戦争と世界経済秩序の崩壊を繰り返さないために国際的な協調と調和的な国際経済体制を設立しようという真剣な試みがなされたのが20世紀の後半だった。そして，ODAは，そのような国際経済体制の1つの要素として出現したのだ。

　ODAがこの世界に現れたのは，いつ頃だろう。もちろん，それはODAの定義による。ODAを途上国の経済開発のための資金的，技術的，人的な国際的な支援活動と広義に定義すると，第1章で述べたように，第2次世界大戦終了とほとんど同時に始まっている。ODAの歴史は，実に70年近くになる。そして，その間に，ODAの根底にある途上国支援の哲学，目的，方法論等々——すなわちODAのパラダイム——自体が，時代とともに，国際政治経済の

発展とともに，そして途上国の発展とともに，移り変わってきた。

　第2次世界大戦の戦禍の跡が残る1940年代，1950年代には，ODAを支えたのは「民生安定のための物資援助」だった。民政安定とは何かは，これを「民生不安定」の反語と読み替えてみるとよく理解できる。第2次世界大戦後の世界経済は，ほとんどの地域でインフラの崩壊，企業の破綻，市場の機能不全，物資の不足等の困難に見舞われていて，経済が安定的に機能しているのはアメリカをはじめ限られた地域だけだった。経済の極度の悪化を防ぐための援助が物資援助（これはまた商品援助とも称された）だ。経済の不均衡が著しいから，このような物資の供給は国際収支支援とも財政支援とも読める。世界大戦の結果，多くの当事国の資本設備は破壊された。その結果は，極端な供給能力の低下と雇用の喪失で，国民が必要とする生活物資の一部は輸入に頼るしかなかったが，供給能力の低下は輸入資金源としての輸出に期待できないことを意味した。だから，援助による物資供給は，国際収支支援になる。しかし，同時に，このような援助物資の受け手になり，物資を民間に配給するのは，政府を通じてだ。そこで，物資援助は，政府の財政に対する支援だとも読むことができる。このODAパラダイムの特徴の1つは，目的が短期的な経済安定にあることだ。

　しかし，経済成長の概念が，短期の経済安定にとって代わるのに長くはかからなかった。途上国が抱える「不足と不均衡の問題」は，経済成長によって，途上国の人々の生活水準が向上しない限り，容易に解決しないことが広く認識されるようになったからだ。ちょうど，この頃に，アメリカとソ連の世界覇権をめぐる冷戦が激しくなってきて，それも途上国の経済成長に先進国（特にアメリカ）の関心が移った原因だ。第1次・第2次両大戦間期にスーパーパワーになったアメリカは，第2次世界大戦後は一層巨大な覇権国家になったが，自由主義圏内の政治的・軍事的な安定を自らの安全保障の基盤と考えていた。しかし，冷戦下における戦争は，しばしば国家と国家の間の戦争ではなく，一国家の中の階級闘争のような革命やクーデター，あるいは内戦のような形をとる。もちろん，アメリカは多くの同盟国に対して安全保障のための援助（security aid）を提供していたが，途上国の政治不安の原因を取り除くためには，軍事援助だけでは不十分で，むしろ根本的な原因である人々の貧困を除去

第1節　イントロダクション：ODA パラダイムの系譜　　　67

するために，経済成長のための援助をすべきだというドクトリンが生まれた。そのドクトリンを，もっとも雄弁に表現したのが，有名なミリカンとロストウの『提案』だ（Milikan and Rostow 1957）。

　ODA の目的を途上国の経済成長におくとして，ではその目的を達成するための政策手段は何か。これに対する答えが，マクロ経済レベルでは「2つのギャップ理論」であり，またミクロレベルでは「開発プロジェクト援助」だった。もともと，途上国の経済成長が低いのは，国内的には低所得→低貯蓄→低投資→低成長という悪循環に陥っているためで，この悪循環を断ち切るためには外国資本を導入して投資を増やす必要がある。また，対外的には，第2次世界大戦以前から，途上国経済は先進国経済に対する一次産品輸出に特化しており，戦後一次産品に対する世界の先進国の需要が低迷すると，途上国の輸出もまた低迷し，国内における投資のための資本財輸入や原材料輸入のための外貨が不足する。すなわち，途上国経済の成長を制約する要因としては，貯蓄の不足と外貨の不足が重要だ。これが「2つのギャップ」だ。外国からの経済援助は，この2つのギャップを埋めて，途上国経済の成長率を高める。

　しかし，ODA を国際収支支援のような形で供給したとして，それが投資のために使われるという保証はない。ODA の供給者が，途上国の経済運営をコントロールしない限り，ODA が投資増大に使われることを保証できないし，仮にも独立国である途上国に対してあからさまに内政干渉ととられるような政策に対する介入は憚られる。そこで，世界銀行を中心に，投資プロジェクトという具体的な案件に対して ODA 融資を当てようということになった。そうすることによって，投資プロジェクトの経済性を保証できるし，同時にまた，投資プロジェクトという形で，プロジェクトを通して産業技術や経営資源を途上国に移転することができる（もちろん，優先度の高いプロジェクトが ODA 資金で賄われると，途上国政府は本来実施すべきでなかった経済性の低いプロジェクトを実施したり，もともと投資にあてるべきだった予算を消費に振り向けたりということは考えられる。この問題はファンジビリティ（資金の流用可能性）と呼ばれるが，これについては第2節で議論する）。

　「開発プロジェクト援助のパラダイム」は，戦後の ODA パラダイムとしては非常に堅固で，ほとんどすべての開発援助機関の ODA 業務の基盤を形作る

ようになった。これら機関の組織自体が，開発プロジェクトを見つけ出し，審査をし，ファイナンスをつける——そしてそのような作業を途上国政府のしかるべき部署と協働して行う目的で作られている。そこに，第2章で論じた世界経済と途上国経済の変化に伴って，新たな問題が生じる。そして，開発プロジェクト援助のパラダイムに完全にとって代わらないにしても，追加的なパラダイムとしてODA政策に影響を与え始める。

　何が問題となったのか。第1は，成長のためのODAに対する挑戦だ。この挑戦は，まず当時世界銀行の総裁だったマクナマラのアドバイザーを務めていた，パキスタン人エコノミスト，マブブ・ウル・ハクから始まった。1960年代を通じての途上国の経済成長は，典型的な途上国の貧困層に裨益しているとは思えない。だから，それまでの成長のための開発援助の方向性を変えて，貧困層が尊厳をもって，健康に生活できるような，必要最小限の経済的な必要を直接に満たすようなプロジェクトに注力すべきだ。これが，BHN（Basic Human Needs）アプローチと呼ばれる考え方だ。世界銀行では，この考えは採用されず，ただ経済全体の成長だけでなく，成長の果実が公平に配分されるような配慮をすべきだという，「成長を通じた配分（Redistribution with Growth, RWG）」路線が採用された。しかし，ハクのBHNの概念は，後にUNDPの「人間開発報告書」として結実することになる。その考え方が，今日のMDGsの基礎になっている。BHNはMDGsの生みの親なのだ。

　しかし，ODAパラダイムの変遷は，BHNからMDGsと直線的に移っていったわけではない。途中に「構造調整援助」が入ってくるからだ。すでに第2章で述べたように，オイルショックが世界経済，なかんずく途上国経済に与えた影響は実に広範にわたる。その影響の1つがODAパラダイムの転換だ。経済開発を主眼とするODAは必然的に経済成長のための開発プロジェクトが中心になる。そして，投資と投資に体化された技術移転が，ODAの主たる目的になる。しかし，オイルショック後の非産油途上国経済は，大幅な交易条件の悪化とその結果としての国際収支困難のために破綻したのだから，その立て直しのためには短期的には財政・金融の緊縮政策，中期的には成長の持続可能性を高めるための経済構造改革が必要とされた。この構造改革のための援助が，後に多くの途上国で不評を買った「構造調整政策」借款とそれに付随する

第1節　イントロダクション：ODA パラダイムの系譜　　69

条件，すなわちコンディショナリティとなった。コンディショナリティの内容
は，途上国が輸入代替工業化のために作り上げた各種の幼稚産業保護の政策や
制度——産業保護のための輸入関税や数量制限，優遇金利の政策金融，多くの
特権を与えられた国営企業，優遇税制や補助金，等々——によって経済に組み
込まれた歪みを除去して，経済の構造自体が新しい状況に柔軟に対応できるよ
うにすることだった。いずれにしても，財政金融の緊縮政策のために投資の抑
制が必要な局面で，従来の開発投資促進型の ODA を政策や制度改革のための
国際収支サポート援助に変貌する必要があった。

　このようにして各種の「構造調整借款あるいは贈与」が生まれた。このタイ
プの ODA 資金提供で一番難しい問題は，何を資金提供の担保とするかだ。開
発プロジェクトの場合は，投資ファイナンスだから，受け入れ国にインフラ
なり生産施設なりの資本が生まれる。その資本が ODA の担保となる[1]。しか
し，政策や制度改革の場合は経済の効率や生産性の上昇を目的にしていて，何
らかの目に見える成果物があるわけではない。そこで，政策や制度の改革内容
を細かく書き出して，それの実施を借款なり贈与の「条件 (conditions)」とす
る。政策や制度改革の約定が担保となるのだ。しかし，その約定の内容はとい
うと，しばしば緊縮財政や税制改革であったり，貿易・為替の自由化だったり
する。補助金政策の合理化や改革が含まれることもある。短期的には，国民の
生活を圧迫することになりがちだ。産業保護政策をやめれば従来保護障壁から
利益を得ていた産業の既得権益を侵すことになる。そのような「条件」が受け
入れ国の政府国民から不評を買うのに不思議はない。ましてやその条件が途上
国経済援助を標榜する国際援助機関が受け入れ国政府に対して突きつける要求
だとするとなおさらだ。財政からの補助金で低く抑えられていた食糧価格や石
油価格を上げる必要に迫られた場合，それがいかに経済合理性にかなった政策
であっても，政治・社会が不安定な途上国の場合には，都市住民のデモや暴動
までも引き起こすこともある。

　次の ODA パラダイム転換をもたらしたのは，このような構造調整援助の不
評だった。政策や制度改革の必要性は認めるにしても，それが社会に与える

---

[1]　もちろん法的な意味での担保ではない。しかし，原資提供者に対する説明責任を果たすための融
資に見合った成果物と考えることができる。

インパクトが過激な場合は国民の抵抗は強くなる。改革を推し進めるために
も，国民の不満と抵抗を緩和するような政策が必要になってくる。「人間の顔
の見える改革」をという主張は，社会政策，福祉政策，貧困層のためのセーフ
ティーネットの構築，等々の社会的正義に焦点を当てた政策を，経済構造改革
と同時並行的に実施すべきだと提案する。この提案は当を得たものだが，現実
には構造改革と福祉政策のバランスは，政治的に非常に難しい。ともすれば，
国民や企業の内部の改革に反対する「抵抗勢力」に対する受けを狙ったポピュ
リスト政権が出現し，改革よりは福祉を選択するからだ。人権問題や環境問題
が世界的な関心事となり，NGO（Non-governmental organization，民間で自発
的に生まれた社会・政治・経済グループ）と呼ばれるアドボカシー・グループが
多数生まれ，各種の社会的正義と人間の安全保障を主張し始めると，ますます
政策のポピュリスト志向は強くなる。

　その帰結が，「ミレニアム開発目標（Millennium Development Goals,
MDGs）」だ。そして，MDGs が新しい ODA パラダイムとなった。MDG パ
ラダイムの特徴は何か。目標自体は，途上国社会の貧困削減と社会的発展──
すなわち教育と保健面での改善──で，2015 年までに達成するべき数値目標
が設定された。しかし，その目標達成のために ODA が果たすべき役割は特定
されていない。この目標は，途上国政府と先進国政府をはじめとして，NGO
等のすべてのステークホルダーが共同して達成すべき目標だからだ。MDG パ
ラダイムは，途上国に蔓延する貧困をその経済的・社会的諸相に直接的に働き
かけることにより削減するべきという政策態度と，成果主義を重んじる最近の
公共政策の考え方がミックスされてできあがったものだ。しかも，その目標達
成は，途上国政府だけの責任ではなく，地球市民のすべてが負う責務だという
人類の連帯感を礎としたものだった。

　以下では，変遷する ODA パラダイムで，過去半世紀にわたって強い影響力
を持っていた「ギャップ理論と開発プロジェクト援助」，「構造調整と財政・
国際収支援助」，「MDG 援助」に絞って，より詳細に検討したい。MDGs は
2015 年に期限を迎えたが，国際社会は，それ以前から 2015 年後の第 2 次
MDGs を議論してきた。それは，SDGs（Sustainable Development Goals, 持
続可能な開発目標）として国際的な合意を得た[2]。MDG パラダイムは決して

「歴史の終わり」ではない。問題も多く，今後ODAパラダイムはさらなる変化が予想されるし，また変化するべきだ。そして，SDGsもまた，ODAパラダイムとしては一時期のものにすぎないと思われるが，これは第5章で詳しく議論したい。

第2節　ギャップ理論と開発プロジェクト援助

2つのギャップ理論

　上に挙げた，変貌するODAパラダイムのうち，ODAの制度化にもっとも貢献したのは，マクロ経済レベルの「2つのギャップ理論」とミクロレベルの「開発プロジェクト」概念だろう。

　2つのギャップ理論（今後これをギャップ理論と略称する）は，第2次世界大戦後の途上国が，経済成長の目的を追求する際にもっとも厳しい制約条件は何かを考え，ODAの役割はその制約条件を緩和することだと考える。途上国と先進工業国の顕著な差異は，まずその所得水準であり，その主たる原因はそれぞれの経済構造にある。典型的な途上国経済の構造的な特徴は，まず労働人口の過半が働いている自給自足で，ほとんど市場経済に組み込まれていない農業部門と先進工業国の需要を満たすために作り上げられた一次産品部門が経済の基盤になっている点だ。このような経済の成長は，前近代的な農業部門に何らかの技術革新を導入するか，あるいは一次産品部門をさらに拡大することによって可能になる。しかし，農業部門の近代化は，土地所有制度の合理化や農業インフラ投資の必要や伝統的な農法の改良等々の長期の投資と制度改革が必須で，政府にとっても難しい，長期の政策努力が必要とされる。

　また，一次産品輸出部門の拡大は，先進工業国の輸入需要の伸びに依存する度合いが多い。第2次世界大戦後の世界では，先進工業国の一次産品に対する需要は長期的に低迷すると予測され，一次産品輸出国の交易条件もまた長期的に悪化する見通しだった[3]。そこで，途上国の成長加速化のために，工業化

---

[2]　日本政府もSDGsに賛同し，2016年5月に閣議決定によって，総理大臣を本部長としすべての国務大臣を部員とする「持続可能な開発目標（SDGs）推進本部」を内閣府に設置している。http://www.kantei.go.jp/singi/sdgs/

を政策的に推進することが成長戦略の要となった。世界的に貿易の自由化が進んでいない当時の世界経済では，途上国からの先進工業国への工業製品の輸出は期待薄だ。そのような状況で考えられたのが輸入代替型の工業化戦略だった。

この成長戦略を実施するに際して，大きく立ちはだかる制約条件は3つある。第1は，途上国には商業資本は存在しても，産業資本が希少なことだ。すなわち，新しい製造業に対する投資を担う，経営資源と資本を持った企業家層が厚くない。投資のための資金や技術は海外から調達するにしても，投資を企てる企業家がいなくては工業化は進まない。当時のエコノミストは，途上国の投資率の低さ（投資の対 GDP 比率で表現した）を途上国経済の「投資吸収能力（absorptive capacity）の不足」によるものだと考えた。もちろん，途上国のインフラ不足——エネルギー，道路，港湾，通信等々すべて——が投資の期待収益率を低くしていたという事情もある。政府が国営企業を作り上げて，インフラ投資とともに工業部門に対する投資も引き受けることによって，投資吸収能力のギャップを埋めるのが，この第1の制約条件に対する答えだった。

第2の制約は，投資率を高めようとしても，それをファイナンスする国内貯蓄が不足していることだ。この制約条件は「貯蓄ギャップ（Savings Gap）」あるいは「投資・貯蓄ギャップ（Investment-Savings Gap）」と呼ばれたが，その根本原因は途上国の1人当たり所得の低さにある。1人当たりの所得が低いと，家計の消費性向が高くなる——すなわち貯蓄性向が低くなる——のは当然だ。低所得→低貯蓄→低投資→低成長→低所得という悪循環を断ち切るために投資を高めようとすると，貯蓄ギャップが現れるのだ。

第3の制約は，途上国経済の成長を加速させようとすると，国際収支赤字が拡大することだ。成長加速のための投資は，資本財や中間財の輸入を増大させる。そのうえに，経済が拡大すれば輸入が増える。輸入代替はある程度は起

---

3) 一次産品の長期的交易条件悪化については，浅沼・小浜（2007），第3章「経済発展と国際貿易・直接投資」，第3節「一次産品輸出と長期的交易条件の悪化」を参照。また，この議論をリードしたのは，ハンス・シンガーとラウル・プレビッシュの2人のエコノミストだった。彼らの業績については，Meier and Seers (eds.) (1984) に収録されている H. W. Singer, "The Terms of Trade Controversy and the Evolution of Soft Financing: Early Years in the U. N." と Raul Prebisch, "Five Stages in My Thinking on Development" を参照。

こるが，国内で生産されない資本財，中間財，消費財等の輸入は増大する。一方，一次産品を中心とする輸出は，先進国経済の需要増加に左右される。結果として，途上国の成長過程では，構造的に「外貨ギャップ（Foreign Exchange Gap）」あるいは「輸出・輸入ギャップ（Export-Import Gap）」が生じる。

　ギャップ理論は，ODA は上に述べた 3 つの制約条件のうちの後者 2 つ——すなわち貯蓄ギャップと外貨ギャップ——を埋め合わせることを目的とするべきだと主張する（ギャップ理論の枠組みについては，ボックス 4 を参照）。この 2 つの制約条件を緩和することによって，途上国経済の成長を加速することが可能になるからだ。途上国に対する膨大な資金的援助は，このようにして正当化されてきた。もちろん，この考え方に問題がないわけではない。1 つは，ODA フローの持続可能性の問題だ。すなわち，ODA によって途上国経済の成長加速が可能になったとして，長期的には自立的な成長経路に乗ることができるのだろうかという疑問だ。まず貯蓄ギャップについては，途上国経済の 1 人当たり所得が上昇すると，限界貯蓄性向（すなわち GDP の増分からの貯蓄）は平均貯蓄性向を上回ると考えられるから，成長過程で貯蓄ギャップは狭まってくる可能性はある。しかし同時に，ODA の返済条件によっては，貯蓄ギャップは恒久的に縮まない可能性もある。貯蓄ギャップのほとんどが ODA によってファイナンスされ，またその ODA がほとんど贈与であれば問題はない。しかし有償資金協力であれば，貯蓄の一部は返済の形で海外に還流していく。そのために貯蓄ギャップがなくなることはない。

　それでは外貨ギャップについてはどうか。経済構造が変わらない状況のもとで，成長が加速すると，輸入は増大するから，外貨ギャップは拡大する。しかし，輸入代替工業化が成功すれば，輸入性向（輸入/GDP）が低下する可能性はある。しかし，輸入の太宗が資本財と工業部門のための中間財になると，一層の輸入代替は難しくなる。

　より深刻な問題は，いわゆる資金の「ファンジビリティ（Fungibility，流用可能性）」と呼ばれる問題だ。それは，ODA が果たしてもともと意図した目的に使われるかどうかの問題だ。この問題についての議論では，ファンジビリティは，「世界銀行は電力プロジェクトに融資しているつもりでも，現実には売春宿の建設資金を提供しているのかもしれない」という俗な事例が持ち出さ

れる[4]。世界銀行がある経済に1億ドルの融資をしたとすれば，受け入れ国政府は，もともと自己資金を投入することを計画していた電力プロジェクトの融資は世界銀行に任せて，経済全体から見ればより優先度の低いプロジェクトに自己資金を回せる，という意味だ。ある場合には，国内貯蓄を補う目的でODAを提供しても，ODA資金が流入するからという理由で，徴税努力が弱くなり，貯蓄率が低下する場合も考えられる。

　ギャップ理論の持つこのような問題点は，現実には理論的というよりは経験的な問題だ。前章で述べたように，途上国経済の自立的成長路線への移行に関しては，途上国の開発戦略自体が輸出志向型へと変化してきた。また，ODAフローの持続性については，ODA条件のソフト化はOECD/DACが半世紀にわたって追求してきたし，当初商業条件に近い条件のローンを提供していた世銀グループは，IDAを創設して，世銀借款条件の緩和を図った。また，途上国の多くは，ODA供与国とたび重なる対外債務繰り延べと債務削減の交渉をしてきた。「ファンジビリティ」の問題については，もちろんそれを100%払拭することはできない相談だ[5]。しかし，ODAを提供する側で，途上国のマクロ，セクター，プロジェクトのレベルでの政策をモニターし，評価することによって，資金のファンジビリティが悪用されることがないようにするのは十分に可能だ。たとえば，ある途上国が経済的な余裕を考えないで軍事費を増やした場合には，国際援助コミュニティは主権国家に対してあまり強い発言はできない。しかし，まったく経済性のないプロジェクトを実施しようとしているような場合は，経済性の原則をベースに，そのプロジェクトを実施しないよう勧告することはできる。

---

[4] ここで挙げた売春宿の仮設例は，1950年代に世界銀行のチーフ・エコノミストを務めていたウィルフレド・マンデルバウム（Wilfred Mandelbaum）が世界銀行のプロジェクト・スタッフとの議論で使ったと言い伝えられている。国民のための食糧援助が，結果的に政府要人のための高級ワインに化けたりするのも，ファンジビリティの一例だ。

[5] ファンジビリティは，しばしば開発プロジェクト援助に対する反対論に使われる。理論的にはファンジビリティが援助効果を相殺する可能性はあるが，現実にはそのような負の効果は僅少だと考えられる。途上国では，期待収益率が高い投資機会は多いし，またODAにともなう技術移転や経営資源の投入なしには実現できない投資案件も多いからだ。Cassen and Associates (1994, pp.17-18)。より詳しいファンジビリティの考察は，The World Bank (1998, pp.62-74) を参照。世界銀行は，援助を受け入れる途上国政府とドナーの開発政策に関する考え方が同じである場合には，ファンジビリティによる援助効果の低下は起こりにくいと論じている。

開発プロジェクトの概念

　ギャップ理論に立脚した ODA パラダイムのもう１つの柱は，「開発プロジェクト援助」の考え方だ。２つのギャップ理論がマクロ面でのフレームワークであるとすれば，開発プロジェクト概念はギャップを埋めるため手段の問題で，またミクロの問題だ。「開発プロジェクト」という概念は，世界銀行を設立した協定（Articles of Agreement, 設立約款）に，すでに使われている。「開発あるいは復興のためのプロジェクト」という言葉は，目的条項から始まって，協定のあちこちの条項に出てくる。もっともはっきりと出てくるのは，世界銀行の借款および保証業務を規定した第３条で，そこで「例外的な場合を除いて，世界銀行の借款あるいは保証は，特定の復興あるいは開発目的のためのプロジェクトのためでなければならない」とされている[6]。しかし，世銀協定は，かっちりした法律文書ではないから，使われている言葉の定義が書いてない。たぶん，世銀協定は「プロジェクト」とは何かの厳密な検討なしに，道路や水力発電ダムや灌漑設備のような目に見える復興や開発目的の企画を想定して使われたと考えられる。この言葉使いの曖昧さは，むしろ後々の「開発プロジェクト」概念の発展に役立ったようだ。そしてそれとともに，ODA 業務の「開発プロジェクト」文化（culture）が育った。もともと ODA 業務の本質は，途上国経済に資金援助をすることで，国際収支援助あり，財政支援援助あり，多様な資金援助形態が考えられる。しかし，ODA 資金援助の主たる形態は，経済性が担保できる開発プロジェクトだという了解が ODA 関係者の間に広まり，ODA をすぐさま開発プロジェクトの形に具体化して考えるような「文化」ができあがったのだ。

　開発プロジェクトの概念を超えて，ODA 活動そのものを「プロジェクト・アプローチ」の名のもとに構成する動きを主導したのは，世界銀行だった。プロジェクトは，「一定期間内に特定の開発目的を達成するべく計画された，投資や政策手段，そして組織その他の面での措置等々がひと纏まりになったものである」（Baum and Tolbert 1985, p.333，邦訳 p.453）。これは，世界銀行で長

---

[6] International Bank for Reconstruction and Development, *Articles of Agreement (as amended and effective February 16, 1989)*, Washington, D.C.: The World Bank, 1989, Article III, Section 4(vii).

年プロジェクト・アプローチを指導してきたウォレン・C・バウムという元中央プロジェクト局長による定義で，世界銀行のプロジェクト・アプローチを説明するのに使ったものだ。ここで注目すべきは，プロジェクト分析や評価といったときに，投資にまつわる技術と組織が強調されていることだ。だから，プロジェクト支援は，先に述べたマクロのギャップを埋めるための融資のほかに，途上国に対する技術移転と組織や制度を，ひいてはそのプロジェクトを実施する政府部署や国営企業のキャパシティ・ビルディングを含んでいる。プロジェクト・アプローチは，このように「ファイナンス・プラス」の考え方なのだ。開発プロジェクトを通じて提供される資金は，単なる資金ではなく，資金の供給に広い意味での技術移転や技術援助の要素が付け加わっている。その付け加わった部分が「ファイナンス・プラス」のプラス部分で，ある場合には「プラス」の方が資金よりも重要になる。たとえば，ある国の港湾プロジェクトに，途上国では初めてのコンテナ・ポートとしての設備を導入する，しかも当該国の政府がコンテナ・ポートの将来性について知識を持っていなかったような場合だ。

　ODA パラダイムとしてのプロジェクト・アプローチは，まず途上国政府が経済発展のために必須と考える道路，港湾，電力，等々のインフラ・プロジェクトに適用された。これらのインフラは，経済発展の基盤インフラとして理解しやすかっただけではない。世界銀行が発足した当時は，世界銀行の融資の原資は加盟国の出資金とアメリカの資本市場からの借り入れで賄われていた。ウォール街での世界銀行債の発行（と格付け）を容易にするためには，融資目的が目に見える物件――すなわち物的なインフラ構築――のためであることが望ましかったのだ。当時から，資金源に対するある種の説明責任が意識されていたのだ。

　しかし，世界銀行の業務が拡大するにつれて，融資対象セクターは広がっていった。1つには，世界銀行自体が，低所得国に対してソフト条件で長期融資（ゼロ金利，50 年返済）をする IDA を 1960 年に創設して，民間の資本市場からではなく，加盟国政府からの拠出金からの貸し出しを始めたからでもある（ボックス３「IDA の起源」を参照）。対象セクターは，それまで「目に見える設備等」ではないとの理由で忌避されてきた農業分野，教育分野，保健分野（家

族計画を含む），都市基盤整備（上下水道を含む）へと拡大した。当時の世界銀行に，これらの分野の専門家が多数いたわけではないから，プロジェクト融資だけではなく，それに伴う技術移転が十分に行えるかどうかについては不安があったが，その危惧は国連の専門機関（FAO，WHO，UNESCO 等）と専門家派遣の連携協定を結ぶことで解決した。世界銀行が支援する教育プロジェクトには，UNESCO の職員を，農業プロジェクトには FAO に要請をして特殊分野の専門家を派遣してもらうことで，世界銀行自体の専門家の不足を補ったのだ。

 ボックス3　IDA の起源

　第2世銀と俗称される IDA（International Development Association, 国際開発協会）は，1960年に設立された。現在では，世界の途上国のうちでも最貧国を中心に，超長期・無利子の貸し付けを行っている。2016会計年度（2015年7月〜2016年6月）の貸付契約額は，総額162億ドル，支払いベースで132億ドルと，国際開発援助機関として大きな地位を占めている。IDA 融資を受けることができるのは，貧しい国だけに限られている。毎年改訂されるが，1人当たり GNI が2016年度の場合1,215ドル以下の国が適格となっている。現在 IDA 融資適格国は77か国で，総人口は28億人，途上国全体の約半分だ。

　その IDA の起源は実に興味深い。先進工業国のドナーと途上国群の国際的な確執と交渉，国連とブレトンウッズ機関（特に世界銀行）との対立と緊張関係が，IDA の誕生にどのような影響を与えたかが現れているからだ。

　1949年に，国連経済社会委員会の経済開発分科会の議長を務めていたインドの V. K. R. V. ラオ（V. K. R. V. Rao）は，途上国の開発資金をいかにして拡大するかの議論で，分科会の総意を得られないことを見越して，議長の個人的な提案として，国連をベースに UNEDA（United Nations Economic Development Administration, 国連経済開発局）を設立することを提案した。この提案は，その後いろいろに形を変えて，あるときは UNFED（United Nations Fund for Economic Development, 国連経済開発基金），またあるときは SUNFED（Special United Nations Fund for Economic Development, 国連経済開発特別基金）として，国連の場で，しかも途上国群の主張として提案され，議論されていた。その議論では，UNFED──「腹の減った」という意味にとれる──では，名前としてあまりにも

露骨だからといって，Special という語を付けて，SUNFED，「陽光を浴びた」基金にすべきだという冗談ともとれるような議論まであった[7]。

この提案に対しては，当初アメリカ政府とイギリス政府に強い反対があった。さらに，当時世界銀行の総裁をしていたユージン・ブラックも，強く反対を唱えていた。しかし，1950 年代は米ソの冷戦が熾烈になった時代で，米ソの間に立った途上国の多くは，インドやユーゴスラビアの先導のもとで，冷戦から中立を保つ非同盟国グループ（Non-Aligned Movement）の活動が活発化して，主として国連を中心に途上国自身の利益を主張し始めていた[8]。そのような状況のもとで，アメリカ政府の内部にも変化が現れてきた。大統領の諮問委員会の 1 つに国際開発諮問委員会（U. S. International Development Advisory Board）があるが，当時は後に副大統領になるネルソン・ロックフェラーが議長を務めていた。このロックフェラー委員会が，トルーマン大統領に対して，国連で議論されているようなソフト条件の開発資金を途上国に提供する国際機関を設立すべきだと勧告する報告書を発表したのだ。ただし，条件があって，その基金は，国連ではなく，世界銀行が管理すべきだという提案だった。世界銀行も，総裁がユージン・ブラックからジョージ・ウッズに代わっており，過去の経緯にかかわらず，この提案を受け入れた。

結局，途上国が大多数を占める国連は，ハンス・シンガー（Hans Singer）の言葉で，「（思想的に）ラジカル（radical）」で，「政治的にはナイーブ（politically naïve）」，「アマチュア（amateurish）」で，「（開発については）経験もなく（inexperienced）」かつ「理想主義的（utopian）」で，開発援助基金の管理運営は任せられない。より「責任ある態度（responsible）」の，「経験もあり（experienced）」，「プロフェッショナル集団（professional）」で，「実績のある（well-tried）」機関である世界銀行が管理するなら，という条件で，先進工業国の IDA 設立の同意が得られたのだ。国連とブレトンウッズ機関をこのように特徴付ける背景には，加盟国政府でこれらの機関を支える外交官僚と財務官僚の資質の差がある。外交官僚は国際的な議論や交渉には長けていても，実務能力は弱い。やはり，開発政策や開発プロジェクトの実務については財務官僚に任せないと成果は見込めないという考えだ。

ブレトンウッズ会議以来の世界銀行のビジネスモデルは，世界銀行が市場金利で国際資本市場から調達する資金を提供すれば，途上国は経済成長と開発を達成でき

---

[7] IDA 設立までの経緯については，世界銀行の観点からは，Mason and Asher (1973), Chapter 12, "The International Development Association" に詳しい。また，国連側からは，当時国連事務局の経済局長であったハンス・シンガーの回想がある。Singer (1984).

[8] いわゆる「非同盟国グループ」が作られる契機になったのは，1955 年にインドネシアのバンドンで開催されたアジア・アフリカ会議（バンドン会議）である。反植民地主義と米ソ冷戦からの中立を旗印に，インドネシア，ミャンマー，スリランカ，インド，パキスタンが主催し，29 か国の代表が参加した。ただし，アジア・アフリカ諸国の範疇に属しないユーゴスラビアのチトーは参加していない。

第2節　ギャップ理論と開発プロジェクト援助　　　　　　　　　　79

るはずだ，という論理に支えられていた．第2次世界大戦後の世界に，国際資本市場は機能せず，それが途上国の開発の阻害要因になっているという認識で，世界銀行は国際資本市場に代わって開発のための長期資金を提供する役割を果たすべきだという論理だった．しかし，世界銀行が先進工業国——主としてヨーロッパ諸国と日本——の戦後復興を終えて，途上国の開発に本格的に取り組もうとしたときに，途上国開発はそれほどやさしいことではないことが明らかになったのだ．途上国の主要輸出の一次産品の交易条件は，長期にわたって停滞するか悪化することが予測された．かといって，途上国の労働集約的製品に対する工業国市場の開放は，まだ遠い先のことだった．そのうえ，途上国が成長加速と開発のために資本資材を輸入する際のファイナンスは，主としてサプライヤーズ・クレジットで，すでにいくつかの国で対外債務の過剰累積が心配される状況になっていた．当然，贈与あるいはそれに近いソフト条件の開発資金が必要だという認識は高まっていた．そうした雰囲気の中で，世界銀行の調査部を率いていたアブラモヴィッチ等の債務サイクルの理論が，IDAの理論的な基盤となった．アブラモヴィッチは，極端に単純化して言えば，経済成長率よりも高い金利の資金で投資を賄うと，比較的短期間に債務返済能力の限界に達するので，低成長の途上国のためには，返済義務のない贈与あるいはそれに近いソフト条件の開発資金が必要になることを示したのだ（Abramovic 1958, Abramovic et al. 1964. さらに，浅沼 1974，第4章「債務問題と援助条件」を参照）．

　融資対象の分野の拡大を，水平的な拡大と考えると，もう1つの拡大は垂直的な拡大だった．すなわち，開発プロジェクトを，孤立したある分野における投資とみなさないで，分野全体の開発計画や開発戦略に位置付けて考える，さらに特定分野だけでなく，国全体の投資計画や開発戦略との脈絡で考えて，評価・支援する方向への拡大だ．たとえば，1958年に世界銀行は，関西電力の黒部川第4発電所（260メガワット，3700万ドル相当）に対する融資を実行したが，このようにすでにプロジェクト形成ができあがっているプロジェクトは，単独のプロジェクトとして扱いやすい．しかし，しっかりした長期電力供給計画ができあがっていない，たとえばバングラデシュの火力発電プロジェクトに融資する場合には，電力分野全体の開発の方向性や電力公社の財務状況

全体を考慮したうえでないと，プロジェクトが本当にバングラデシュの発展に役立つかどうか判断できない。

　ギャップ理論のパラダイムとその一方の柱である「開発プロジェクト・アプローチ」は，明らかに世界銀行が主導をして展開させてきた。しかし，ODAの制度化のプロセスで作られた地域開発銀行（米州開発銀行，アジア開発銀行，そして後になって，欧州復興開発銀行をはじめ，より小規模の特定地域のための銀行）および主要援助国が作ったバイの開発援助機関（日本のJICA，アメリカのAID，イギリスのDfID等々）は，このパラダイムを全面的にとり入れてきた。しかし，ギャップ理論とプロジェクト・アプローチの間に入りこんでくるファンジビリティの問題——ODA資金は，本当に意図した目的で，意図したプロジェクト投資に使われているのだろうかという問題——は，プロジェクトを全体的な投資プログラムの一部としてとらえ，投資プログラム全体をも評価することによって解決される。プロジェクト，プログラム，部門開発戦略，マクロ計画と垂直的に分析を拡大していって初めてODA資金の使途と効果がはっきりする。プロジェクト・アプローチの垂直的な拡大だと考えてよい。そうすることによって，ODAドナーの説明責任もある程度果たせることになる。

　プロジェクト・アプローチで理論的に問題になるのは，戦後途上国が国内産業保護や国民の生活保護のためにとってきたあらゆる政策が，経済にどのような歪みをもたらしたかだ。この問題は，仮定の事例で考えるとわかりやすい。世界銀行の融資対象に，日本の諫早湾干拓事業が考慮されると仮定する。干拓の目的は，農地造成によるコメの増産だとする。このプロジェクトの評価で難しい問題は，日本のコメの価格が政府によって，農家保護のために国際価格に比べ大幅に高く設定されていることだ。日本でのコメの価格をトン当たり20万円程度と仮定しよう（60キロ当たり12,000円，卸売）。同じような品質のコメは，バンコクで450ドルだと仮定する。タイからの運送費用を入れても，日本のコメの値段は，タイ米の4倍以上になる。この場合，諫早湾干拓事業の費用・便益計算には，いったいどのようなコメの価格を使うのが正しいのか。経済学的には，費用も便益もいわゆる「機会費用」で測るのが正しいから，市場に現れる価格，すなわち市場価格で評価すべきだ。そして，国際市場

第2節　ギャップ理論と開発プロジェクト援助　　　　　81

が存在すれば，当然国際価格プラス運輸・保険料等の費用ということになる。
だから，このプロジェクトの費用・便益計算による経済性判定には，タイ米の
価格プラス輸入費用を使うべきとなる。言い換えると，日本の米価は政府の保
護政策によって，国際価格と比較して極端に高くなっている。国際価格を使っ
てこの仮定的な諫早湾干拓プロジェクトを評価すると，プロジェクト収益率は
低く（たぶんマイナス）経済性はないということになる。

　これは，極端に単純化された事例だが，独立から四半世紀以上経った途上
国のほとんどで，政府の規制や政策によって国内の価格体系が国際市場価格
から遊離する現象が生じている。特に顕著なのは為替市場における為替レー
ト，賃金水準，金利等で，洗練化されたプロジェクトの費用・便益分析では，
これらの歪みを除去した理論的市場価格を使っている。これらの価格は，「シ
ャドウ・プライス（shadow price）」とか経済計算上の「計算価格（accounting
price）」と呼ばれ，これをどのように推計するかは経済学の一大トピックとな
った[9]。

　それではこの2つのアプローチ，ギャップ理論と開発プロジェクト・アプ
ローチは，実践的にはどのように統合された形で使われるのか。前者はマクロ
的な考え方だし，後者は，明らかにミクロの問題を扱っている。実践上では，
マクロとミクロのアプローチを重ね合わせるかが重要だ。たとえば，多数ある
開発プロジェクトの間の優先順位をどのように決めるのか。理論的には，考え
られるすべてのプロジェクトを想定される収益率の高い方から選択し，開発予
算の限界に達した時点で，予算内でファイナンスできるプロジェクトを実施す
る。しかし，現実にはそれは無理だ。すべての考えられるプロジェクトのリス
トを作ることは不可能だし，ましてその個々のF/S（フィージビリティ・ス
タディ）を実施できるわけがない。しかも，F/Sの段階ではプロジェクトの
正確な損益計算はできない。プロジェクト・コストがあまりにも不確定だから
だ。

---

[9]　シャドウ・プライスの推計は，プロジェクト分析の一部とされ，もっとも権威のあるプロジェク
　　ト分析手法のガイドブックにも大きく取り上げられている。Little and Mirrlees (1968) および
　　UNIDO (1972)。後者は，Partha Dasgupta, Amartya Sen および Stephen Marglin の共
　　著となっており，いずれも公共政策分野の権威によって執筆されている。

そこで，このミクロとマクロの橋渡しの役割を担ったのが，開発計画，特に公共投資計画と年々の国家予算，特に開発予算だ。まず，中長期の開発戦略をたてる。そのうえで農業なり工業部門のセクター開発戦略を特定する。そこから中期の公共投資計画を部門別に作り上げる。その投資計画に沿って，開発プロジェクトを策定する。策定されたプロジェクトのF/Sがプロジェクトが有望であることを示せば，これを開発予算に計上する。現実には，このような作業プロセスによって，マクロのギャップ理論とミクロの開発プロジェクト・アプローチの融合が図られてきた。これが，先に述べたプロジェクト・アプローチの垂直的拡張の意味でもある。

ギャップ理論とプロジェクト・アプローチに立脚するODAパラダイムは，1980年代を通じて，「構造調整政策のパラダイム」にとって代わられることになるのだが，ではこのパラダイムの何が問題だったのか。最大の問題は，ODA受け入れ国である途上国の開発戦略と政策だったのではなかろうか。途上国の多くが輸入代替工業化戦略を追求していたが，そこで起こったことはその政策の結果，経済に各種の歪みが生じ，その結果2つのギャップは拡大し続けた。輸入代替工業化戦略は，反面伝統的な一次産品等の輸出部門を軽視する。また，工業優先の政策や規制は農業部門の振興にはつながらない。結果として輸出が伸びず，食糧輸入需要は増大する。その結果，輸出・輸入ギャップは増大を続ける。工業部門への投資やそれをサポートするためのインフラ投資は奨励されるが，低所得のもとで，貯蓄は容易には増大しない。その結果，貯蓄・投資ギャップも増大する。

要するに，輸入代替工業化戦略のもとでは，成長を推し進めようとすると輸出・輸入ギャップと投資・貯蓄ギャップが拡大する傾向がある。2つのギャップに代表される不均衡が，結果として経済構造にビルトインされてしまうのだ。開発投資を支援するプロジェクト・アプローチでは，このような経済にビルトインされた歪みを考慮して——すなわち，歪みを除去した判断基準を使うことによって——より合理的な投資を目指したが，しょせん途上国政府自体の開発路線や開発政策を変える圧力とはならなかった。プロジェクト・アプローチの垂直的拡張も，同様に開発路線や政策の転換には無力だった。

ボックス4　ギャップ理論から債務の持続可能性分析へ

　1960年代に書かれた典型的な世界銀行の国別経済報告書——普通，たとえば Current Economic Position and Prospects of Malaysia のような退屈なタイトルがついている——の基本的な分析的フレームワークは，ギャップ理論にもとづいていた。そのフレームワークを使って，「マレーシアのマクロ経済の現状はしかじかだ。そのような状況のもとで，マレーシア政府はこのような成長政策を追求しようとしている。しかし，現在のマレーシアの成長段階では，成長目的の達成のために必要な投資と国内で生じる貯蓄には，この程度の投資・貯蓄ギャップが生じる。また，現在の世界経済の状況を見ると，輸出の伸びは多くは期待できず，一方政府が目指す成長率を達成するための輸入は相当輸出を上回りそうだ。結論として，国際社会はこの2つのギャップから招来する経常収支の赤字をファイナンスするだけの開発援助をすることを勧める」という趣旨の報告書を書く（World Bank 1970）。

　ギャップ理論の核心は実に簡単で次の式で示せる[10]。

$$\text{GDP} : Y = Y_0 + \frac{1}{k} \cdot K$$

$$\text{GDP の成長率} : g = \frac{1}{k} \cdot i$$

$$貯蓄 : S = S_0 + sY$$

$$輸出 : X = \bar{X}$$

$$輸入 : M = M_0 + m \cdot Y$$

$$投資・貯蓄ギャップ : F' = I - S$$

$$輸出・輸入ギャップ : F'' = M - X$$

ただし，

$Y = \text{GDP}$; $Y_0 = $ 定数; $k = $ 限界資本産出比率; $K = $ 総資本ストック

$g = \text{GDP}$ 成長率; $i = $ 投資率 $(= I/\text{GDP})$; $I = $ 投資

$S = $ 貯蓄; $S_0 = $ 定数; $s = $ 限界貯蓄率 $(= \Delta S/\Delta Y)$

$X = $ 輸出; $\bar{X} = $ 既定値

$M = $ 輸入; $M_0 = $ 定数; $m = $ 限界輸入性向 $(= \Delta M/\Delta Y)$

　この数式は，経済成長とその成長率を維持するために必要な投資，そして成長の結果得られる貯蓄の関係を示すと同時に，経済成長を維持するために必要な輸入を示している。輸出は，輸出市場の状況によって決定されることを前提としている。

---

[10]　ギャップ理論については，浅沼（1974），第2章，および小浜（2013），pp.126-132 を参照。

そこで，ある途上国が一定の経済成長率を目標とした場合，そのために必要な投資が貯蓄を上回る可能性が高い。ここに投資・貯蓄ギャップが生まれる。また，目標成長率のもとで必要とされる輸入は，輸出を上回る可能性がある。これが輸出・輸入ギャップ（貿易ギャップ）だ。事後的には，この2つのギャップの大きい方が現実のギャップとなって現れる。このギャップを埋めるために政府がとれるマクロ政策は，(1) 緊縮政策によって経済成長率を低下させて，ギャップをなくし，均衡を達成する，あるいは (2) 対外借り入れあるいは ODA を受け入れてギャップを埋める，の2つの選択肢がある。1960 年代には途上国がアクセスできる国際金融・資本市場は存在しないといってもよかったから，第2の選択肢は多くの場合 ODA の受け入れを意味した。そして，多くの途上国は ODA を受け入れることによって高く望ましい経済成長を維持しようとしたのだ。ODA は，このように途上国経済の成長過程で生じるギャップを埋めることによって成長を促進する効果があった。

さて，次に目を 1990 年代，2000 年代に早送りしてみよう。この時代になると，IMF や世界銀行の典型的な経済報告書のナラティブは，1960 年代のそれとは違っている。当時と違って，1990 年代になると国際金融・資本市場が発達して，新興市場国と呼ばれる途上国だけでなく，フロンティア市場国と俗称される途上国までも国際市場で資金調達ができるようになった。そのうえに，多国籍企業による FDI や海外労働者の本国送金も途上国に対する資本の流れを増大させた。このような状況では，途上国のポリシーメーカーの関心事は，「今年生じるギャップをどのようにして埋めるか」ではなく，「将来的にもギャップを埋めるための借り入れを続けることができるか」になる。これが「債務の持続可能性」と呼ばれる問題だ。そして，途上国の対外債務についても，また政府の対内・対外債務，すなわち公的債務についても同様に問題となる。債務の持続可能性に疑問が生じると，国際金融・資本市場は当該途上国の市場へのアクセスを停止してしまい，債務破綻が起こる。

今日の IMF の国別経済報告書の核心は，IMF と世界銀行が共通して使う債務の持続可能性分析の枠組み（Debt Sustainability Analysis, DSA）を使った分析だ[11]。債務の持続可能性分析にもとづくナラティブは，たとえばこんなふうになる。「モンゴルは一次産品市況が好況であった時期には，銅，鉄鉱石，金等の輸出を原動力にして高度成長を達成した。しかし，一次産品のスーパーサイクルが終わると，輸出の下落と政府の無理な景気刺激策のために，財政収支と国際収支はともに悪化して，直近の債務返済能力に疑問が生じる状況になった[12]。そこで，いま一度モン

---

[11] IMF (2002) および IMF (2003) に IMF の方法論が展開されている。また，債務の持続可能性分析の解説は，Ferrarini, Jha, and Ramayandi (2012) を参照。

[12] 一般的に，世界経済は 20 世紀から現在にかけて，一次産品価格の 4 つの「スーパーサイクル（長期循環）」を経験したとされている。第 1 は，1916-17 年をピークとするサイクルで，アメリカ経済の拡大が主たる動因をされる。第 2 は 1929 年がピークの世界大恐慌の前の世界経

ゴルの債務の持続可能性を取り戻すために，(1) モンゴル政府は，財政規律の再建を目指した財政改革と金融政策の正常化を目的とした中央銀行の金融政策改革，さらに銀行部門強化を目的とした改革を断行する，それに呼応して (2) IMF，世界銀行，アジア開発銀行，JICA 等は，当面の財政収支と国際収支の双子の赤字をファイナンスするための融資を実行する。また，満期になる国際資本市場からの借り入れは，借り換えるようにする。モンゴルは鉱物資源が豊富で，潜在的な成長の可能性は高く，財政・金融政策の規律ある運営を行えば，将来も資源輸出国として発展を続けることができそうだ。今回の問題は，一時的な流動性不足で，上に述べたファイナンスが得られれば，債務破綻を回避することができる。債務削減等の処置は必要なかろう。」(IMF 2017)

このナラティブでは，債務の持続可能性判断が問題の核心だ。この判断をするための理論的な枠組みは，次の式で表される。

債務/GDP 比率の変化：

$$\Delta b_t = \frac{r_t - g_t}{1 + g_t} \cdot b_{t-1} - \rho s_t$$

債務/GDP 比率を一定にするプライマリー・サープラス：

$$ps^* = \frac{r_t - g_t}{1 + g_t} \cdot b_{t-1}^*$$

ただし，

$b_t = t$ 期の債務/GDP 比率 $(= \frac{D_t}{\text{GDP}_t})$

$b_t^* =$ 持続可能な債務比率

$r_t = t$ 期の債務の利子率

$g_t = t$ 期の GDP 成長率 $(= \frac{\text{GDP}_t}{\text{GDP}_{t-1}} - 1)$

$ps_t = t$ 期のプライマリー・サープラス比率 (= 利払い前の財政あるいは経常収支黒字/GDP)

この数式は，過去に蓄積された債務残高 (b，これを GDP の比率として表す) とその残高に対する利払い，今期のプライマリー・サープラス (ps)，そして債務/GDP 比率の分母に影響を与える GDP 成長率 (g) によって，今期の債務残高比率が決定されることを示している。この式を使って，GDP 成長と財政政策 (これをプライマリー・サープラスで表す) をいろいろに変化させたシミュレーションを行う。その結果，どのような条件下で，債務比率が雪だるま式に増加の軌跡をたどるか (ケース A)，あるいはある一定の比率に収斂するか (ケース B)，また時間とと

済のブーム，そして第 3 は 1951-52 年がピークの朝鮮戦争当時 (ヨーロッパと日本の戦後復興が背景にある)，そして第 4 が第 1 次オイルショックの時期に重なる 1973-74 年をピークとするサイクルだ。第 5 のサイクルは，中国やインド経済の高度成長を背景とするブームで，2007-10 年をピークとしている。Erten and Ocampo (2013).

もに低下する（ケース C）かが明らかになる。シミュレーションの結果，ケース A の確率が高ければ，債務の持続可能性は薄いと判断せざるをえない。ケース B の場合には，問題はその収斂する値が妥当かどうかだ。それがあまり高いと，資本市場はやはり債務破綻の確率が高いと判断して，市場へのアクセスを止めるかもしれない。最後にケース C の場合は，債務比率の低下のペース如何ということになる。もっとも重要なのは，ケース B と C の場合に，債務比率がどのような水準にとどまれば，国際金融・資本市場は——そして IMF は——債務の持続可能性が維持されていると判断するかだ。これはたぶん理論的には決められない値で，国によってまたその国の置かれた状況によって変わってくるだろう。

　債務の持続性分析から出てくる政策的含意は何か。ケース A——すなわち債務破綻への軌跡をたどっているような場合——には，緊縮的な財政政策をとってプライマリー・サープラスを大きくする必要がある。それを表したのが，上の第 2 式だ。ある一定の債務比率を目標とした場合（b^*_{t-1}）のプライマリー・サープラス（ps^*）の決定式だ。緊縮財政は多くの場合成長率（g）を減速させるし，そうなると税収も減少するから，より一層の緊縮財政が必要となる悪循環に陥る恐れがある。そのうえに，経済が停滞し，失業が拡がり，貧困層の生活が苦しくなるような状況では，社会不安・政治不安定が生まれ，むしろ「社会的持続可能性」が問題になる。もちろんケース A のすべての場合がそうなるわけではない。しかし，そうなった場合は，何らかの債務削減をしない限り，債務の持続可能性を回復することは無理だ。

　これが，ギャップ理論に代わって IMF や世界銀行の国別経済報告書の核心となった債務の持続可能性分析だ。上に例示したのは，公的債務の分析だが，同じ手法で対外債務の分析も行われる。変動為替レート制度をとっている場合には，為替レートの変動が債務残高に与える影響を加味するために，上に示した数式は手直しする必要がある。

第 3 節　構造調整政策のパラダイム

　1971 年のいわゆるニクソンショックは，アメリカの国際収支悪化とドルの弱体化に直面したアメリカ政府がとったドルの金兌換停止をはじめとする一連のドル防衛政策を原因とする。その結果，1973 年には第 2 次世界大戦後の固定相場制度が終焉を迎えた。ブレトンウッズ体制の根幹である固定為替相場制

第3節　構造調整政策のパラダイム　　　　　87

度と国際的な資本移動の管理は過去のものになり，新しい変動為替相場制度と
国際的な資本移動の自由を前提とする国際経済体制が出現したのだ[13]。1973
年と1979年に世界経済を襲った2回のオイルショックは，世界経済の安定と
成長を脅かす出来事だった。また，1982年の夏から起こった途上国の対外債
務デフォルトも，オイルショックの後遺症ではあったが，世界経済のその後に
大きな負の遺産となった。1991年のソ連と社会主義圏の崩壊もまた，世界経
済の新しい時代が始まったことを告げている。

　このような時代背景のもとで，ODAパラダイムも変化を余儀なくされた。
そして，「構造調整政策のパラダイム」とでも名付けられるパラダイムがODA
政策のメインストリームになった。構造調整政策というと，多くの人は，それ
は「アングロサクソン流の新古典派経済学の思想にもとづく市場主義とでも
呼べるもので，政府の介入が経済を非効率的にして，成長と安定を疎外する
という考え方を途上国経済にも適用しよう」という政策だと理解するようだ。特
に，欧米で「小さな政府」と「市場力」を唱えるレーガノミックスやサッチャ
リズムが政治的な支持を得ている時期だったことも，先進工業国の経済政策思
想の受け売りだと思われる原因になっている。

　しかし，その理解はちょっと違うと思う。もともと経済発展はいくつもの，
多層にわたる構造的な変化を伴うもので，政府の政策や制度もその構造的な変
化に適合するように変化させていかなければならない。そのような変化は，政
策の微調整といった生やさしいものではないだろう。たぶんマクロ政策でもミ
クロのセクター開発政策でも，政策改革や制度改革と呼ぶのが適切な変化であ
ろう。たとえば，サブサハラ・アフリカ諸国は1960年代，1970年代を通じ
て経済停滞に陥っていたが，それは独立以来の開発戦略と政策がすでに長い間
成長促進的でなくなっていたからだ。そして，そのような政策が変化しなかっ
たのは，その政策から利益を受ける既得権益が抵抗勢力になっていたからだ。
たとえば，1981年に発表された世界銀行の『サブサハラ・アフリカの発展を
加速させるためのアクション・プラン』と題した報告書——これは主たる著者
の名前を採って，『バーグ報告書』と呼ばれている——は，経済停滞の原因の

---

[13]　ハロルド・ジェームスは，"In August 1971, the classical Bretton Woods system came
to an end." と言っている。James (1996, p.205).

大部分が開発戦略と政策の問題であるとして，経済をこのような政策から解き放つことを提言している（World Bank 1981）。構造調整政策の理論的・実証的基盤は，このように途上国の現実に立脚したものであった。ただ，よりイデオロギー色の勝った構造調整政策が，後になって現場に根差したプラグマティックな政策態度を圧倒するようになったのは，事実として認めなければならない[14]。

　では，構造調整政策として世界銀行をはじめその他のドナーが支援した政策の内容はどのようなものだったか。当初は，経済成長と財政収支および国際収支に悪影響を与えている政策が対象となった。具体的には石油，ガソリン，灯油や電力料金等のエネルギー価格を含む各種の補助金や規制で硬直的になっていた価格政策，国内産業保護と外貨不足のために高水準に押し上げられていた関税，投資促進のための各種の優遇措置で税収が伸びない租税制度，不適切な相場を支持して実勢からかけ離れた為替相場，国際収支政策として導入された外貨・為替規制，等々がその対象であった。さらに，後にはより経済体制と制度の問題を重要視するようになり，上のメニューに，国有・国営企業のリストラや民営化，金融制度改革，財政制度改革，さらにまた公務員制度改革と政策の自由化や合理化から，国家政府の組織に関わる制度改革へと進むことになる。たしかに，程度の差はあれ，その根底に流れるのは市場主義だった，といわざるをえない。

　いまになって，この当時の構造調整政策を論難することは容易だ。しかし，途上国政府のポリシーメーカーも，ドナー側のポリシーメーカーもともに，1973年以来10年にわたってまさに先行きの見えない経済・金融危機の渦中にあったことを忘れてはならない。短期的には，何とかして途上国経済——そして広い意味では国際経済——が混乱と崩壊に陥ってしまうのを防がなければいけない。その懸念は，先進国経済の指導者たちも共有していたから，1975年にはアメリカ，イギリス，フランス，ドイツ，日本の首脳が一堂に会するG5会合がフランスのランブイエで開かれ，また1976年にはこれにイタリアとカナダを加えたG7会合が持たれ，途上国の困難を解決する方策がIMF・世界

---

[14]　構造調整政策の展開については，Kapur, Lewis, and Webb (1997), Chapter 9, "Policy-Linked Lending I", and Chapter 10, "Policy-Linked Lending II".

銀行をはじめとする先進工業国の政府に求められた。非産油途上国は、オイルショックという急激な交易条件悪化から、深刻な国際収支ギャップに直面している。国際収支悪化を防ぐためには、何らかの引き締め政策をとらざるをえないが、それでは成長を止め、長期的な不況になってしまう。第1次オイルショック直後には、途上国政府は対外借り入れと財政拡大によって、それを防ごうとした。そして、そのような対外借り入れは対外債務と財政債務両方の持続可能性を超えてしまった。国際収支危機はまた財政危機になり、途上国はダブルの危機に見舞われることになったのだ。

　この緊急事態に対処するためには、短期的には途上国に対して公的資金援助を動員するしか方策はない。これが世界銀行をはじめとする開発援助機関が直面した問題だった。従来の開発プロジェクト・アプローチでは、対処できない事態だ。開発プロジェクトは、セクター投資計画から始まって、優先順位の高いプロジェクトを特定し、プロジェクト・フィージビリティ・スタディを実施し、そのうえでファイナンスを交渉し、コントラクターとの交渉を経て、ようやく建設が始まる。そして建設の進捗に合わせて融資資金を払い出す。これでは、プロジェクト援助は緊急融資には使えない。

　そこで、緊急事態に適した、新しいプログラム・ローンを考える必要が出てきた。その際のドナー側の問題は、アカウンタビリティの問題だった。プロジェクト融資であれば、プロジェクトが完成すれば資本形成となり、資本蓄積となる。それが担保だ。国際収支支援の場合には、では何を担保とするのか。そこで、中・長期的に成長促進的で、かつ国際収支と財政の均衡を達成できるような政府の政策実施を担保としようということになった。途上国の経済構造を変えていくような政策プログラム、これが「構造調整」と呼ばれるようになり、そのプログラムを担保とする融資が「構造調整ローン（あるいは、クレジット）」になった。SAL（Structural Adjustment Loans）と呼ばれるようになった構造調整借款のプログラムが正式に始まったのは1980年で、その2年後の1982年には、SALの変型ともいうべきSECAL（Sector Adjustment Loans）が始まった。多くの途上国にとって、マクロ政策全般の改革を一度に実行するのは政治的にも困難だ。そこで、特定のセクター——たとえば為替相場制度あるいは金融政策と制度——に的を絞って構造調整を深掘りする、それ

を支援するのが SECAL というわけだ。

　当初試行錯誤的に始められたこのような政策改革プロジェクトは，後に「ワシントン・コンセンサス」と呼ばれるようになる。1980年代に多くのラテンアメリカ諸国で推し進められていた政策・構造改革のアジェンダを，ジョン・ウィリアムソンが要約したもので，財政再建にかかわる改革（たとえば税制改革を含む），金融市場と為替市場の自由化（為替レート制度を含む），貿易・投資の自由化，国営企業の民営化，等の自由化アジェンダ10項目だ。ジョン・ウィリアムソン自身は，後に「自分はただ当時の政策担当者が考えていた政策アジェンダを要約しただけで，それを途上国が実施すべきプログラムだと推奨したわけではない」と言い訳をしている。しかし，ワシントン・コンセンサスが，国際収支支援，財政支援の条件（コンディショナリティ）の表現として，一人歩きするようになったのは事実だ[15]。

　構造調整政策のパラダイムによって，国際開発援助は難しく危険な政治経済学的領域に足を踏み入れた。危険は，主として政治的な危険で，構造調整政策によって既存の権益を奪われるグループや階層からの政治的抵抗が予測されるし，構造調整を勧める国際開発援助機関が構造調整政策の負の部分の責任者として批判にさらされるからだ。ある場合には，先進国側からする理不尽な政策の押しつけだととられることもある。

　開発援助のパラダイムとして，開発プロジェクト・アプローチが，長期にわたって受け入れられてきたのは，1つには開発プロジェクトが，受け入れ国の政治経済に大きな利害対立を生まないからだ。大型の水力発電ダムを建設するとすれば，たしかに水没地域の農民，河川を漁場とする漁業民，環境保護団体，等々との利害調整が必要になる。しかし，これらは経済的・技術的に解決可能な問題だ。もし，国内の利害で問題が出るとすると，むしろプロジェクトによって生じる利益・便益を国内の経済階層や利害関係者にどのように配分するかという，いわば「増分の分配」だ。

---

[15] この経緯については，Williamson (2003)。構造調整全般については，浅沼・小浜 (2007)，第3章「構造調整とガバナンス」第1節「構造調整政策」を参照。ウィリアムソン自身によれば，最初に「ワシントン・コンセンサス」という言葉を使ったのは，1989年のIIE (Institute for International Economics) の会議のためのバックグランド・ペーパーの中で，その内容は，Williamson (1990) に収録されている (Williamson 2008)。

第3節　構造調整政策のパラダイム 91

　一方，政策や制度の改革は，国内経済に勝者と敗者を作りだす。国営企業改革は，国によって保護されてきた国営企業の経営者と労働者を敗者にする。貿易の自由化は，それまで政策的な保護を受けていた国内産業にとっては痛手だ。もちろん，自由化によって新たな投資機会を与えられる新規企業にとっては，歓迎すべき改革だ。当然のことに，これら改革は，国内の政治問題となり，また各種の利益団体がロビー活動をする。ある場合には，改革は，行政府だけで処理できる領域を通り越して，立法府の権限領域に入ってくる。「外圧」が外圧にとどまる限り，大きな政治問題にはならないが，立法府の権限に属する事柄——たとえば，国営事業の民営化——が，国際開発援助機関による融資条件（コンディショナリティ）となると，民主主義的な政策決定プロセスに対する挑戦ともとられかねない。ここで考えられている政策改革プログラムは，政治指導者の強固なコミットメントなくしては，到底成功しない類のプログラムだ。そのうえに，その実施が，国際収支支援の条件として，外部から押しつけられたものという印象を与えると，実施はさらに難しくなる。

　現実に，世界銀行だけとっても，構造調整政策融資は，必ずしも成功だったわけではない。それは，上に述べた問題の他に，融資条件（コンディショナリティ）が，あまりにも多項目にわたり，柔軟な適用の余地がなく，また途上国の政治の現状に照らしあまりにも非現実的であったためでもある。さらに，多くの失敗は，政治指導者のコミットメントが欠如していたためだ。しかし，最終的に構造調整政策のパラダイムが，開発援助のパラダイムとして受け入れらくなった理由は，構造改革がもたらす途上国社会の弱者（とりわけ貧困層）に対する影響を十分に考慮しなかったことだ。

　1987年に，UNICEF は『人間の顔をした構造調整』という論文集を出したが，その内容は「世界銀行は，構造調整政策にかまけて，貧困削減という使命を忘れた」という趣旨の構造調整政策批判だった（Cornia, Jolly, and Stewart 1987）。論文集に収められた批判論文の内容は，経済学的には疑義のある議論が多かった。たとえば，世界銀行の加盟国が受け入れた構造調整ローンの数と GDP 成長率の間に負の相関関係がある。そして経済が停滞しているサブサハラ・アフリカの国々が構造調整ローンの最大の受け手だ。UNICEF 論文集では，この相関関係が「構造調整政策は，経済成長にとって抑圧的だ」という主

張の論証に使われたりしている。経済成長が順調にいっていない国が構造調整を必要とするのだという因果関係を誤認した議論だ。しかし，開発コミュニティに巻き起こった構造調整政策に対する批判の声の大きさから見る限り，『人間の顔をした構造調整』は，当時の政治的なセンチメントにアピールするのに成功した。

　途上国の当時の経済状況を考えると，何らかの経済改革なしには経済の自立的な成長は望めなかった。そして，成長なくして——すなわち，経済停滞が持続するなかで——貧困削減が達成できるはずもなかった[16]。それにもかかわらず，国際社会の情緒的な反対のために，構造改革政策のパラダイムは放棄されたのだ。ただ，そのために途上国の構造調整の必要が完全に忘れ去られたわけではない。世界銀行の構造調整ローンは，いまや「開発政策ローン（Development Policy Loan）」とラベルを張り替え，条件（コンディショナリティ）の付け方を変えて（たとえば，途上国政府の自己申告制にして），別の形で存続している。

　いまから振り返ってみると，世界銀行が始めた構造調整政策融資は失敗だったと結論付けざるをえない[17]。構造調整が途上国の長期的な成長と発展にとって不可欠であることは論をまたない。失敗の原因は，政治経済的に困難な構造調整の問題を，国際収支危機や財政危機のための緊急援助を梃に実施しようとしたことにある。言ってみれば，構造調整「融資」のメカニズムの失敗だった。構造調整融資は，2つの目的を持っていた。途上国経済の構造改革と国際収支サポートのための資金的支援だ。緊急融資だから2～3年の期間に借り手が自由に使える資金を供給する必要がある。そのための融資の担保として，構造調整の成果がなければならない。したがって，構造調整は2～3年の期間内に実施されねばならない。失敗の原因は，この「銀行原則」だった[18]。

---

[16] 成長と貧困削減の関係については，第6章で検討する。

[17] その失敗を良く描写しているのは，Mallaby (2004), Chapter 2: "The World Bank Murderer" だ。

[18] 世界銀行内におけるこの問題の議論については，Kapur, Lewis, and Web (1997), Chapter 10, "Policy-Linked Lending II" を参照。

第4節　MDGパラダイム

　MDGパラダイムの顕著な特徴は2つある。第1に，これが現れるまでの助走期間が長かったこと，そして第2に，MDGs策定のプロセスに，最近の政治の特徴である世論調査結果の重視の匂いがすることだ。開発のパラダイムというよりは，ODA増額のための国際的な一大キャンペーンの趣きがあるのはそのためだ。結果として，MDGパラダイムが強いポピュリスト的（大衆迎合的）趣きを持っているという特徴がある。

　マクナマラが世界銀行の総裁に就任したのは1968年だが，彼は世界銀行内に非公式のアドバイザーグループを抱えていた。主要メンバーには，チーフ・エコノミストのホリス・チェネリーの他にマブブ・ウル・ハクがいた。彼は，マクナマラのアドバイザーの中では当時の開発経済学者とは違った哲学と意見を持っており，マクナマラに常に途上国の貧困層に直接的な支援をするように意見していた。マクナマラの世界銀行——特にオイルショック以前の——が途上国の成長と開発だけでなく，貧困削減を視野においた成長とともに社会的な公平を目指す政策——たとえば農村総合開発プロジェクトの立ち上げ——をとってきたのは，ひとえに彼の影響によるものだ。彼自身の考えはさらにラジカルで，国際的な価格体系——すなわち市場によって決定される価値体系——を疑問視して，当時進行中の中国の文化大革命をも是認して，鉄のカーテンならぬ『貧困のカーテン』という著書では，途上国は先進工業国の価値体系を否定して，独自の価値体系にもとづいた経済運営と経済発展を志向するべきだと論じたりしている。すなわち，途上国は，先進国にキャッチアップするために経済発展や経済成長を追求することはやめて，基本的な人間存在に必要とされる財，すなわちBHN（Basic Human Needs）が国民全員に行き渡ることを目的とすべきだ，と主張した[19]。彼は，世界銀行では，マクナマラ総裁のアドバイザーの中で，より現実的な成長路線をとるチーフ・エコノミストのチェネ

---

[19]　Haq (1976). マブブ・ウル・ハクは，友人・同僚の間では，自身の意見を刻々変化・進化させていくので有名で，彼の机の上には，"It is too late to agree with me; I have changed my mind" という標語が掲げられていた。

リー等とは弁証法的な対極にある意見を持っていた。マクナマラの政策は，このような正と反の対立する政策志向をバランスさせる形で形成された。その結果は，「再分配を伴う成長」という現実的な二本立ての政策目標となって現れた[20]。

　しかし，マブブ・ウル・ハク自身は，世界銀行が貧困削減路線に舵を切らないのを確認した後は，UNDP に移り，アマルティア・センやポール・ストリーテンらの同志と「人間開発指標」を立ち上げた。これが 1990 年で，この頃には世界銀行内部でも，貧困削減目標が重要度を増しており，1990 年の『世界開発報告（World Development Report, WDR）』は「貧困」が主題だった。しかし，現実には，世界銀行の政策はいまだ経済成長と貧困削減目標の二本立てだった。1995 年にウォルフェンソンが総裁に就任して初めて，貧困削減が最上位の政策目標となったのだ。

　人間開発，貧困削減，貧困の多面性等々の命題が，はっきりと開発パラダイムとして定着したのは，2000 年に開催された国連ミレニアム・サミットで『ミレニアム宣言』が採択され，MDGs が国際的に合意された開発目標として国際社会の合意を得てからだ。しかし，それにいたるまでの経緯に，先に指摘した「世論調査重視の政策形成」態度が見られる。MDGs を最初に提案したのは，実は OECD/DAC で，それは 1996 年に発表された OECD/DAC の『21 世紀に向けて：開発協力を通じた貢献』と称するレポートで，その中で 1950 年代から開発援助が途上国の発展にどのように貢献してきたかを概観したうえで，21 世紀の最初の 15 年にかけての ODA のヴィジョンと目標を掲げている（OECD/DAC 1996）。そこで問題としているのは，ODA のヴィジョンや目標ではない。途上国の開発プロセス全体のヴィジョンと目標で，

―極度の貧困にある人口を 2015 年までに 1990 年の半分に削減する：
―2015 年までに普遍的初等教育を達成する：
―2005 年までに初等・中等教育における男女格差を解消する：
―2015 年までに 5 歳未満児と妊産婦の死亡率を 1990 年レベルから 3 分の 2

---

[20]　その考え方がよく現れているのは，Chenery, Ahluwalia, Bell, Duloy, and Jolly (1974) だ。

削減する：

―2015 年までにすべての出産年齢にある女性に家族計画のサービスが行き渡るようにする：

―2005 年までにすべての国で環境保護のための国家戦略を作成し，2015 年以降自然環境の劣化を防ぎ，改善するようにする：

というヴィジョンと数値目標を設定している。これはのちに MDGs として国連で国際合意になるものの原型だ。

　この提言で特徴的なことは，ODA のヴィジョンや目標でも，途上国のそれでもなく，国際社会全体のヴィジョンと目標とされていることだ。21 世紀の国際社会では，先進工業国，途上国，政府，民間，国内，国際，等々の境界がぼやけてくる。そうした状況の中で，途上国の開発（特に人間開発）は，全世界のすべての構成員の責任で，それを支えるのは先進国の市民にとっては人道主義（Humanism）であり，啓発された自己利益（Enlightened self-interest）であり，またすべての人間の連帯意識（Solidarity）だ。この認識に立って，先進国の政府と市民に，ODA フローを増やすべきであるというアピールをしている。提言の対象となっているのは，先進工業国の政府と市民――なかんずく納税者としての市民――なのだ。

　さらに，このアピールを有効なものにするために，当時の――そして現在でも――公共政策の特徴である数値目標と成果主義をとり入れている。このように考えてくると，OECD/DAC が考案した新しい途上国開発のパラダイムは，われわれがこれまで見てきた ODA パラダイムとは異質のものだということが理解できる。これまでは，公共政策の策定の手順に沿って，「政策目標の設定→政策手段の選択→政策の実行→政策成果の評価」というプロセスを踏んできた。しかし，MDG パラダイムに限っては，政策目標はあっても，政策手段は何なのかは明確にされない。それは，ODA を受け入れる途上国政府の責任で，各途上国政府はそれぞれに自国の置かれた状況に照らして開発戦略を自らの責任で策定すべきで，先進工業国側の責任は必要な資金協力だというわけだ。

　しかし，国際公約としての開発目標は，どのようにして設定されたのだろ

うか。実は上に挙げられた各種の数値目標は，OECD/DACのものではなく，1990年代に催された国連の国際会議の宣言から採用したものだ。年代順に並べると，

—1990年にタイのパタヤ，ジョムティエンで開催された国連の教育会議（Jomtien Conference on Education for All）から，教育目標は採用されている。この国連教育会議は，「万民のための教育」という目標を設定したが，この目標は1995年にコペンハーゲンで開催された社会開発のための首脳会議（Copenhagen Conference on Social Development），および同じく1995年に北京で開催された北京女性会議（Beijing Conference on Women）でも2015年までに達成されるべき目標として採択されている。

—1994年にカイロで開催された人口と開発会議（Cairo Conference on Population and Development）および上に挙げた北京会議とコペンハーゲン会議では，初等・中等教育の分野での男女格差を2005年までに解消すべしという勧告が採択された。教育の平等が，男女のジェンダー格差問題の解決の鍵だとされたのもこの会議だった。

—この1994年のカイロ会議では，乳幼児と妊産婦の死亡率を削減する目標も議論され，最終的にMDGsに採用された2015年目標は，この会議で採択された数値目標だ。また，家族計画の目標も，カイロ会議で採択された目標を援用している。

—環境保護に関する目標は，1992年にリオで開催された環境と開発のリオ会議（Rio Conference on the Environment and Development）で採択された議決から援用されている。

—数値目標の中で最も重要な貧困層の半減については，コペンハーゲン宣言が貧困撲滅の目標を掲げたのを受けて，途上国の全人口のうち1990年現在約30%，すなわち13億人が1日1ドル以下の所得で生活しているという世界銀行の推計をベースに，四半世紀の間に貧困人口の半減に成功した国があるという事実から，努力目標として貧困層を30%から2015年には15%に半減することを努力目標とした。

これからわかるように，MGDs は，達成できたら素晴らしいと人々が考える努力目標を集めたもので，各種国連会議に集まった政府や NGO の代表が希望として掲げたものだ。しかし，それらは 2000 年に開催された国連ミレニアム・サミットで国際的に合意された開発目標とされた。これが，現在国際社会で支配的な開発パラダイムだ。2015 年はすで通り過ぎた。しかし，MDGs で提起された開発パラダイムは，2015 年後も，新しい装いのもとに SDGs (Sustainable Development Goals, 持続可能な開発目標) として存続する。SDGs は，いろいろな意味で MDGs を拡張・延長したものだが，MDGs 同様に，国際的な政策目標としていくつかの看過できない問題点がある。これは第 5 章で検討する。

 ボックス5 「貧しさ」について

人類の長い歴史を振り返ったとき，いつの時代でも貧富の格差はあったし，極貧も存在していた。

先進国の若者がナイキのスニーカーとアディダスのスニーカーのどっちにしようかと迷っているとき，ペットボトルを潰したサンダルしか履くものがない国もある（前野 2017, p.264）。

18 世紀半ばの久留米を舞台にした帚木蓬生の小説の中に，「この数年，米は不作続きだった。庄十郎の治療を受けに来る百姓たちの大半は，食の貧しさからくる病苦に悩んでいた」という記述がある（帚木 2017, p.18）。18 世紀後半の天明の大飢饉では何万人もの人が餓死したと言われている。「飢饉」で検索すれば紀元前から 21 世紀まで多くの飢饉が記録されていることがわかるだろう。

欧米の NGO の人たちが，途上国に行ってローティーンの売春婦に，「AIDS は怖くないの，学校に行かなくていいの？」と訊いたという。彼ら彼女らは偽善者だ。ローティーンの子は「もちろん学校に行きたいわ，でも，わたしが働かないと食べるものがなくなっちゃうの。そしたら来週には，わたしの家族たちはみんな死んでしまうの」と答えたという。

われわれは，経済学の主役は経済発展論・開発経済学だと思っている。貧富の格差拡大も大問題だと思うが，「極貧」「絶対的貧しさ」（extreme poverty）をどうやって解消するかが，開発経済学・開発政策論の中心的課題だと思う。マーチン・ラヴァリオンは浩瀚な「貧困の経済学」の教科書の序で経済史家マックス・ハートウ

ェルの「経済学とは，突き詰めれば，貧困の研究である」という意見を引用している（Ravallion 2016, p.xxiii）。

「貧しさ」はさまざまな側面を持っている。健康，平均余命，教育へのアクセス，人間の安全保障，将来への機会，などなど（Sen 1999; Banerjee, Bénabou and Mookherjee 2006b; Deaton 2006）。しかし，元気で仕事をしたり学校で勉強するにはある程度のカロリー摂取が必要なことは誰でもわかる。しかし，必要カロリー摂取量を知るには，家計調査が必要で，1980 年代半ばには 22 か国しかなく，MDGs の世紀の変わり目頃には，中・低所得国 158 か国中（人口比で途上国の 89％），88 か国しか家計調査を実施していなかった（Besley and Burgess 2003, p.4）。

MDGs は世界大の目標だから，国際比較できる「貧しさ」の指標がなければならない。ある地域の貧しさをカロリー摂取量で計ることは可能だろう。難しくても国全体の貧しさを把握することはできるかもしれないが，国際比較はきわめて難しい（Deaton 2006, p.10）。

それならと言うことで，「貧しさ」の諸側面と所得水準がかなり正の相関があるので，Chen and Ravallion (2001) は 1993 International Comparison Project の PPP データを使って 88 か国について 1 日 1.08 ドルという貧困線を作り出した（Besley and Burgess 2003, p.4）。これが「1 日 1 ドル」という，人口に膾炙した貧困線である[21]。

その後データのカバレッジも増え，物価水準の変化から「1 日 1 ドル」という貧困線は，いまでは「1 日 1.90 ドル（2011PPP）」に改訂されている。世界銀行のデータベース（World Development Indicators: WDI）を見ると，年々のデータがある国は多くはないが，21 世紀に入って最低 1 年データがある国は，先進国を含めて 133 か国ある。ちなみに日本もアメリカもシンガポールも WDI ではデータはとれない。日本でも時々「子供の貧困」が報道されるが，これは OECD の推計した所得水準による貧困線を使っている。これは，可処分所得のメディアンの半分を貧困線としている[22]。

---

[21] 貧困指標については多くの研究がある。ちょっと見渡しただけでも，黒崎・山形 (2003)，Banerjee et al. (2006a)，黒崎 (2009)，World Bank (2017d) など書名に「貧困」がある本がすぐ目に付く。Ravallion (2016) の Part 2 は「Measures and Methods」で 180 頁もある。

[22] 関心の読者は OECD の CO2.2: Child poverty (http://www.oecd.org/els/CO_2_2_Child_Poverty.pdf)，厚生労働省の「国民生活基礎調査」などを参照。

第4章　日本のODAの展開

第1節　イントロダクション

　日本のODAはいかに展開してきたか，またその特徴は何だったのか。このような問いに対しては，いろいろと違った視点から答えを見つけることが可能だ。特にODAの理念が何だったかについては，理想論にもとづくレトリックもあれば，国際関係論的な冷徹な現実主義的な答えもある。

　しかし，過去半世紀以上の日本のODAを俯瞰して言えるのは，日本の経済の発展とともに——より正確には世界の中の日本の発展とともに——展開してきたことだ。日本がOECD/DACの加盟国になってからの日本ODAは，おおむね日本のGDPの0.2〜0.3%の水準を上下してきた。ODAの対GDP比率を途上国に対する援助の貢献度合いだと考えると，日本のODAに大きな趨勢的変化はなかったことになる。しかし，他のOECD/DAC加盟国に比較して，日本のGDPの変化は著しかった。日本には目覚ましい高度成長期があり，その時期に日本のODAが世界のODAに占める比率は飛躍的に高まり，その結果日本は世界経済の中で経済大国になると同時に，ODA大国にもなった。日本のODAドナーとしての地位は驚異的に高まったのだ。しかしまた，日本経済が停滞期に入った1990年代初頭からは日本のODAは伸び悩み，ODAを増額させたアメリカ，イギリス，ドイツ等のODA実績が著しく，ODA大国としての日本の地位は低下している。

　それでは，日本のODAの展開を促した動因は何だったのか。世界経済における日本経済の発展は，決してスムースな直線に沿ったものではなかった。世界経済には構造変化が起こる。日本経済自体も構造変化を続ける。そ

の過程で，ODA の供給側としての日本の政策アジェンダは，変わってくる。それが，日本の ODA 政策に反映される。日本 ODA の動因——そしてそれはODA の多寡や形態や性格に反映される——は，時代を経るにしたがって変化してきた。ここで議論する日本の ODA は，もちろんバイの ODA が中心だ。バイの ODA となると，当然のことに，多角的な国際協調や協力よりもドナーとしての日本の国益が絡んでくるのは避けられない。だから，ODA の性格変化は，日本の国際政治・社会・経済における立ち位置の変化を反映している。

　極端な単純化を恐れずに言うと，日本 ODA は 3 つの顔を持っている。その3 つにラベルを付けるとすれば，まず「経済外交の顔」，第 2 に「国連外交の顔」，そして第 3 に「アジア地域のヘゲモンの顔」だ。時代を経ての変化は，この 3 つの顔のどれが正面を向いて大きく出てきたかだ。大まかに言うと，まず第 1 の顔が大きく，それから第 2 の顔が大きく見えるようになり，そしていまは，第 3 の顔が正面に出てきたようだ。3 つの顔の表情も，それぞれの時期で変わってくる。たとえば，経済外交の顔は，戦後賠償，輸出市場，資源開発，より広範な経済連携という風に変わった表情を見せる。そして，これらの底流には，先の章で議論した国際的な ODA パラダイムの変化が流れている。

　日本 ODA の将来を見通すにあたって重要なのは，この 3 つの「ODA の顔」が効果的かつ効率的に，ODA の目的に沿って機能しているかどうかだ。3 つの顔を持った日本 ODA は，全体としての方向性が見えにくい。また，この後の章で議論するように，日本の ODA も，ODA 一般と同様に機能不全に陥っているようだ。FAO で長く仕事をしてきたエベルハルト・ルースが言うように，日本の ODA も "End It, or Mend It" の時期に来たのかもしれない。

第 2 節　日本 ODA の展開

戦時賠償から始まった日本 ODA

　論者の間では，日本 ODA の起源を，1954 年のコロンボ・プランへの加盟とそのもとでの技術援助人材の派遣に求めるのが通説になっている[1]。たしかにそのとおりだが，それは本当に小さな第一歩で，ただ数人の技術専門家をア

第 2 節　日本 ODA の展開　　　　101

ジアの途上国に派遣したにすぎない。さらに，当時日本がコロンボ・プラン加盟に熱心だったのは，コロンボ・プランが，ヨーロッパで展開されていたマーシャル・プランのアジア版に発展するのではないかという，淡い期待にもとづいていたらしい[2]。コロンボ・プランは，よく知られているように，アジア太平洋地域の新たに独立した諸国の経済発展を目的としてイギリスと英連邦加盟国がイニシアチブをとって作った戦後の国際機関で，主として技術援助を地域内の途上国に提供してきた。しかし，それがヨーロッパにおけるマーシャル・プランのようにアメリカの対途上国援助のチャネルに発展することはなかった。

　同じ時期に日本のアジア諸国に対する戦時賠償が始まっている。1951 年のサンフランシスコ平和条約にもとづいて，1955 年から 1977 年にかけて，ミャンマー，フィリピン，インドネシア，ベトナムに対して賠償支払いが行われた。また，賠償に準ずる無償援助がタイ，マレーシア，シンガポール等の国に供与された。もちろん，戦時賠償は第 2 次世界大戦中に日本軍がこれらの諸国に与えた物的・精神的な損害を償うものだが，それ以上に前向きの，将来の経済発展に寄与する目的を持っていた。アジア諸国に対する賠償が，日本ODA の起源だと考えられる理由はそこにある（小浜 2013，p.32）。

　しかし，戦時賠償は，サンフランシスコ平和条約と同様に，日本の国際社会復帰の前提条件であり，かつ条約上の義務だったわけで，日本 ODA の本格的な開始は，1958 年に日本輸出入銀行を通じて始まり，その後 1961 年に設立された海外経済協力基金（Overseas Economic Cooperation Fund, OECF）によって 1966 年から引き継がれた円借款の本格化を待たなければならなかった。中でも，OECF の設立は特記に値する[3]。OECF は，すでにあった日本輸出

---

[1]　小浜（2013, p.31）。Yanagihara and Emig（1991, p.37）。Kato（2016, p.2）。この節は，おおむね上記によっている。

[2]　ダワー（1981），「あこがれのアジア・マーシャル・プラン」pp.233-241。コロンボ・プランへの参加は，日本がアジアに対して ODA を展開するというよりは，むしろアメリカの対日経済援助を増大させることを狙ったのだ。

[3]　海外経済協力基金の設立の歴史については，『海外経済協力基金史』（https://jica.go.jp/publication/archives/jbic/oecf.html），第 1 章「わが国経済協力の芽生え―OECF の設立」，第 2 章「開発問題の高まりと円借款の本格的開始」を参照。実は，日本の初期の円借款は，OECF ではなく輸出入銀行によって供与された。インド（1958 年），パラグアイ（1959 年），

入銀行とは別に，途上国に対する開発援助を目的として新たに作られた政府機関で，開発援助を始動したいという政府の政策意思の表明だった。また，同年には，装い新たに発足したOECDの開発委員会（Development Assistance Committee, DAC）のメンバー国となっているが，これも同様の政策意思の表明だ[4]。1962年には，技術援助機関としての国際協力機構（JICA）の前身にあたる海外技術協力事業団（OCTA）が設立されている[5]。

　その後の日本ODAの発展は目覚ましいものがある。図4.1は，OECD/DAC定義に則った日本ODA額（名目額）を示している。名目値ベースだが，1960年に1億ドル強で，アメリカのみならず，フランス，イギリス，ドイツの後塵を拝していた日本のODAは，それから増加を続け，1989年には90億ドルに達し，初めてアメリカを抜いて，第1位のドナーになった。それ以降，アメリカが第1位の地位を回復するが，その10年後の1998年にはまた日本が第1位となり，2000年には日本は過去最高の135億ドルを記録した。しかし，それ以降は日本のODA額は停滞し，2015年には92億ドルと，アメリカ，イギリス，ドイツに次いで第4位に落ちている。もちろん，ドル換算ベースのODA額やOECD加盟国の間の順位は，その時々の為替レートや他の国の事情にも左右されうるから，日本のODA政策の結果だけを表すわけではない。

　南ベトナム（1960年），パキスタン（1961年），ブラジル（1962年）がそれらで，すべて輸出入銀行からの借款となっている。OECFの最初の円借款は対韓国の円借款で，1966年，それ以降台湾（1967年），インドネシア（1968年），マレーシア（1968年）等がOECFによって供与された。

[4] 1961年に設立されたOECD（Organization for Economic Cooperation and Development）の前身はOEEC（Organization for European Economic Cooperation）で，ヨーロッパ復興のための経済援助受け入れと調整のための機関だった。その役割を終えて，加盟国を全世界に開放し，先進国間の経済政策調整機関として設立されたのが，OECDだ。

[5] 国際協力事業団（JICA）は，1974年にこのOCTAと海外移住事業団（JENIS, 1963年設立）との合併により発足した。そして，2008年に国際協力銀行（JBIC）の海外経済協力事業部門（旧OECF）との統合により，国際協力機構（新JICA）となった。

第2節　日本 ODA の展開

図 4.1　5 大ドナーの ODA 実績

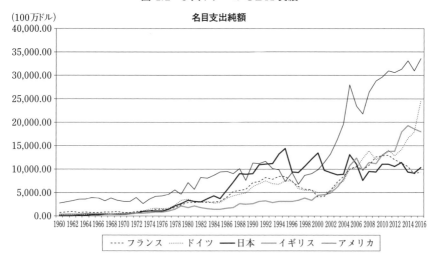

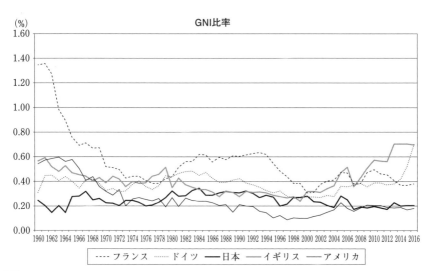

資料：DAC．

ボックス6　ODAはどっちで測る——ネット（純額）それともグロス（粗額）？

　ODAと一口に言っても，その内訳を見るといろいろな形態がある。そして，それぞれのODA形態によって，それが果たす役割や機能に違いがある。その結果，ODA実績をたった1つの数字で表すのは難しいし，ある場合には誤解を招くことにもなる。一番大きな問題は，贈与か借款かの問題だ。これについては，これまでも国際的に議論が戦わされてきた。いわく，途上国に対するODAは，すべて贈与であるべきで，借款の形でのODAは，受け入れ国の対外債務累積につながり，その重圧は当該国の成長と開発にネガティブに働く。これに対して，受け入れ国にとってコスト・ゼロの贈与は，ともすれば浪費されやすく，援助効率の観点からは，緩い条件の，返済義務のついた借款の方が，途上国の自助努力を喚起するとする反論がある。いずれにしても，どちらの議論が正しいかを証明するのは難しい。

　ODA統計を作っているOECD/DACでは，何がODAとして認められるかについて，相当詳しい基準を設けている。その基準によると，まず贈与は全額ODAと認める。貸付については，譲許性の高いものについてはODAと認め，そのうえで貸付純額——すなわち貸付総額から回収額を減じたもの——をODAとして計上する。貸付純額をODAと認めるということは，貸付債権から生じる利息等の収入は，過去の貸付から生じた開発成果（利益）から支払われるべきものとみなして，ODA純額からさらに減じることはしないということだ。会計概念を排して，純粋な資源の移転だけを問題にするとすれば，純資源移転（net resource transfer）が経済学的に有意な額だ。純資源移転は，純貸付額からさらに利払いを引いた額で，ODA受け取り国は，その額だけの資金を投資や消費といった支出に使える。

　しかし，こんな抽象的な話をしても，上に述べた3個の数字にどの程度の差異があるかわかりづらい。入手可能な最も新しい，2015年（暦年）の日本のODA実績を見てみるのが手っ取り早く理解できる。JICAの2016年次報告書によると，この年の日本のODA実績は表4.1のようになっている。

　表4.1の数字は，いわゆるODA卒業国向けの援助を含む数字だが，その数字を除いても，たいした差異はない。また，無償資金協力の中には，定義としては債務救済が含まれるが，2015年には債務救済はゼロだった。

　この表のODA実績の支出総額と支出純額を比較していただきたい。この両者には，実に60％以上の差異がある。JICAに一体化される前の，長期にわたる海外経済協力基金と国際協力銀行の時代を通じて，日本のODAの太宗は高い譲許的な条件による借款だった。それが累積した結果，現在は回収額が多額に上り，毎年の貸付実行額に迫っている。貸付実行額は，ODA純額の75％にも上るのに，純額で見

第 2 節　日本 ODA の展開　　　　　　　　　105

表 4.1　日本の ODA 実績（暦年，暫定値，2015 年）

（単位：100 万ドル，（　）内は %）

贈与	
無償資金協力	2,766 (29.8)
二国間無償資金協力	1,162 (12.5)
国際機関を通じた贈与	1,603 (17.3)
技術協力	2,369 (25.5)
小計	5,136 (55.3)
政府貸付等	
貸付実行額	6,994 (75.3)
回収額	5,877 (63.3)
純額小計	1,117 (12.0)
2 国間 ODA 計	6,252 (67.3)
国際機関向け拠出・出資等	3,036 (32.6)
ODA 計	
支出総額	15,166 (163.3)
支出純額	9,289 (100.0)
対 GNI 比（%）	0.22

出所：国際協力機構『年次報告書　2015（別冊：資料編）』独立行政法人国際協力機構，2015 年。

るとわずか 12% だ。

　この表には示されていないが，純資源移転（net resource transfer）を考えるとすると，途上国からドナーに対する借款の利払いやその他の手数料支払いの数字が必要になる。JICA 年報の財務諸表からは，暦年ではなく会計年度（4 月から 3 月）の「有償資金協力業務収入」が得られる。それによると，2015 年度の利払い等としての還流は，ドルベースに直すと，15 億 7 千万ドル相当に上る。すなわち，純資源移転を基準とすると，日本の ODA の借款部分の貢献は，2015 年時点で約マイナス 4 億 5 千万ドルになる。

　ODA 実績として，これら 3 つのどの数字を見るべきか。最大の問題は，純額でドナー諸国の ODA 努力を評価すると，日本のように ODA の大きな部分を借款形式で供与している国の実績を，過少評価することになることだ。バイのドナーでは，ドイツ等がそうだし，また世銀グループが提供する資金援助のほとんどは，条件が譲許的かどうかは別にして，借款形式だ。ODA における世銀グループの貢献を極度に過小評価するような基準は，ちょっと受け入れがたい。そう主張する根拠は 2 つある。第 1 は，贈与にしろ，借款にしろ，同様に国際収支困難や財政困難に直面する途上国にとって，中期・長期的な流動性を提供する。たとえば，労働集約的な製品輸出が輸出の大きな部分を占める国の場合，輸出先である先進国群の成長が鈍化すると輸出が停滞し，国際収支の赤字が拡大する。この場合，自国の成長を維持す

るために，財政支出の拡大させるような成長政策をとることは難しくなる。しかし，ODA の流入によって，国際収支赤字の拡大は防げる。流入する資金が借款で将来時点で元利の返済をしなければならないにしても，一時的な資金供与によって財政や国際収支のファイナンスが可能になる。

　第 2 の問題はより重要だ。純額で ODA を評価するのは，ODA を単なる資金移動としてしか見ていないことだ。ODA をマクロの観点からだけ見れば，そのとおりだ。しかし，その場合には借款に対する利払いを含めないのはなぜだろう。開発援助を議論するときに，よく「ファイナンス・プラス」ということがいわれる。その意味するところは，ODA は単なる資金の提供ではないということだ。それは，直接投資が単なる資金提供以上のものであることと同じ意味だ。直接投資の場合は，資金と同時に技術や経営資源やさらに輸出市場の確保までがセットとなって提供される。同じように，ODA 資金の流れには，開発プロジェクトにまつわる技術や投資案件の策定から選択そして実施にまつわる広い政策，制度，組織運営の経営手法の移転が伴う。むしろ，それこそが開発プロジェクトの意義だと考える人も多い。

　このように考えると，たとえば JICA の ODA 業務活動を評価するときに，政府貸付（69 億 9400 万ドル，2015 年）を，回収額を減じた純額（11 億 1700 万ドル，2015 年）で評価することはいかにも理不尽だと思える。

　そこで，今度は日本 ODA の対 GDP 比率を見てみよう。1960 年代初頭に 0.2％ 前後で始まった日本 ODA は，1960 年代後半に 0.3％ 台に乗ったが，その後 0.2％ 台に戻り，再び 0.3％ 台に乗ったのは，1980 年代から 1990 年代初めまでだ。その後は，再度 0.2％ 台に戻っている。2000 年代の後半には 0.1％ 台に落ちてもいる。ODA/GDP 比率で見る限り，日本 ODA の増加は，日本経済の成長が主たる要因だったといえる。したがって，政策意図としての ODA 増加は，比率が 0.3％ を上回った 1985 年のプラザ合意前後の数年，すなわち日本政府が ODA の中期数値目標を定めて ODA 増額を図った時期ということになる。日本政府が，ODA の中期目標を作ったのは 1977 年が最初で，「福田ドクトリン」が発表された年だ。その後，経常収支黒字が慢性化し，円高傾向が続くようになって，国際公約の性格を持った ODA 増加の中期計画は数次にわたって続けられた[6]。

「援助大国」日本の誕生

　しかしながら，この間に日本の ODA には，数字だけではわからない政策目的上の変化があった。ODA の目的は，もちろん途上国の経済開発だ。しかし，バイの援助は，その動因としてドナーの国益が入ってこざるをえない。その国益をどのように解釈するか，何を国益と考えるか，国益といっても多様な視点があるに違いないが，そのどれに重点を置くかによって，ODA 政策は変わってくる。日本の場合，少なくとも 1960 年代の当初から 1990 年代初めまでは，ODA は経済外交の手段として考えられたし，また使われた。しかし，ODA の「経済外交の顔」も時期によって違った表情を見せる。

　1960 年代といえば，日本経済が高度成長を謳歌していた時期だが，その成長はしばしば国際収支の壁に阻まれた。成長に必要な輸入増加に輸出の増加が追い付けなかったのだ。経常収支赤字の拡大を抑えるために，しばしば成長を抑制せざるをえなかった。したがって，経済外交の重点は，国際収支の壁を取り除くための輸出振興となる。そのためには，アメリカ市場への依存度を下げて，近隣のアジア諸国への輸出拡大が必須となる。日本経済の成長のためには，近隣のアジア諸国（特に東南アジア諸国）からの原材料輸入が欠かせないが，それら諸国に対する輸出増大の必要条件は，これら諸国が経済成長を加速させ，日本の輸出マーケットが拡大することだ。

　経済外交の重点に変化が起こったのは，1970 年代に入ってからだ。まず，1971 年にはニクソンショックがあった。日本の ODA 政策に関連のあるニクソンショックは，米中関係ではなく，ドル防衛の一環としての大豆輸出禁止で，アメリカの大豆の輸入国であった日本は急遽アメリカ外の大豆供給先を見つけなければならなかった。さらに，日本経済に対する影響としては桁違いのオイルショックが世界経済を襲った。第 1 次（1973 年）および第 2 次（1979年）のオイルショックは，第 2 次世界大戦後の世界経済に甚大な影響を及ぼした出来事の 1 つで，日本経済に対する影響も広範にわたった。日本経済が必要とするエネルギー資源の大半は，中東その他地域から輸入する石油に頼っていたが，その石油の価格高騰だけでなく輸入原油の必要量の確保さえもが問題

---

6) 日本の ODA の中期目標については，小浜（2013），第 3 章「日本の開発援助の拡大」，第 4 節「ODA の中期目標」を参照。

になったのだ。また，オイルショックに連動して，その他の一次産品の価格と供給も厳しくなった。そうしたなかで，日本の「経済外交の顔」は，日本経済のサバイバルをかけて，輸出市場の確保から石油を含む資源供給路の確保にシフトせざるをえなかった。日本の ODA は，従来のアジア諸国に対する重点的な配分から，ラテンアメリカの資源国を含むより広い地域的な配分へと拡大していった。

オイルショックが契機になって，今日のグループ・オブ・セブン（G7，アメリカ，イギリス，フランス，ドイツ，日本，イタリア，カナダ）が生まれた。もともと，このグループは，ニクソンショックとオイルショックによって国際経済に生じたあらゆる種類の不均衡——国際収支，為替レート，資本の流れ，等々——が世界経済に及ぼす悪影響を最小化するために，主要国の経済政策を協調させようとする意図をもって，最初は一時の話し合いの場として，後に制度化されて主要国の首脳と財務大臣・中央銀行総裁の政策協議の場として設けられたものだ[7]。日本は，当初からのメンバーで，世界経済における日本の比重は高く，世界経済の不均衡是正に何らかの形で協力・貢献することを期待されるようになっていた。

1970 年代半ばには日本が世界経済に占める GDP の規模や貿易シェアにおいて経済大国になっていたことは，その他の事実によっても確認できる。1974 年に，当時の首相田中角栄が東南アジア諸国を訪問した際に，バンコックとジャカルタで大規模な反日デモが起こった。ジャカルタの場合は特に激しく，田中首相はジャカルタ郊外の空港にヘリコプターで「救出」されなければならなかった。なぜこのような反日デモが起こったのか，いろいろの原因が考えられる。たとえば，ジャカルタの反日デモは，当時強権的な独裁体制を敷いていた

---

[7] ハロルド・ジェームスによると，G7 の前身である G5（イタリアとカナダを除く）は，1973 年に当時アメリカの財務長官だったジョージ・シュルツが，フランス，ドイツ，イギリスの財務大臣と財務次官をホワイト・ハウスの地下にある図書室に招いて開いた非公式会合だったと言われている（ハロルド・ジェームスはこの会合を「図書室グループ（The Library Group）」と呼んでいる）。また，同年のケニア・ナイロビの IMF・世銀総会で，当時大蔵大臣だった宮沢喜一が，日本を含む 5 か国の財務大臣を招いて夕食会を兼ねた懇談会を開いたのも G5 の誕生を促したとされている。のちにこのグループ会合は，首脳会議に発展し（1975 年のランブイエ首脳会議），さらに 1976 年にはイタリアとカナダが加わって今日の G7 になった。James (1996, pp.266-270).

第 2 節　日本 ODA の展開　　　　　109

スハルト政権に対するインドネシア国民の反対が，スハルト政権を支持してき
た日本政府に対する反対として現れたという説がある。しかし，いずれにして
も，タイやインドネシアにおける日本のプレゼンス——これらの国と日本との
多面的な経済関係——が 1 つの原因であったことは否定できない。1970 年代
半ばに，ブルッキングズ・インスティテューションは，日米の有名なエコノミ
ストを動員して日本経済を分析し，その結果を『アジアの巨人・日本』という
タイトルをつけて発表した。日本は，その当時には，まさに「アジアの巨人」
になっていたのだ（Patrick and Rosovsky (eds.) 1976)。第 2 次世界大戦後は
対外的には「低姿勢」を保ってきた日本ではあったが，高度経済成長の結果と
して相対的な経済規模が大きくなったために，国際社会において日本は目につ
く存在になった。日本人を「エコノミック・アニマル」という多分にアンフェ
アな蔑称で呼んだのは，パキスタンの当時の外務大臣が最初だったという説が
あるが，これもまた日本の世界経済でのプレゼンスが顕著になったことの証だ
（Patrick and Rosovsky (eds.) 1976, p.912)。
　その結果として，日本の経済外交の姿勢も変化せざるをえなかった。輸出
市場や資源供給先の確保といったような比較的単純な目標設定では不十分で，
輸出市場，資源輸入，直接投資，金融をすべてカバーし，そのうえで国際経
済全体の体制の発展と維持に参加・貢献するような経済外交のスタンスが要
請されるようになった。このような経済外交の変化の過程で，日本の ODA
は，日本と緊密な関係を持つ途上国，なかんずくアジア地域の途上国とのトー
タルな経済関係を維持・改善する外交政策用具として，またそれに加えて世
界経済に占める経済大国としての地位に見合った国際貢献の政策用具として
認識されるようになった。ちなみに，ASEAN 諸国に対して，日本のそのよ
うな外交姿勢を表明した，いわゆる「福田ドクトリン」は，1977 年に発表さ
れているし，翌 1978 年には，ボン・サミットの舞台で，日本 ODA を 3 年で
3 倍増にする ODA 第 1 次中期計画が策定・発表された。この ODA 中期計画
は，1993 年の第 5 次中期計画まで 15 年にわたって続けられた。従来 GDP の
0.2％ 台だった日本 ODA が 1980 年代から 1990 年代の初めにかけて 0.3％ 台
に増大したのは，この 5 次にわたる中期計画の賜物だ。さらにまた，1992 年
には日本の ODA に対する「意気込み」を内外に表明するために，「政府開発

援助大綱」，いわゆる「ODA大綱」を閣議決定している（ODA大綱については ボックス7を参照）。このような日本のODA政策の展開を方向付けたのは， 「福田ドクトリン」だが，それは先に述べた「吉田ドクトリン」を再確認・敷 衍した政策表明で，日本が平和国家・通商国家として，世界経済の発展と繁 栄に貢献するという外交の基本方針を世界に表明したものだ[8]。こうして日本 は，「援助大国（"Aid Super-power"）」になった（Lancaster 2007, p.110）。

　日本が経済大国になったと実感されるようになったのは，多分日本が2回 にわたるオイルショックを克服して，国際収支が黒字に転じ，経済成長を取り 戻してからだ。この前後には，絶え間ない日米貿易摩擦があった。日本のアメ リカ市場への輸出増がアメリカの政治問題となったのだ。1985年にはプラザ 合意の名のもとに，日本やドイツの通貨切り上げがG7（当時はまだG5）の 場で画策された。円高は日本の産業界にとっては痛手だ。政府による内需拡 大も試みられたが，それにも限度がある[9]。このようなマクロ経済状況におい ては，資本輸出は円高圧力を減らす効果があり，ODA増額も円高圧力を減ら す。その意味では，国際収支が黒字である限り，ODAの国民経済的なコスト は軽減される。これは，この時期におけるODA拡大にとっては追い風だった と言える[10]。

冷戦後の日本ODA

　ここまでが，日本ODAの「経済外交の顔」だ。では，この顔に「国連外交 の顔」がダブってきたのはいつ頃か。もちろん，はっきりした時代区分はで きないが，日本の外交姿勢に「国連外交の顔」が色濃く出てきたのは，多分 ソ連崩壊・社会主義圏の崩壊・冷戦終結で国際環境が一変した1991年から，

---

[8]　もともといわゆる「福田ドクトリン」は，当時の福田赳夫総理大臣が，東南アジア諸国訪問 の最後に，1977年8月18日にマニラ・ホテルで行ったスピーチだ。この中で福田総理は， ASEAN諸国に対する日本の政策を表明したが，それはASEANのみではなく，世界全体に 対する政策の表明でもあった。

[9]　当時の前川春雄日銀副総裁の名を冠したいわゆる「前川レポート」（1986年）は，地方自治体に よる公共事業増大，住宅投資の推進，輸入規制緩和，等々の規制緩和と経済活動の自由化を勧告 している。

[10]　もちろん，国民経済的なコストの他に，財政コストを考慮しなければならない。この面でも，日 本のODAは財政コストを軽減するメカニズムを持っていた。これは次の節で議論する。

第2節　日本 ODA の展開　　　111

日本がドイツ，インド，ブラジルと連携して G4 というグループを形成して国連の安全保障理事会改革のキャンペーンを張った 2005 年の間ではなかったかと思われる。冷戦が終結した後で国連の性格が変わり，先にも述べたように，地球環境，人口，社会開発，女性，教育等々の地球的問題が議論され，それが 2000 年の国連ミレニアム・サミット，国連ミレニアム総会に結実した。そして，この間に日本で起こったことは，まず 1993 年に東京で開催されたアフリカ開発会議（TICAD I）だ。その 10 年後の 2003 年には，人間の安全保障を強調した新しい ODA 大綱が閣議決定されている。これらは，明らかに日本ODA のアフリカ・シフトを示すもので，従来の「経済外交の顔」とは違った外交イニシアチブだ。国連外交への従来にも増しての積極的参加と国連（特に安全保障理事会）の改革に対する強い外交的意図がその背景であるのは間違いない。

　しかし，2010 年代に入って，日本 ODA の「経済外交の顔」と「国連外交の顔」の 2 つの顔に，さらに変化がきざしているようだ。適当な言葉がないので，ここではその新しい外交の顔を「アジア地域のヘゲモンの顔」と呼んでおこう。その契機になった出来事は 1 つではない。まず日本に関する限り国連外交は行き詰まったように見える。国連の安全保障理事会改革は，拒否権を持つ常任理事国の反対でつぶれた。第 2 に，2012 年から 2013 年にかけて，中国の最高指導者の地位（共産党中央委員会総書記，共産党中央軍事委員会主席，中華人民共和国主席，中華人民共和国中央軍事委員会主席）に習近平が就いてから，中国のアジア地域における外交政策に大きな変化が見られるようになった。世界的なヘゲモンとまではいかないまでも，東北アジアおよび東南アジア地域において覇権主義的な外交や経済活動を国家主導でとるようになったのだ。これは，鄧小平およびその後継者たちがとってきた世界に開かれた発展戦略とは一線を画す外交路線だ[11]。AIIB の創設や BRICS 銀行の創設，「新シルクロード」と称されるユーラシア大陸の陸路・海路を取り囲む交通・運輸インフラの構築は，すべてその戦略に沿った中国政府のイニシアチブだ。

---

[11]　鄧小平の改革戦略とそのための外交路線については，Vogel (2011), Chapter 16, "Accelerating Economic Growth and Opening, 1982-1989" に詳しい。

低成長下の日本 ODA

　中国の国際政治経済における台頭と対照的に，日本経済は 1990 年代初頭から実に四半世紀近く低成長を続けている。それにもかかわらず，日本の経済や社会に強烈な悲壮感がないのは，その間に進行してきたグローバリゼーションの波に乗って，日本の企業が中国や東南アジアに生産拠点を作り，地域的な市場開拓・拡大を通じて，経済活動を拡張・拡大してきたからだろう。日本はアジアにおける盟主とはならなかったが，アジア市場に君臨する経済大国としての地位は保ってきた。しかし，同じ地域に中国の影響が強くなってくると，事情は違ってくる。そこで，日本政府はこの地域における日本の大国としての地位を保全するための経済外交——すなわち，「アジア地域のヘゲモンの顔」——を展開し始める。その主たる目的は，アジアの諸国との国際政治・経済・社会・文化の面でのトータルな関係の強化にある。

　2015 年に日本政府は，従来の政府開発援助大綱（「ODA 大綱」）の第 3 次改訂を行い，「開発協力大綱」を閣議決定した[12]。従来の大綱は「政府開発援助大綱」と呼ばれていたが，新しい大綱は，「援助」ではなく「協力」となっている。その趣旨は，援助という言葉の持つ多分に一方通行的な関係から，ODA をドナーと受け入れ国の間の互恵的な関係に転化させるという意図だと解釈できる。大綱の前文に「我が国自身の経済社会状況を踏まえれば，新興国・開発途上国をはじめとする国際社会との協力関係を深化させ，その活力を取り込んで行くことが，我が国自身の持続的な繁栄にとって鍵となっている。……我が国が，国際協調主義に基づく積極的平和主義の立場から，開発途上国を含む国際社会と協力して，世界が抱える課題の解決に取り組んで行くことは我が国の国益の確保にとって不可欠になっている。」と書かれている。

　では，「アジア地域におけるヘゲモンの顔」が前面に出てくる外交の中で，ODA はどのような役割を果たすのだろうか。日本が援助大国の地位を獲得した頃には，アジアの巨人は日本だけで，アジア地域外からアメリカが地域全域に大きな影響力を持っていた。しかし，今日では，経済的にも国際政治的にも——そして軍事的にも——中国とインドが台頭している。多数の巨人

---

[12] 外務省『開発協力大綱』平成 27 年 11 月 2 日，http://www.mofa.go.jp/gaiko/ODAisaku/taikou_201502.html

が覇を競う状況で，日本も地域のヘゲモンとして経済的・国際政治的な影響力を維持・強化しようとしている。ODA自体も，そのための政策の1つになる。まず，新大綱が言うように，「ODAは開発に資する様々な活動の中核として，多様な資金・主体と連携しつつ，様々な力を動員するための触媒，ひいては国際社会の平和と繁栄の確保に資する様々な取り組みを推進するための原動力の一つとしての役割を果たしてゆく。」（大綱「開発協力の目的」）となっている。ありていに言えば，トータルな経済関係維持・推進のためのさまざまな政策手段の1つ（ワン・オブ・ゼム）だ。しかも，多分に主役ではなく，脇役のジュニア・パートナーとなる可能性が高い。たとえば，ある地域と経済連携協定といった互恵的な経済協力の枠組みを作る際に，ODAは日本との間の所得・技術・産業規模等々の格差を埋めるような役割を果たすことができる。

このように認識されるODAのもう1つの変化は，それが日本と政治・経済関係の密接なアジア地域に以前にも増してシフトすることだ。日本ODAが，「国連外交の顔」を見せたときには，日本ODAは「人間の安全保障」重視を標榜してアフリカ・シフトをした。いまも続いているTICADは，その一面だ。しかし，「アジア地域のヘゲモンの顔」が前面に出てくると，当然日本ODAのアジア回帰が起こる。特に東南アジアとその延長線上にある南アジアで，ここでも台頭しつつある中国がODA局面でもライバルになる。そしてまた，アフリカ・シフトからアジア回帰の過程で，日本ODAの焦点は，人間の安全保障や貧困削減からアジア諸国にとっての重要な開発アジェンダである経済成長のための構造改革とインフラ構築へと重点が移る。

このように，1960年代から日本ODAは展開してきたのである。

第3節 日本ODAの理念と政策枠組み

日本ODAの理念

よく言われるように，国の政策策定と決定のプロセスは，あまり綺麗ではない。政治・経済に巣くう，あらゆる種類の利益集団が絡み合って，それぞれの利害を主張・妥協・調整しあいながら，最終的に政策となる，外部から見れば無理難題のまかり通るまことに不条理なプロセスだ。特に途上国に対する開

発援助は，最終的な裨益者が外国だ。しかも，国際的な開発援助は「国際的な公共財」という性格を持っているから，ともすればドナーのフリー・ライディング（負担を減らして，利益を得ようとする行動）の対象になりやすい。世界全体の繁栄が自国の繁栄につながると認識しながら，そのための負担は最小限にとどめようとするわけだ。OECD/DAC が開発援助の国際規格とルールを確立しようと腐心してきたのは，ひとえに個々のドナーの「抜け駆け」やフリー・ライディングを防ぐためだった。

ODA 政策の難しいところは，国民に直接的に見えない外国——ここでは途上国の経済開発と貧困削減——の利益のために，納税者としての国民に政策費用の負担を要請しなければいけないことだ。ともすれば，国内の ODA 政策支持者の関心事は，途上国の開発や貧困削減以外の動因が絡んでいることが多い。その動因の中でも重要なのが国益だが，それをどう定義するか，ODA 政策との関連でどう解釈するかは難しい。

その国益も，ODA 供与国自身の国際政治・経済・社会における「国のあるべき姿」，すなわち自国の理念に深く根差している。まず日本との対比のために，アメリカの場合を考えよう。第 2 次世界大戦後の四半世紀の間，アメリカは世界における最強の覇権国家だった。そして，相対するソ連との冷戦時代を通じて，国際政治・経済・社会・文化のすべての面でそのヘゲモニーを維持・強化することが国益に合致した。アメリカの ODA 政策は，まさにヘゲモニー維持・強化の一政策手段として使われてきた。

1957 年に，マックス・ミリカンと W. W. ロストウは，『提案：効果的な外交政策のための鍵』という小冊子を書いて，アメリカの外国援助の増額を提案した（Milikan and Rostow 1957）。後々まで，ミリカン＝ロストウ・ドクトリンと呼ばれた途上国に対する開発援助推進論だが，「援助は途上国の経済福祉に貢献するばかりでなく，アメリカの国家安全保障を補強する国際外交手段として有用である」という趣旨だ。パックス・アメリカーナを維持・強化するためには，途上国の社会主義化や革命などが起こるのを防止しなければならない。当然，そのためにアメリカは自国の裏庭であるラテンアメリカや，冷戦の前線にあるアジア諸国に，軍事援助をする。しかし，平和に対する脅威が，国家間の紛争よりは，途上国内における社会主義勢力との紛争の多発であるとす

ると，途上国の政治・社会の不安定性の根本原因は途上国自体の経済発展の欠
如と貧困の蔓延にある。だから世界平和（あるいはパックス・アメリカーナ）
のためには，国内の安全保障政策を含む軍事援助だけでは不十分で，開発援助
が欠かせない。要するに，ミリカン＝ロストウ・ドクトリンは，途上国の経
済発展を第一義的な目的とするのではなく，どのようにしてパックス・アメリ
カーナを維持するか，どのようにしてソ連が主導する社会主義陣営との冷戦に
勝ち抜くかについての戦略論・政策論だった。

　興味深いのは，それ以来アメリカのODA戦略が，ミリカン＝ロストウ・
ドクトリンから抜け出せないでいることだ。このドクトリンが出てきた当時の
記録を見ると，アメリカのODAの太宗は冷戦の前線に位置する国々に供与さ
れてきた。また，逆に，アメリカのODAを多く受ける国々は，アメリカ政府
によって冷戦の前線にある国々だと認識されてきたと言える。いわく，中東諸
国やエジプトをはじめとするアフリカ諸国，ソ連との代理戦争に近い内戦や革
命・クーデターが頻発するサブサハラ・アフリカの数か国，ソ連・中国に接し
てドミノの危険がある東南アジアの諸国，等々だ。アメリカの裏庭，ラテンア
メリカにも，キューバの例で明らかなように，冷戦の前線があった。

　この冷戦時代と比較して，では現在の状況はというと，アメリカODAの
10大受け入れ国の統計が如実に示しているように，最近年の記録を見ると，
アフガニスタン，イラク，スーダン，エジプト，パキスタン等のアメリカ自身
のテロリズムとの戦いあるいは内戦や紛争を経験した国が多く見られる。前
線にある諸国は，冷戦時代の前線国ではないが，やはり国際的な平和——アメ
リカではこれがパックス・アメリカーナと認識されている——を乱す原因にな
るような国々がアメリカODAの主要な受け入れ国になっている。ミリカン＝
ロストウ・ドクトリンは，いまだに生きているという証左だ。

　それでは日本の場合はどうか。第2次世界大戦の敗戦国日本には，パック
ス・ニッポニカなどは，実体としても理念としても存在しない。その代わり
に，戦後の日本を導いたのは，「吉田ビジョン」とか「吉田ドクトリン」とで
も呼べる，「貿易立国」，「通商国家」という日本復興の方向性だった。そのビ
ジョンの特長は，第1に経済主義で，国際場裏において政治——特にイデオ
ロギーにもとづく国際政治関係——よりは，経済関係の重視だった。第2の

特長である軽武装や平和主義も経済主義の裏返しと読める。そして、日本の
ODA、あるいはその前身の賠償にしろ輸出促進のための政策金融にしても、
基本的にはすべて世界の諸国との経済関係の維持・拡大・深化を究極的な目的
とするものだった。

　吉田茂は、練達の外交官だ。外交とは、相手国が存在する以上、多分に状況
次第、融通無碍といった機会主義的な判断や政策を必要とする。時には「積
極的な曖昧さ（constructive ambiguity）」が力になることもある。したがって、
先に挙げたミリカン＝ロストウ・ドクトリンのように「吉田ドクトリン」を
書いた文書や演説記録が存在するわけではない。しかし、吉田茂が「いわば
商人的政治観」を持ち、「（国際関係において）力を構成するものとして経済
的なものを考え、軍事力には第二次的な役割しか認めない哲学の持主だった
……」ことは確かだ（高坂 1968, p.68）。彼が志向した第 2 次世界大戦の敗戦
国の 1 つとして、日本のビジョンは通商国家あるいは貿易国家としての日本
だった[13]。

　日本の ODA 政策の基本だった「経済外交の顔」は、「吉田ドクトリン」に
裏付けられていた。しかし、日本経済も世界経済も時代とともに変化する。前
節で見てきたように、その変化の中で、日本の ODA の焦点は第 2 次世界大戦
の負の遺産としての賠償支払い、輸出促進、そして後々には日本産業の主たる
インプットである資源の確保、そしてより広い経済関係の拡張と深化へと、日
本経済のニーズと世界経済の展開にしたがって違った顔を見せてきた。

　そこから、日本 ODA の 2 つの特徴が出てくる。第 1 は、ODA の使途につ
いては、供与国としての日本は受け身の立場をとることだ。これは、しばし
ば「要請主義」という言葉で表されるが、ODA 受け入れ国との関係維持・拡
大・深化を目的とする日本 ODA に適したスタンスだ。日本と途上国との経済
関係は、特に 1980 年代半ばまでは、途上国に日本製品を輸出する、あるいは
日本産業へのインプットとしての資源を確保するというともすれば双方にとっ
て貿易不均衡を助長するような構造的特徴を持っていた。その不均衡を是正す
るために相手国側から ODA 供与の要求が出てきて、日本はそれに受け身の姿

---

[13]　半藤一利は、このビジョンをはっきりと「吉田ドクトリン」と呼んでいる。半藤（2006,
　　p.371）。

第3節　日本ODAの理念と政策枠組み　　　117

勢で答える。相手国政府の要請や要求をベースに日本ODAのプログラムが形成されるのだ。

　日本ODAの究極的な目的が受け入れ国との経済関係強化にあるとすれば，日本側には開発政策や投資計画に関して強い意見があるわけではないので，要請主義は自然だ。それに，相手国は主権国家であるから，要請なしにODA供与ができないのは当然だ。また，現実には要請主義といっても，相手の要請に応じるかどうかは日本側の判断だ。武器輸出等がその極端な例で，そのような要請には応じられないというのが日本側の政策だ。また，受け入れ国側も，開発計画を作り，公共投資計画（Public Investment Program, PIP）等を作っている途上国が多いから，あまり無茶な要請が出てくることはまれだ。

　第2の特徴としては，日本のODAは主として日本との経済関係が量的にも質的にも「濃密な」ところに向けられることだ。必然的に近隣のアジア諸国に対するODA供与が多くなるし，また資源確保の意味合いでは，中東，ラテンアメリカ，アフリカの資源輸出国が主たる受け手になる。一時，アフリカ・シフトがあったが，現在はアジアに回帰している。国際経済学に「重力理論」と称する理論がある。2国間の貿易や直接投資や金融の「量」は，2国のそれぞれの経済的「質量」，すなわち，経済規模（GDP）と，2国間の距離，すなわち運輸等の取引コストによって決まってくるというのがその趣旨だ。日本と経済関係が深い途上国に対して，より多くのODAが配分されるということになれば，日本ODAのアジア集中は容易に理解できるし，またそれは批判されるべきことではない[14]。

　実は，「要請主義」と並んで，しばしば日本ODAの運用方針や配分指針に挙げられる「自助努力」も，ここに述べた受け身の姿勢から出てきたと思われる。自助努力が重要なのは自明だ。経済発展における当事国の他力本願を戒め，かつ援助依存の弊害を説くことに反対する理由はない。また，その精神は，当事国政府の開発政策や開発計画のオーナーシップが不可欠とするパリ宣言（これは次の第5章で議論する）の趣旨にも合致する。

　それにもかかわらず，自助努力をODA政策の指針とするのは難しい。ま

---

[14]　広田（2014）はこのODAの重力理論を実証している。この点については，Kohama (1995), Kohama (2003) も参照。

ず，自助努力をどう判断するか，何を判断基準に使うのかが問題になる。ある国の経済が，自律的な成長経路をたどっているか，その判断にはどのようなパラメーターを使うか。責任ある持続可能な経済運営をしているか，あるいは必要な経済改革を実行しているか等々のワシントン・コンセンサスに盛られたような判断基準を持ち込むのか。あるいはまた，自助努力の判断を，ガバナンスの領域（汚職問題や民主主義体制を含む？）まで広げるのか等々非常に難しい問題が出てくる。

　第2に，自助努力をODA政策の指針とすると，自助努力をしていないと判定された国にはODAを供与しないことになるのか。これまでの開発援助の議論ではこのような「パフォーマンス基準」は，いろいろな形でしばしば出てくる。しかし，ではある種のパフォーマンス基準を満たさない国には，援助を供与しないということになるのか。その場合は，パフォーマンスの悪い国こそ援助を必要としているという反論が常につきまとうし，自助努力を条件として援助をすべしとなると，構造調整政策のようにコンディショナリティが必要ではないかという問題が出てくる。

　さらに第3に，自助努力のようなODA基準は，もともと経済関係の強化を目的とした日本ODAと矛盾する場合が多く出てくるに違いない。いずれにしても，自助努力の概念は，ODA政策の指針とするにはあまりにもあいまいで，それを厳密にしようとすると，それこそ終わりのない論争に陥る可能性がある。レトリックや道徳律を超えたレベルで，日本ODA政策の指針として役立つとは思えない。

　最後に，日本ODAの中に占める円借款の割合は高かったし，純額ベースでは減っているとはいえ依然高い。途上国が元利返済を義務付けられる借款形態のODAは，OECD/DACのODA規準に照らして常に国際的な批判の対象になってきた。譲許性が高い――できれば贈与条件の――ODAが「質の良いODA」で，受け入れ国に債務返済負担を課すような借款形式のODAは，贈与に劣るという批判だ。ただ，一方では，自助努力の観点から借款形式のODAを評価する議論もある。返済義務のある資金だからこそ，受け入れ国は受け入れたODAを効率的・効果的に使うという「援助効果」の議論だ。いわゆるモラルハザード概念を援用した論点だ。

第 3 節　日本 ODA の理念と政策枠組み　　　　119

　しかし，現実には日本 ODA に関する借款対贈与の議論は的外れだ。なぜなら，日本の ODA の主要部分が譲許的な条件の円借款で占められているのは，自助努力といった ODA 理念に由来するものではなく，単に日本 ODA の財政構造基盤が結果したものにすぎないからだ。すなわち，日本 ODA の太宗は従来旧海外経済協力基金（OECF）とその後継機関——国際協力銀行（JBIC）およびさらにその後継機関の国際協力機構（JICA）——を通じて供与されてきた。OECF のそのための原資は，政府一般会計予算からの資金と財政投融資からの借り入れをミックスする形で賄われてきた。もともとの原資の大きな部分が有利子の資金であるから，ODA として途上国に供与されるし資金も有利子とならざるをえない。グラントの方が借款より援助として「優れている」かどうかは別問題だ。ある意味で，円借款形式の ODA は，ODA の財政コストを少なくする効果がある。歴史的に，日本の産業政策（日本政策投資銀行，旧日本開発銀行），輸出・投資支援（国際協力銀行，日本輸出入銀行），インフラストラクチャー（道路公団）等々の財政支援は，財務省が監理する財政投融資特別会計を通じてなされてきた。その財政的基盤は，税収ではなく，政府の郵便組織に付随する郵便貯金や簡易保険の制度を通じて集められた民間資金で，いわば政府が巨大な銀行として機能してきたものだ。その資金を，政府の一般会計からの税収にもとづく資金とミックスして，ODA という譲許性の高い援助資金を捻出してきた（ボックス 6 を参照）。

日本 ODA の政策枠組み

　以上，日本 ODA の展開を論じてきた。その過程で，われわれは日本 ODA に対して寄せられた批判の数々を見てきた。いわく，重商主義的 ODA，アジア偏重，インフラ偏重，贈与対借款云々がその批判だ。これらの批判は，ほとんどすべて OECD/DAC が作り上げた ODA の国際規準に準拠する批判だ。しかし，OECD/DAC は，すでに時代遅れで，現実に即していない。円借款のような返済義務が付いている資金の譲許性を測るには，資金の流入と流出をある一定の割引率で割り引いて，資金の現在価値を求める。その際に，どのような割引率を使うかによって現在価値は大きく変わってくる。OECD/DAC が基準とする割引率は，当初から年率 10% で，世界的な高金利時代から変え

られていない。また，割引率だけでなく，通貨別（たとえばドル建てか円建てか等の）の考慮もされていない。もっとも深刻なのは，OECD/DAC の ODA 規準は，受け入れ国である途上国政府を，あたかも消費者金融を受ける無知な消費者扱いしていることだ。今日の途上国政府の財務担当者は，割引率，債務，通貨等々の ODA 条件の差異を見分けたうえで，ODA 資金の受け入れを判断する能力を十分持っている。そうした意味で，過去に日本 ODA に向けられた批判の数々は的外れだ。

この章では，日本 ODA の展開を議論するのが目的で，日本 ODA の将来の方向性の議論は，世界の ODA の行方を論じた終章に任せたい。しかし，従来多数の論者が日本 ODA の特徴としてきた要請主義と自助努力については，少し言及しておきたい。

まず，要請主義については，その趣旨には賛成しつつも現実の実施面で大いに問題がある。日本政府が定期的に実施している要望調査が，途上国の経済発展のための真のニーズを表しているかというと，それは大いに疑問がある。要望調査は形式的だし，当該政府の統一見解を反映しているかどうかは疑問だ。さらに，日本側の非公式的な働きかけによって，要望調査の結果は左右される。非公式の働きかけは，もちろん日本政府サイドだけでなく，日本の商社をはじめとする民間企業によっても行われる。途上国政府のニーズと要請を見極めるためには，形式的な要望調査に先立って，いろいろなフォーラムやセミナー等々を通じるより密な，かつ広範囲な政策対話が必要だ。その前段階として，各種の調査，分析，政策形成等々の共同作業が必要とされるかもしれない。

自助努力については，その意味と意義をもっと十分に議論しなければならない。まず，自助努力概念の持つオーナーシップは，パリ協定にもあるように，ODA の効率性と効果性を担保する重要な要素だ。そして，ある政策や投資プロジェクトに対して当該途上国政府が十分なオーナーシップを認識しているかどうかは，やはり政策対話を通じて確認する必要がある。自助努力概念のもう1つの重要な側面は，途上国政府のとる開発戦略，政策，投資プログラム・プロジェクトが究極的に途上国の自律的・自立的な発展を助長するかどうかの評価だ。この自助努力の評価こそ，共同研究や政策対話を通じてなされるべきものだろう。

ボックス7　日本のODA大綱と開発協力大綱[15]

　1992年に発表された「政府開発援助大綱(「ODA大綱」)は，ODA政策についての日本政府の初めての政策表明だった。それまでの日本のODAは，国としてあるいは政府としてのODAについての統一見解として表明された政策方針はなく，「人道的配慮」や「相互依存関係の認識」などという普遍的な価値観ではあるが政策運営の指針のための援助理念としてはあまりにも一般的でまた抽象的な概念が政策理念だとされてきた。その理念のもとでの日本の援助は，本文でも述べたとおり，経済外交の顔が前面に出ていた。経済外交という言葉には経済が出てくるから，日本政府で経済を担当する通商産業省(現経済産業省)と国際金融を担当する大蔵省(現財務省)が政策と実施にかかわることになる。外交であるから，外務省も政策と実施に主導的な役割を果たしたい。実施機関もJICAやOECFに分かれている。このように，日本のODA政策は長い間多元的だった。

　しかし，このような多元的外交は国際的にもまた国内的にも，日本のODA政策を不透明にして望ましくない。日本のODAに対する重商主義だとかインフラ偏重とかあるいはアジア主義等という批判も，政府の統一的な開発援助に対する理念，政策そしてそれを実施する組織がないためだとも考えられた。この間に，日本のODA政策に一貫性を持たせるために，援助法を制定すべきだとかあるいは援助庁を作るべきだといった議論がないわけではなかった。しかし，いろいろの省益や既得権益の絡む政府組織の改変は政治的に難しい[16]。ODA大綱は政府機関や政府組織の改変なしに，しかも立法府を巻き込んだ法律制定もなしに，ただ単に閣議決定を経ただけの政府の政策表明によって従来の多元的外交を改めようという試みだった。しかも，最初のODA大綱が発表されたのは1992年だが，それは1990年にイラクがクウェートに侵攻し，翌年初めに湾岸戦争が起こったこととは無関係ではないだろう。日本の国際貢献は主として資金の提供による「小切手外交」だと揶揄され強く内外の批判の対象になったのは，湾岸戦争が契機だったからだ。

　1992年に閣議決定された「政府開発援助大綱(ODA大綱)」は，途上国の貧困削減，環境保全，経済的な離陸のための自助努力を人道主義的な考慮から，また国際

---

[15] http://www.mofa.go.jp/mofaj/gaiko/oda/shiryo/に「旧・政府開発援助大綱(1992年6月閣議決定)」，「政府開発援助大綱(2003年8月閣議決定)」，および「開発協力大綱—平和，繁栄，そして，一人ひとりのより良い未来のために—(2015年2月閣議決定)」の全文が掲載されている。

[16] 草野(2006)は1999年の小泉内閣による政府系金融機関改革(これによって日本輸出入銀行と海外経済協力基金(OECF)が統合し，国際協力銀行(JBIC)が誕生した)をめぐる政治力学をよく描いている。政府組織や機関の改変の難しさがよく理解できる。

社会の相互依存関係の認識にもとづいて支援することを基本理念とするとしている。その基本理念にもとづいて，①環境と開発の両立，②ODA の軍事的使用への回避，③途上国の軍事費や武器製造・輸入を結果的に助長しない，④途上国の民主化促進と市場志向型経済の構築支援，を日本 ODA 政策の原則とすることが表明されている。さらに，ODA 事業の項目として，従来から日本 ODA が重要視してきた人材育成やインフラ整備のほかに，当時国際開発コミュニティの政策アジェンダで重要と考えられていたベーシック・ヒューマン・ニーズ（Basic Human Needs, BHN）や構造調整が挙げられている。日本 ODA 政策に，当時 ODA の国際規範あるいは国際標準と考えられていたものが取り込まれたのだ。

ODA 大綱は 2003 年に改定されている。改定の動機は，ODA 大綱が最初に閣議決定された 1992 年から 10 年がたち国際社会経済にも変化がありまた ODA 政策のアジェンダも変わってきたので，それに対処するためだと考えられている。MDGs を採択した国連のミレニアム・サミットは 2000 年に開催された。この ODA 大綱改定の目玉は，第 1 は ODA と国益の関係だった。改定版大綱では「ODA の目的は，国際社会の平和と発展に貢献し，これを通じて我が国の安全と繁栄の確保に資する」とされているし，また日本が途上国の種々の問題に積極的に取り組むことによって「各国との友好関係や人の交流の増進，国際場裏に置ける我が国の立場の強化等我が国自身にも様々な形で利益をもたらす」し，また貿易等の相互関係がある途上国の安定と発展は「我が国の安全と繁栄を確保し，国民の利益を増進することに深く結びついている」としている。

この改定版 ODA 大綱では，「人間の安全保障」と「平和構築」が新たな視点として加えられた。「人間の安全保障」は，もともと国連開発計画（UNDP）が 1994 年の「人間開発報告書」で発表したもので，人間存在の尊厳にかかわる「飢餓，病気，汚染，麻薬，テロ，民族紛争，社会の崩壊等」から人を守る人間の安全保障の必要性を訴えている。日本の ODA は，人間の安全保障を目的にすべきだというのが改定 ODA 大綱の立場だ。「平和構築」もこの考え方に深くかかわっている。民族紛争等の紛争を終わらせ平和を構築するために，当事国の政府だけでなく国際社会も積極的に関与していくべきだという考えだ。そして，ODA をそのために積極的に使おうというのが ODA 大綱に書かれた日本政府の政策だ。

2003 年改定 ODA 大綱は，日本の ODA 政策を変えたのだろうか。結論的に言えることは，この改定で日本の ODA は「経済外交の顔」から「国連外交の顔」への変貌を遂げたと言える。少なくとも，その変貌を確認したのが改定 ODA 大綱だった。

ODA 大綱はさらに 2015 年に改定された。このたびの改定では，名前自体が ODA 大綱から「開発協力大綱」に変わっている。「開発協力」が途上国の開発を主目的とする政府や政府機関の国際協力活動を指すことには変わりはないが，ODA の

他に民間資金やNGOをはじめさまざまな主体が途上国の開発にかかわっていることから，開発課題へかかわるためにはこれらとの連携と力の結集が必要だ。そのような認識のもとに，ODAではなく開発協力と銘打たれたのだ。さらに，「開発」自体に平和構築やガバナンス，基本的人権の推進，人道支援等を含め，「開発」概念を広くとらえている。

　従来のODA大綱に対比して，開発協力大綱の特徴は日本の国益が前面に出ていることだ。「国際協調主義に基づく積極的平和主義の立場から，開発途上国を含む国際社会と協力して，世界が抱える課題の解決に取り組んでいくことは我が国の国益の確保にとって不可欠となっている」という認識が日本の開発協力のベーシックな動因であるというのである。国益重視の姿勢は，「我が国にとっての戦略的重要性を十分踏まえ」たうえで，「戦略的かつ機動的な外交政策の手段」として開発協力を使えるように開発協力の方針や目標を定めるべきであるとしている。日本が前面に出ているのは，国益確保の観点からだけではない。

　「日本の持つ強みを活かした協力」をするのが開発協力の原則の1つとなっている。日本はアジアで最初の先進国となった経験がある。高度経済成長を成し遂げたし，その過程で人材，知見，先端技術を含む優れた技術や制度を培ってきた。また，人口減少や高齢化への対応，震災復興等の現在の課題からも多くの教訓を得ている。このような「日本の経験と知見，教訓」を開発協力に使う。途上国への開発協力を日本のソフトパワーで裏打ちしようという趣旨だ。

　「開発協力大綱」によって，日本のODA政策の様相はさらに変わってきた。従来の「経済外交の顔」と人間の安全保障などに特徴付けられる「国連外交の顔」に加えて，日本の国益，知見と技術を前面に押し出し，広義の開発課題をカバーする「アジア地域のヘゲモンの顔」が大きく浮かび上がってきたのだ。

第5章　迷走する ODA

第1節　イントロダクション

　ODA の現状を考えると，なぜかローマ神ヤーヌスのイメージが思い浮かぶ。ローマ神話に出てくるヤーヌス神は，日本語では「双面神」と訳されるように，前と後ろの2つの顔を持って，日の出，日の入りをはじめすべての始めと終わりを司り，したがって城門の出入り口の守護神でもあった。現在の ODA も同様に，明るい顔と暗い顔の2つの顔を持っている。

　1991年末のソ連の崩壊とともに，第2次世界大戦後の国際政治に大きく影を落としてきた冷戦は終結した。歴史的には，ODA も資本主義陣営と社会主義陣営の第三世界を取り込もうとする援助競争の側面があったから，冷戦の終結とともに ODA 活動の勢いも削がれるだろうとの予測は，当時としては一般的だった。また，ロシアをはじめとする東ヨーロッパや中央アジアの市場経済体制への移行国も西側の先進国からの公的な資金援助を必要としていたから，従来の途上国に対する ODA をクラウドアウトする心配もあった。

　それにもかかわらず，結果として ODA の増額が実現した。OECD/DAC 統計によると，OECD メンバー国から途上国への ODA の流れは，1990年の754億ドル（2015年価格，米ドル換算）から2015年には1326億ドルと76% 増加している。それは，MDG パラダイムが国連ミレニアム・サミットで国際的に受け入れられたこと，そしてそれを受けて2002年に開かれたモンテレイ会議で，MDG 達成に向けて ODA の増額が決議されたことを反映している。モンテレイ会議までは，ODA 活動に消極的だったアメリカのブッシュ政権が，9.11事件を契機として，世界的なテロとの戦いには世界的な貧困との戦いが

欠かせないという認識のもとで，ODA の活性化に積極的な政策を打ち出した
ことも，ODA 増額に大きく貢献した。ブッシュ大統領（当時）は，2002 年に
ODA 総額を 50% 増額（1 年間 50 億ドルに相当する）という政策を発表し，
同時にその ODA 増額分は新しく創設するミレニアム・チャレンジ・アカウン
ト（Millennium Challenge Account）という特別会計を通じて，これもまた新
しく創設するミレニアム・チャレンジ・コーポレーション（Millennium Chal-
lenge Corporation）という援助機関が管理することとした。そして，この増額
分は，すべて途上国政府が自身のイニシアチブで作る経済成長と貧困削減のた
めのプロジェクトに供与することにした。

　さらにまた，MDGs の最重要目標である途上国における貧困削減は，実は
着々と進んでいるという事実がある。MDGs の第 1 の目標は，途上国の貧困
人口を 1990 年の水準から 2015 年末までに半減することだった。MDGs の達
成度のモニターは世界銀行に託されているが，そのモニタリング・レポートに
よると，途上国全体についてはその目標は十分達成されている[1]。ベンチマー
クの 1990 年に途上国全体の貧困人口は全人口の 43.5% にも上っていたが，そ
れが 2013 年にはすでに 12.6% と大幅な減少になっている。途上国の中でも，
とりわけ問題視されてきたサブサハラ・アフリカ諸国は，MDGs 目標を達成
できない[2]。しかし，サブサハラ・アフリカも，総じて 1970-80 年代の経済停
滞・低成長から脱して，1990-2000 年代には成長に転じ，将来的にも経済見
通しは明るくなっている。

　これが，ODA の明るい顔だ。しかし，もう 1 つ別の顔を忘れてはならな
い。MDG パラダイムのもとでの ODA は，途上国の成長と貧困削減の政策努
力を支援するいわば補助的な役割を超えて，ドナー政府や機関が主役を務める
国際的なアジェンダになってしまった。言ってみれば，ドナーが，国際的な連
帯と人道主義の大義名分のもとに，成長と貧困削減に果たす途上国政府の主役
の座を奪ってしまったのだ。そのうえに，MDG パラダイムは，もともと停滞
気味の ODA を何とかして再活性化しようとする国際的なドナーグループが考

---

[1] World Bank (2016, pp.4, 36 and 46). 2013 年データが最新。
[2] サブサハラ・アフリカに限って言えば，1990 年の貧困人口比率は 54.3% で，2013 年は 41.0%
だった。

え出したことだ。その結果，MDGs という目標だけが独り歩きを始めた。政策としては，目標があれば必ず政策手段がなければならない。また，政策の実施は資金的な裏付けが必要だ。しかし，MDGs の場合には政策手段や予算の議論は皆無だった。これは後で詳しく議論するが，途上国の貧困人口の半減という目的が達成されたのを ODA 増加の成果でだと主張することは難しい。IMF・世界銀行のモニタリング・リポートが認めるように，世界経済の成長，とりわけ中国やインド等のアジアの新興国の成長が一次産品ブームを呼び起こし，それが呼び水になって世界経済の成長が高まり，その結果として途上国の貧困人口が減少したのだ。となると，過去四半世紀の貧困人口の減少を，MDG パラダイムの成果に帰すわけにはいかない。

　MDGs は，主として貧困削減と教育や保健といった社会的発展を目指している。それ自体は大変結構なことだが，目標から外れた開発問題が軽視されるという難点がある。事実，途上国の成長を支えるエネルギー供給や経済活動のロジスティックスを支えるインフラストラクチャーの構築が途上国や国際的なドナーの視野の脇に押しやられた。結果は，現在多くの途上国に見られるインフラ不足だ。電力不足，交通渋滞，港湾設備のキャパシティ不足，等々が，貧困削減の主たる要因である経済成長の足を引っ張っている。MDGs の功罪の「罪」の部分の一例だ。

　では 2015 年後のためには，MDGs をより現実に即したもの——すなわち，経済成長やインフラ構築を重視したもの——に作り替えればそれで良いかというと，ことはそれほど簡単ではない。MDG パラダイムの性格とは別に，そのもとで作り上げられた ODA 体制（いわゆる「援助アーキテクチャー」）にも深刻な問題があるからだ。現在の ODA を支えるのは，世界銀行やアジア開発銀行のような国際開発金融機関（International Financial Institutions, IFIs），主として OECD/DAC 加盟国政府のたとえば日本の JICA やイギリスの DfID（Department for International Development）のような開発援助機関，UNDP（United Nations Development Program）のような国連の諸機関，それにいまや国際的な開発コミュニティにおける一大勢力となった国際 NGO といった多数の機関だ。もちろん，途上国の開発と貧困削減に，多数のしかも性格を異にするステークホルダーがかかわることは望ましいし，また彼らが途上国

の開発を，連帯感と責任感を持って支持しているのは大変結構なことだ。

　しかし，これらの機関が，それぞれ勝手にばらばらな開発支援活動を行ったのでは，それこそ「船頭多くして，船丘に上がる」ことになる。たとえ共通目標は MDGs だという理解があっても，だ。ステークホルダー間の責任分担と調整が必要になってくる。国際的なアジェンダとして MDGs が国連ミレニアム・サミットで採択されてから，多数の国際会議が催された。その中でも注目すべきなのは，OECD/DAC が主宰した 2005 年のハイレベル・フォーラム会合だ。この会合には，ここに列記したステークホルダーの代表が会して，後に「パリ宣言」と呼ばれる宣言を発した。パリ会合に参加した機関の数は 130 に上り，そこで合意されたのは，すべてのステークホルダーは途上国の開発と貧困削減に責任を持ち，途上国政府に対しては支援者という目線からではなく，「開発のパートナー」として対等の立場で開発事業に主体的に参画しなければならない。また，途上国は，開発援助に対して受け身ではなく，一方のパートナーとして主体的にオーナーシップを持って開発援助を受け入れ，開発努力をすべきだという。

　しかし，パリ宣言の論理は倒錯している。パリ宣言の主張をもう少し広い観点から見てみよう。世界の途上国の開発と貧困削減にかかわる MDGs は，100 を優に超える開発援助機関が支持する国際的なアジェンダとなった。そしてパリ会合では，その実現のために国際的なドナー・コミュニティは，開発のパートナーとして連帯感と責任感を持って援助活動を行う。しかし，国際的なドナー・コミュニティだけで MDGs の目標を達成できるわけがない。途上国政府が一方の開発のパートナーで，国際的な援助活動を受け入れたうえで，オーナーシップを持って開発と貧困削減の政策努力をすべきだ。

　この論理によると，途上国政府は，自国の開発と貧困削減の「一方のパートナー」になってしまっている。国際的なドナー・コミュニティが，連帯感を持ってくれるのはありがたいが，究極的には途上国の開発の全責任は途上国政府自体にあって開発援助はあくまでも外部からの支援であるという認識が，パリ宣言には欠けている。その認識なしには，100 を超えるパートナーとの連携や調整は不可能だ。明確な責任分担なしに，すべてのパートナーが MDGs 達成の結果責任を負っているということは，多数のパートナーのどれも最終責任

を負っていないことと同じだ。言ってみれば，パリ宣言の中で目指されている
ODA 体制は，「開発援助アナーキー」とでも呼べる無責任体制だということに
なる。MDGs の目標に向かって「皆で渡れば怖くない」開発と貧困削減の
ODA で，もし結果が思わしくない場合には，その影響をこうむるのは途上国
の国民ということになる。

　現在の ODA の最大の問題は，上に述べた責任体制や役割分担の不明確さに
ある。先に ODA パラダイムの歴史的な変遷を議論したが，MDG パラダイム
が出てくる前の時代には ODA の存在意義は明確だった。ギャップ理論とイン
フラ投資が ODA のドミナントなパラダイムだった時代には，ODA の役割は
途上国に不足している投資資金の供給と開発プロジェクトを通じた技術移転だ
った。構造調整援助のパラダイムでは，国際的なドナー・コミュニティの役割
は，途上国経済の構造改革に際しての過渡期のファイナンスと改革政策技術の
移転だった。では，MDG パラダイムのもとでは，ODA の役割は何か。開発
と貧困削減のパートナーというレトリックだけでは，ODA の存在意義ははっ
きりしない。ODA には当然ファイナンスが伴う。しかし，ファイナンスとい
うことになると，いまや ODA の独壇場ではなくなっていて，国際資本市場や
FDI（多国籍企業による直接投資），さらにまた出稼ぎ労働者の海外送金が，
途上国経済の投資資金不足を補填している。特に FDI の場合には，投資資金
の他に，生産技術や経営資源，さらにまた輸出市場までも途上国に移転して
いる。マルチやバイの開発援助機関では，よく「ファイナンス・プラス」とい
う表現を使う。今日の ODA は，ファイナンスだけではだめで，それに何かプ
ラスするものを途上国に提供できなければ ODA の存在意義はない，という意
味だ。現在の ODA の存在意義をいま一度見直す時期が来ているのかもしれな
い。

　この章では，ここに述べたような問題意識を持って，まず MDG パラダイ
ムとは何かを問い直す。実は MDG パラダイムなるものが，ODA のパラダイ
ムとして存在しうるのかという疑問さえある。第 2 に，ODA 体制の問題を，
「パリ宣言」とそれに続く国際ドナー・コミュニティの動きを追いながら，議
論する。結論的に，アナーキーと無責任体制とも批判される現在の体制を検討
するためだ。そして最後に，現在における ODA の意義をいま一度議論に乗せ

る。ODA の存在意義は失われたのかどうか，ODA は目的喪失に陥っている
かどうか，を検討するためだ。

第 2 節　MDG パラダイム再論

いま一度，MDG パラダイムが現れた時期に，世界経済，とりわけ途上国経
済，援助コミュニティがどのような状況にあったかを振り返ってみよう。まず
世界経済だが，1970 年代と 1980 年代は世界経済にとって低成長の時代だっ
た。世界経済に大きなショックを与えたオイルショックと途上国の債務不履行
はこの時期に起こった。途上国に焦点を絞ると，経済成長を続けるアジアの途
上国を別にして，ラテンアメリカもまたアフリカも低成長に苦しんでいた。特
に経済停滞が著しかったのはサブサハラ・アフリカの諸国だ。世界銀行をはじ
めとする開発援助機関が当時推進してきた，いわゆる構造調整政策は「ワシン
トン・コンセンサス」と揶揄され，途上国経済の構造改革は途上国との間に政
治的な不和をもたらした。構造調整政策自体は，途上国経済の持続可能性，と
りわけ国際収支と財政の持続可能性を回復させる試みだったが，その中身は財
政緊縮と経済の自由化で，少なくとも短期的には国民に経済的な犠牲を強いる
ものだった。

正確に定義することは不可能だが，経済的な持続可能性に対して，「社会的
持続可能性」とも呼べる社会・政治的な概念が考えられるのかもしれない。た
とえば，財政規律を回復するために食糧やエネルギーの価格補助金の削減が
必要になる場合でも，それを実施すると直接的に影響を受ける貧困層が反対し
て，社会不安が生まれる。また，緊縮財政によって不況が到来すれば，そのよ
うな「合理的な」政策に対する国民の反対は強くなる。このように経済運営に
とっては最重要と思われる政策でも，社会と政治が受け入れなければ，実施で
きない。構造調整政策と「ワシントン・コンセンサス」は，社会的持続可能性
の壁に阻まれたのだ[3]。

---

[3]「社会的持続可能性」という概念を使っていないが，このような考え方を主張する論者の中で代表
　的なのはスティグリッツだ（Stiglitz 2002）。充分な社会福祉制度——特に貧困層に対するセー
　フティーネット——なしに，国民生活に悪影響を与える経済政策は，それがたとえ正しく，合理

第 2 節　MDG パラダイム再論　　　　131

　戦後長く続いた冷戦が終結し，アメリカを盟主とする自由主義体制が世界基準となると，それと同時に国際規模でのいくつかの社会運動が起こった[4]。地球環境保全，女性の地位向上（ジェンダー），貧困撲滅，等々がそれだ。特に貧困に関しては，単に経済的な貧困緩和を超えて，貧困層に対して人間としての尊厳と権利を与えようという運動に発展した。貧困と一口で言っても，貧困は多様な側面を持っている。だから，貧困撲滅は，単なる経済的な問題ではないという主張は，1990 年に発刊された UNDP の「人間開発報告書（Human Development Report）」に現れているし，またその報告書の思想的な基礎を提供したアマルティア・センの『自由と経済開発』は，1996 年に当時世界銀行総裁だったジム・ウォルフェンソンに招かれて彼が世界銀行で行った講演を本にしたものだ（UNDP 1990 および Sen 1999）。これらの社会運動を興し，そして主導してきたのは，従来の国際的な開発金融機関（世界銀行やアジア開発銀行）やバイの開発金融機関（アメリカの AID，イギリスの DfID，日本の OECF，JICA 等々）ではなく，国連の経済社会理事会や民間の国際的 NGO 団体（ビル＆メリンダ・ゲイツ財団，OXFAM，IUCN (International Union for Conservation of Nature and Natural Resources)），日本の JANIC (Japan NGO Center for International Cooperation) 等々だ。

　国連が主宰する課題別の国際会議が次々と開かれた。国連加盟国の政府代表ばかりでなく，市民社会の代表としての国際的な NGO も多数参加する大会議だった。これらの大会議は，内容的には国連外交官と NGO の祭典だったと言っても言い過ぎではない。多くの政府首脳が出席した会議を年代順にならべてみると，これらの地球的課題に関しての運動の盛り上がりが理解できる。

―1990 年：タイのジョムチエンで開催された「すべての国民のための教育」

的なものであっても実施できない。なぜなら，その実施が社会不安を引き起こし，政治的な混乱を生じるからだというのがその主張の趣旨だ。この問題は途上国経済に限られているわけではない。現在（2017 年）も進行中のギリシャが EU にとどまるための財政改革をどうするかという政策問題の核心も「社会的持続可能性」の問題だ。（ギリシャについてこのような視点を重視しているのは，Blustein (2016) および Varoufakis (2017)。）

[4]　フランシス・フクヤマは，冷戦の終焉を「歴史の終わり」と呼び，「自由民主主義制度は，人類のイデオロギーの進化過程において終着点かもしれない」と論じた（Fukuyama 1992）。

会議（Jomtien Conference on Education for All）

—1992 年：ブラジルのリオデジャネイロで開かれた「環境と開発」会議（Rio Conference on the Environment and Development）

—1994 年：エジプトのカイロで開かれた「人口と開発」会議（Cairo Conference on Population and Development）

—1995 年：中国の北京郊外で開かれた「女性」会議（Beijing Conference on Women）

—1995 年：デンマークのコペンハーゲンで開かれた「社会開発のための首脳会議」（Copenhagen Summit on Social Development）

　これらの会議はすべて地球課題の解決を訴える宣言で終わっている。その宣言は目に見える成果を努力目標にするものだった[5]。

　MDGs は，このような国際的雰囲気の中で生まれた。そして，その雰囲気を ODA の目標に結びつけたのは先進国クラブ OECD の DAC だった。1996 年に，OECD/DAC は，『21 世紀に向けて：開発協力を通じた貢献』と題した報告書を発表した。報告書自体は，OECD/DAC 加盟国の代表とスタッフが書いたのだが，この年の 5 月の DAC 上級会議で採択されている[6]。この報告書が書かれた動機ははっきりしている。1980 年代は，だれの眼から見ても ODA 停滞の時代だった。しかし，成長を続けるアジアは別にしても，サブサハラ・アフリカやラテンアメリカの経済は停滞し，特にサブサハラ・アフリカと南アジアに顕著な貧困問題の解決には ODA が欠かせない。そこで，ODA の活性化のために何をするべきかを，長期的な観点から考え，政策提言をしたのだ。その中で先進国と途上国双方が共有できる開発のビジョンを持つことが重要で，またそのビジョンは具体的な，できる限り計測可能な目標で示すことが望ましいという結論になった。では，そのような目標はどのように設定すればよいのか。そこで，先に列挙した教育，環境，人口，女性，等々に関する国

---

[5] これらの会議の他にも，規模的にも，また世界の注目を集めるという面でも，ここに列記した会議ほど国際世論にインパクトは与えなかった会議がある。1990 年のニューヨークでの「児童」会議と 1993 年オーストリアのウイーンで開かれた「人権」会議だ。

[6] OECD/DAC (1996), adopted at the Thirty-fourth High Level Meeting of the Development Assistance Committee, held on 6-7 May, 1996.

表 5.1　ミレニアム開発目標（MDGs）

1	極度の貧困と飢餓の撲滅	1990 年を起点として，2015 年までに 1 日 1 ドル未満で生活する貧困人口の人口比率を半減させる
2	普遍的な初等教育の達成	2015 年までにすべての児童が男女の区別なく初等教育の全課程を修了できるようにする
3	ジェンダーの平等推進と女子の地位の向上	2005 年までに初等・中等教育における男女格差を解消し，2015 年までにすべての教育レベルにおける男女格差を解消する
4	乳幼児死亡率の削減	1990 年を起点として，2015 年までに 5 歳未満の乳幼児死亡率を 3 分の 2 減少させる
5	妊産婦の健康改善	1990 年を起点として，2015 年までに妊産婦の死亡率を 4 分の 3 減少させる
6	HIV/AIDS，マラリア，その他の疾病の蔓延防止	2015 年までに HIV/AIDS，マラリア，およびその他の主な疾病の蔓延を阻止し，その後減少させる
7	地球環境の持続可能性の確保	持続可能な開発の原則を各国の政策や戦略に反映させ，環境資源の喪失を阻止し，回復を図る
8	開発のためのグローバル・パートナーシップの推進	開放的な国際貿易と国際金融の制度を作る 最貧国，内陸国および島嶼国に対して特別の配慮をする また途上国の対外債務についても配慮する

連会議の宣言から 21 世紀の最初の 15 年に達成できそうな目標を選んで，これを開発目標とすることにした。

　もちろん，OECD/DAC が作り上げた 21 世紀のための開発目標は，ODA 活性化のためで，だれに向かってのアピールかといえば，それは財政困難を理由に ODA 拠出に乗り気でないドナー政府と納税者であるドナー国の国民に対してだった。

　しかし，このようにして作られた「21 世紀の開発目標」は，国連の場で大々的に取り上げられることになった。2000 年 9 月に開催された，多くの国の首脳を集めた国連ミレニアム・サミットで，国連ミレニアム宣言として採択され，全世界が「ミレニアム開発目標（Millennium Development Goals, MDGs）」という開発目標を共有することになった。冷戦が終わり，しかしまだ新しい国際政治的秩序は生まれておらず，さらにまた途上国の多くが経済停滞と政治的な混乱を経験しているなかで，ミレニアム開発目標が差し示す諸国民の連帯感と人道主義が先進国と同時に途上国にもアピールしたのだろう。

　MDGs が具体的にはどのようなものかは，表 5.1 に要約してある。MDGs

は，8個の大目標（goals）からなるが，それはさらに18個の目標（targets）に分けられている。たとえば，第1目標は貧困削減と飢餓の撲滅で，これは2つの数値目標に分けられる。また，地球環境の保全を目指す第7目標は，①地球環境資源の喪失を阻止するために持続可能性を考慮した政策をとる，②2015年までに安全な水と良い衛生環境を享受する人口の比率を高める，③2020年までに1億人のスラム住民の生活環境を改善する，という3つの目標に分けられる。

　8個の目標のうち，第1目標は貧困人口の削減と食糧供給を問題にしているから，明らかに経済的な政策目標と考えてよい。しかし，第2から第7までの目標は，教育，保健，環境の分野を対象としており，社会的発展の課題を取り扱っている。最後の第8目標は，これら途上国の経済・社会発展の政策目標とは性格を異にしていて，途上国と先進国の関係と国際的な制度の問題だ。そして，この目標の中で，貿易や国際金融，途上国の累積対外債務等の問題の他に，最貧国や内陸国，島嶼国等の問題，さらに途上国の若年失業者問題，途上国に対する医薬品の提供やICT（Information and Communications Technology, 情報通信技術）の提供までも扱われている。

　世界中の国や国民の連帯感と人道主義に裏打ちされたこのような高邁な開発目標を打ち上げるのは，まことに国連に似つかわしい。しかし，これらの目標を，単に「あらまほしき目標」として国際政治のレトリックに終わらせることなく実現可能な政策目標にすべきだとすると，すぐにいくつもの疑問が生じる。

　第1に，これは途上国全体の目標なのか，あるいはすべての途上国がそれぞれ追求すべき目標なのか，という疑問だ。現在100か国以上の途上国があって，それぞれ違った発展段階にある。そのうえ，それぞれの国が置かれた地理的なあるいは地政学的な状況は大きく違っている。先進国の大きなマーケットへのアクセス，天然資源の賦与，気候条件の差異等々の経済的な要因を考えてみればそれは明白だ。目標が途上国の平均的なものだとすると，それぞれの国はどんな目標を建てればよいのか。一方，この目標がすべての国がそれぞれに追求すべき目標であるとすると，目標の現実性に疑いが生じる。

　第2の疑問はもっと深刻だ。ある政策目標を立てた場合，それが実現可能

かどうかはどのような政策手段を想定しているかどうか，それが妥当かどうか
によって決まってくる。政策実施のために資金が必要であれば，予算処置も問
題になる。OECD/DAC の『21 世紀の向けて』においても，また国連の『ミ
レニアム宣言』においても，目標は立てられているが，政策手段の議論は皆無
だ。政策手段の出てこない政策は，政治的なレトリックにすぎない。それが，
バグワティが MDGs を「単なる願望的目標（mere aspirational targets）」と揶
揄を込めて呼んだ理由だ（Bhagwati 2010）。たとえば，第 1 目標の貧困削減目
標を達成する政策手段は何か。まず考えられるのは，経済成長だ。経済成長が
貧困人口を徐々に減らしていったのが，ほとんどの先進国の歴史的な経験だ。
しかし，現在の途上国の場合にもこのような経験則が当てはまるかどうかは
議論のあるところだ。「成長は貧困層にとって良いことだ（Growth is good for
the poor）」といったのはデイビッド・ダラーとクライで，最近の途上国の
経験の国際比較によって，途上国の平均的な姿として，1 人当たり所得の 1%
の経済成長は，貧困層に対してもだいたい 1 人当たり 1% 程度の所得水準の上
昇をもたらしていると結論付けている（Dollar and Kray 2002）。しかし，そ
の後の同様の研究は，この結論を支持するものもあれば，そうでないものもあ
る。要するに計量経済学的な研究では，コンセンサスができていない[7]。

　ではどうするか。「包摂的成長（Inclusive growth）」という言葉が最近よく
使われるが，その意味するところは，経済を構成するすべての階層が裨益する
ような成長パターンを推進すべしという主張だ。そのための政策手段は，労働
市場規制政策や中小企業推進政策，あるいは教育政策等々の構造政策だ。また
さらに，貧困層に対して，より直接的に所得移転を図るセーフティーネット制
度やキャッシュ・トランスファー制度も，政策手段としてのオプションだ。こ
こで，貧困削減目標達成のために，どんな政策手段がもっとも効率的か，ある
いはどのような政策手段のコンビネーションが最適かという議論を尽くすこと
は不可能だ。ただ，MDGs の問題は，このような政策手段の議論が皆無だと
指摘することはできる。

---

[7] David Dollar, Tatjana Kleineberg, and Aart Kraay, "Growth is Still Good For the
Poor", http://www.voxeu.org./article/grwoth-still-good-poor. Dollar, Kleineberg,
and Kraay (2016) も参照。

MDGs を提唱し採択した人たちが考えていたのは，まずアンビシャスだが実現可能性がまったくなくはない目標を打ち立てることにあった。その実現のための手段と予算は，実施上の問題として後で考えればよいという態度をとった。国連の事務局は，その実施上の問題を考えるために，2002 年に「国連ミレニアム・プロジェクト」を立ち上げた。そして，このプロジェクトが，MDGs 達成のための最適な戦略を提案することになった。国連ミレニアム・プロジェクトの総指揮は，国連事務総長コフィ・アナン（当時）の特別顧問の資格を持つジェフリー・サックスがとり，彼のもとに 10 のタスクフォースを作り，総勢 250 人以上の国際的な専門家が従事する。その結果は，総括報告書の他に，それぞれのタスクフォース報告書としてまとめ，それをコフィ・アナン国連事務総長と国連諸機関の開発担当としてマーク・マカロック UNDP事務局長（当時）に報告する。資金的には，UNDP にミレニアム信託基金を作り，いくつかの政府をはじめ，フォード財団やロックフェラー財団，ビル＆メリンダ・ゲイツ財団等々の寄付金で，この大規模プロジェクトを賄った。ミレニアム・プロジェクトの報告書は，2005 年に発表されているが，13 の個別のタスクフォース報告書と総括報告書『開発投資：MDGs 達成のための実践的計画』と題された報告書からなっており，総ページ数実に 2,700 ページを超える膨大な報告書だ[8]。

MDGs が目指しているのは，貧困のない世界だ。だとすれば，当然貧困の現状を知り，それを分析し，そして解決方法を見出し，それを組み合わせて解決の戦略と計画を作らなければならない。ミレニアム・プロジェクト報告書がいくら膨大でも，それだけのことを 8 個の大目標についてできるわけはなく，2,700 を超えるページのほとんどは，実は現状把握とその分析に費やされている。それでも，総括報告書からは，サックスに率いられたグループの基本的な考え方が忖度できる。

途上国は 150 以上あり，それぞれが特有の「地理と歴史」から起こる問題

---

[8] UNDP (2005). 別に Overview, Hunger, Education, Gender Equality, Child Health and Maternal Health, HIV/AIDS, Malaria, Tuberculosis, Access to Essential Medicines, Water and Sanitation, Improving the Lives of Slum Dwellers, Environmental Sustainability, Science, Technology and Innovation, Trade の 14 巻がある。

や課題を抱えているから，当然のことにすべての途上国に当てはまるような
貧困の原因や解決策があるわけではない。しかし，一般的には貧困の原因——
なぜMDGsが達成されていないのかという理由——は，4種類に帰着できる。
第1には，ガバナンスの欠如だ。ガバナンスの欠如は，国民の利益を優先す
る政治指導者がいないために政府が政府として機能不全に陥っている状態だ。
それが原因で起こるのは，政府の腐敗であり，経済政策の失敗であり，そして
基本的人権の無視だ。第2は，「貧困の罠」だ。これについては，この後で議
論をする。第3は，地域格差だ。国の一部が発展していても，その他の地域
に貧困のポケットが存在する。たとえば，中国の西部，メキシコの南部，ブラ
ジルの東北部，インドのガンジス川流域等だ。未開発の原因は，主として地理
的なものだ。第4は，ガバナンスが全体的には十分でも，ある特定の政策が
欠如している場合がある。典型的な例は，環境保全政策の欠如やジェンダーの
平等性を保障する政策が機能していない場合だ。

　報告書のこの現状分析は，貧困は経済成長の停滞が根本的な原因で，さらに
その原因はそれぞれの国によって違ってくる，というミレニアム・プロジェク
ト・ディレクターのジェフリー・サックスの考えを色濃く反映している。貧困
の多元論だ。しかし，サックスがその他の著書で展開した議論と同じく，ミレ
ニアム・プロジェクト報告書もまた，「貧困の罠」を強く意識している。長い
間経済が停滞し，極端な貧困状況が見られるサブサハラ・アフリカの多数国を
念頭に置いているためだと思われる。貧困の罠の考え方は，すでに1950年の
開発経済学の黎明期に唱えられた古い理論だ。単純化すると，経済成長のため
には資本蓄積が不可欠だが，そのためには投資が必要だ。その投資も広く人的
資本への投資や，政府による経済インフラストラクチャーへの投資を含む。と
ころが，所得水準が極端に低いと，貯蓄率は低いうえに政府の税収も低く，イ
ンフラ整備も進まず，投資をしても十分な収益を期待できない。このようない
わば低位の均衡状態にある経済を貧困の罠にはまったというのだ。貧困の罠に
はまると，低所得→低貯蓄→低投資→低成長→低所得という悪循環が繰り返さ
れる[9]。

---

[9] UNDP (2005), Chapter 3, "Why the world is falling short of the Goals". 同様の主張
は，Sachs (2005), Chapter 3, "Why some countries fail to thrive" で議論されている。

ではどうして貧困の罠から抜け出すか。悪循環に外部からショックを与えて、低位の均衡を破ればよい。そのために、外部資本を導入して大規模な投資をする、しかも投資収益が期待できるように、インフラをはじめ広範な分野に同時的に投資を行う。そうすることによって、低所得ゆえに狭隘な国内市場における需要も喚起できるからだ。このような外部からの刺激は、「ビッグプッシュ」と呼ばれ、これもまた貧困の罠と同じく、1950年代から存在する政策概念だ。国際社会と協働して、従来考えられなかった規模での大規模投資を、数十年にわたって貧困の罠にはまった国に投入し続けることによって、これらの国は貧困の罠から脱出できる——これがサックスの主張であり、報告書の主張だ。このためにはODA資金量の飛躍的な増大が必要とされる。

では、どのようにしてビッグプッシュを計画し、実施するのか。報告書はこの点について、次のように主張する。先にも述べたように、貧困の原因は多元的で、それぞれの国に特有な事情もある。したがって、MDGsの達成のためには、それぞれの国が、MDGs達成のための「貧困削減戦略（Poverty Reduction Strategy）」を作るべきだ。この戦略を作るに際して重要なのは、従来の開発計画とは違って、まずMDGsをゴールとして、それを達成するために必要な条件と政策を割り出し、それをベースに10年のフレームワーク計画を作成する。そのうえで、3〜5年を期間とするより詳細な計画を作り、それを中期公共支出計画に連動させる。いずれにしても、国別のMDGs達成計画を作るプロセスで、政策目標と政策手段を特定して、達成に必要な政策とファイナンスを考えるのだ。

もう一点重要なポイントがある。それは、報告書が途上国に推奨するMDGs戦略作成プロセスについてで、そのプロセスは包括的なうえにすべてのステークホルダーにオープンで、それらステークホルダーたちとの協議にもとづくもの（transparent, integrated and consultative process）でなければならない、という点だ（Sachs 2005, Chapter 2, "Country-level processes to achieve the Millennium Development Goals", pp.61-62）。当該政府がチェアマンを務めるMDGs戦略グループが設立され、また、MDGsが目標とするのは複数

さらに、最近のSachs (2015), Chapter 4, Section 1, "The Idea of Clinical Economics" も同様の議論を展開している。

の目標だし，いくつかの教育とか保健のようにいくつかのセクターが入って
くるので，戦略グループのもとに，いくつかの課題別のワーキング・グルー
プも作られなければならない。これらにかかわるステークホルダーたちとは
だれかといえば，当該政府の省庁や各種の政府機関（たとえば，中央銀行や
開発銀行等々）の他に，ドナー政府の代表，「開発のパートナー」と称する国
際的なマルチやバイの援助機関，当該国の NGO 等の市民グループや国際的
な NGO（INGO と呼ばれる）等々だ。また，他部門をカバーする 10 年のフ
レームワーク計画策定は，テクニカルな作業を含むから，国連の諸機関（たと
えば，FAO，UNICEF，WHO 等々）の他に国際的な開発機関（IMF，世銀
グループ，アフリカ開発銀行のような地域開発金融機関）は，政府の要請に応
えてテクニカルなアドバイスを提供することが期待される。

　さてこのように書くと，ここで推奨されている MDGs 戦略策定のプロセス
は，秩序だったスムースな戦略策定と政策作りとファイナンスに関する，ス
テークホルダーの協働プロセスのように見えるかもしれない。しかし，このよ
うなプロセスを実地に実行することがいかに難しいか，ほとんど不可能である
か，またその困難性を考えると，最終的にはほとんど無意味なプロセスである
ことが理解される必要がある。このような政策プロセスにおける権限と責任体
制はどうなるのか。さらに，このようなプロセスは，現実の世界を離れた「終
わりのない，巨大な討論会」となってしまう。それが典型的に現れているの
が，国連ミレニアム・サミットのフォローアップとして 2005 年にパリで開催
された援助の有効性に関する OECD/DAC のハイレベル・フォーラムとそこ
で採択された「援助効果に関するパリ宣言」だ。これを次の節で議論する。

第 3 節　「パリ宣言」：開発主体と援助体制
（いわゆる「援助アーキテクチャー」）

　ここに述べた MDGs 自体の性格とは別に，MDG パラダイムのもとで作り
上げられた ODA 体制（いわゆる「援助アーキテクチャー」）にも深刻な問題
がある。国連の MDG サミットが MDGs を国際的なアジェンダとして採用し
た後で，MDGs 達成のために ODA の増額を検討したのがモンテレイ会議だ。

2002 年にメキシコのモンテレイで開催された国連の開発資金国際会議で，世界の ODA 総額を飛躍的に増大させようという野心的な試みだった。

さらに，その後 2005 年になって，先進国，途上国，国際機関の代表が，OECD/DAC のフォーラムで「援助効果にかかるパリ宣言」を発表した[10]。このパリ宣言には「オーナーシップ，調和化，アラインメント，結果，相互説明責任」というサブタイトルがついているが，この言葉の羅列だけでは何のことか理解不能だ。「援助効果にかかる云々」というタイトルなので，比較的技術的な，ODA を効果的にするためのドナー側と受け入れ側の合意かと思われるかもしれない。しかし，実はこの宣言は大変野心的な，理想的な，しかし実現不可能な ODA 体制の構築を目指している。

われわれがパリ宣言に読み込むのは，次のような途上国開発とそのための国際援助に関する考え方だ。第 1 に，途上国の貧困削減は，すべてのステークホルダーの課題であり責任だ。ここで言うステークホルダーとは，途上国政府をはじめ，途上国で活動する市民社会団体（NGO），開発援助の提供側である OECD/DAC 加盟国政府，そして先進国サイドから途上国の貧困削減に携わる国際的な市民社会組織（NGO）をすべて含んでいることはすでに述べた。世界銀行をはじめ数多くある国際機関が，ステークホルダーの範疇に入ることは言うまでもない。現実に，パリ宣言に参加を表明した国と団体の数は 130 を上回り，日本からは，日本政府の他に，国際協力のための日本 NGO センター（JANIC）が参加している。この 130 以上に上る開発関係機関とその下部機関の貧困削減のための活動に対して，共通の合意された規範を作り上げようという壮大な構想だ。

第 2 に，MDGs 実現は，この文書では「開発のパートナー」と呼ばれている途上国政府と「ドナー」と総称される ODA 供与側の両方ともが責任を持つ達成目標とされている。たしかにパートナーとドナーの責任範囲は違うし，責任分担も明示的に示されている。重要なのは成果に対する連帯責任で，言ってみれば途上国の貧困削減が世界的な連帯感（solidarity）の基礎の上に立つとされている。

---

[10] OECD/DAC (2005). 国際協力銀行による和訳『援助効果にかかるパリ宣言：オーナーシップ，調和化，アラインメント，結果，相互説明責任』がある。

第3節 「パリ宣言」：開発主体と援助体制（いわゆる「援助アーキテクチャー」） 141

　この宣言にある連帯感にもとづく連帯責任が，国際会議の宣言に見られるレトリック以上のものだとすると，パリ宣言が示唆するODAは，援助や協力といった概念を超えた範疇に属するように思われる。主権国家の群れで構成される現実の国際社会で，このような考え方やそれにもとづく規範が実現可能なのかどうかには，大いに疑問がある。しかし，このようなODA体制が結果としてもたらすものは，「皆で渡れば怖くない」的な無責任体制だ。すべてのステークホルダーが責任を持つということは，だれも最終的な責任を負わないことだ。そしてその結果を甘受しなければならないのは，途上国の国民だ。

　パリ宣言における途上国政府の役割をもう一度見てみよう。宣言で「パートナー」と称される当該途上国政府は，開発戦略と開発政策の策定にリーダーシップを発揮するとなっている。すなわち，戦略や政策は実はすべてのステークホルダーとの協議のプロセスを経て作られるのだが，そこでリーダーシップを発揮する義務がある。共同作業のリーダーになるべきだというのだ。そして，開発戦略に沿った形の中期予算を作り上げ，その実施をモニターして，成果を評価する。ドナーの資金面あるいは技術面での協力は，その成果に関連付けられる。また，開発政策の策定に関しては，当該途上国政府はすべてのステークホルダーの意見と影響を尊重する「参加型アプローチ」をとるべきだし，また予算における議会の役割を強化すべきとなっている。

　このように，開発計画策定と実施の過程でドナー側との協議が要請されるし，結果については共同でモニターと評価をすることが規定されている。そのうえで，ドナーは該当途上国政府に対する援助活動に，パートナーの政策に合った援助を，パートナーの予算制度や会計制度等に則って供与する。ただし，パートナーの予算制度や会計制度が使われるのは，国としての公共財政管理制度の改善が前提になる。これがパリ宣言のサブタイトルである「オーナーシップ」と「アラインメント」の意味だ。

　パリ宣言のサブタイトルの「結果」は何を意味するか。近年，すべての公共政策や公的支出をその成果で評価しようという政策志向がある。主たる財源を先進国の国家予算からの出資に依存するODAもその例外ではない。ODAの場合には，直接目に見える国益にかかわらないという理由で，特に成果の説明責任が重要視される。パリ宣言でも，パートナー，ドナー両方の説明責任が明

記され，パートナーごとに計測され，国際的にモニターされる「進捗計測指標（Indicators of Progress）」がパリ宣言のすべての項目について 2 ページにわたって規定されている（OECD/DAC 2005, Para.50）。

パリ宣言の後にも，2008 年のガーナ・アクラのハイレベル会合で，「アクラ行動アジェンダ（Accra Agenda for Action）」が発表され，また 2011 年には韓国・釜山で「効果的な開発協力のための釜山パートナーシップ」が出された。アクラ・アジェンダは，パートナーとドナーとの開発政策に関する対話を強化するとともに，その対話にできる限り多数のステークホルダーを参加させようという提言が中心になっているし，また後者は，パートナーとドナーの政策対話を，援助効果という制限的な概念から，効果的な開発というより広い問題に広げるべきことを強調している（OECD/DAC 2008 および OECD/DAC 2011）。

パリ宣言のタイトル「援助効果にかかる……」が示すように，OECD/DAC の最大の関心事は，援助条件であり，援助効果だった。援助条件については，途上国の資金源である ODA のコストを最小に抑える努力を OECD/DAC の重要な使命の 1 つとしてきた。ODA を定義し，贈与比率を上げ，そして調達先をドナー国に制限しないアンタイイング（ひも付き援助の廃止）を目標としてきたのも，途上国に対する援助のコストを削減するためだった。援助コストには，借款の場合の返済期間や金利，返済通貨，等々の金融的なコストの他に，贈与や借款案件の交渉プロセスやいわゆるコンディショナリティも含まれる。そう考えると，パリ宣言（とアクラ・アジェンダや釜山合意）でドナーとの間で合意した ODA のプロセスを実施した場合の途上国政府にかかる行政コストは，大きな負担になる。パートナーはまず貧困削減戦略を戦略を立て，それを開発計画や中期の支出枠組みに落とし込み，そのうえで年間予算を作成する。そのうえで，開発政策や ODA の成果を計測するフレームワークを作らなければならない。さらにまた，ODA 受け入れに当該国の予算執行，調達等々の制度的な手続きを使うとすると，公共財政管理制度の強化・改善が必要になる。そして，これらすべてについてドナー側のステークホルダーと事前事後の協議をしなければならないからだ。

ほとんどの途上国は，「開発パートナーシップ・グループ」（もともと「援助

第 3 節 「パリ宣言」：開発主体と援助体制（いわゆる「援助アーキテクチャー」）　143

国グループ」と呼ばれていた）を持っている。そのグループのもとに，開発課題毎のワーキング・グループが設立されている。ODA 依存の高い，たとえばカンボジアのような国の場合，マクロ経済政策，ガバナンス制度等から農水産業や金融制度等々まで，実に数十のワーキング・グループが存在する。政府は，これらすべての協議で，自国の政策方針や実績まで報告し，協議しなければならない。しかも，これらの協議がすべてのステークホルダーに開放されている。それに，マルチ，バイの開発援助機関は，年間少なくとも数十のミッションを送り込んでくるから，これらにも政府は対応しなければならない。さらに問題なのは，ODA 資金の供与が，従来の開発プロジェクトやプログラムを通じて行われることだ。これらのプロジェクトやプログラムの数は，ドナーの数が多くなればなるほど大きくなるし，一プロジェクトの資金規模は小さい。プロジェクトの準備から事後評価までの行政コストは実に膨大だ。これらに対応する政府の負担を考えただけでも，ODA 受け入れのための「取引コスト（transaction cost）」は，相当に過大なものになる。

　結果としては，ODA の取引コストが過大になるばかりではない。ミレニアム・プロジェクト報告書や「パリ宣言」が意味する作業を実施しようとすれば，途上国政府の希少な政策担当者の時間と勢力の大半をステークホルダーたちとの協議やその準備に使わなくてはならない。しかも，自国の発展のために当該途上国政府が策定するべき開発戦略や政策の枠組みまでもドナーとの「国際的な合意」にもとづくものを使い，実施のモニタリングや評価までドナーやその他のステークホルダーとの共同作業となると，感覚的には「途上国というのは，ある種の人たちの想像上の世界政府の，一地方政府にすぎないのか」とさえ疑いたくなる。国外のステークホルダーとの協議や協働は，途上国政府の政策担当者にとって，主体性と主権の一部放棄に等しいと感じられるからだ。

　そればかりではない。国連と国連の諸機関の人たちと「国際開発外交官」，それに国際 NGO の人たちは，マラソンのように延々と続く会議をし，会議内容を書き連らねた議事録や報告書を積み上げて，それが成果だと考えているのかもしれない。昔は，世界銀行等のブレトンウッズ機関の人間は，目に見える仕事——発電所を作る，橋を造る，トウモロコシの増産を考える——を誇りに思っていたが，ウォルフェンソンの時代から「国連機関化」してしまった。開

発の現場にいる人間にとっては，現実の経済から遊離した「国連外交官，開発外交官と国際 NGO 人間の饗宴＝狂宴」が途上国の経済発展と貧困削減に本当に役立っているのか，しばしば疑問に感じられるのは当然だ。

第4節　ODA の現状：機能不全に陥った ODA 体制

MDG パラダイムの成果

　MDGs という途上国開発戦略と「パリ宣言」に象徴的に現れた ODA 体制を反省すると，ODA の現状がよくわかる。そして，そこにわれわれが目にするのは，機能不全に陥った ODA の現状だ。

　まず MDG パラダイムだが，これについて多くの人たちがマラソンのような議論をやり，膨大な量の紙が費やされたのは皆よく知っている。しかし，何か目に見えるようなことが起こったのだろうか。もちろん，途上国のいくつかで，MDGs を実現するためと称して何百ページにもなる「戦略」や「計画」文書が書かれた。しかし，橋梁やハイウエーや発電所，あるいは目に見える形で人々の生活水準が上がったかというと，そうではない。先にも述べたように，多くの途上国で 1990 年代と 2000 年代を通じて経済成長率の加速があった。特に，永い間停滞していたサブサハラ・アフリカの経済は，成長に転じ，貧困層人口は減少した。しかし，残念ながらその経済成長の成果を MDGs 戦略の成果だと主張するわけにはいかない。それは，多分に，世界経済（特に中国やインドなどの新興市場経済）の成長が引き起こした一次産品に対する需要増加の結果としての一次産品価格の高騰の貢献が大きいからだ。そして，それはさらに，MDG パラダイムとは単なる希望的目標の列記で，達成のための戦略や政策手段を欠く，公共政策ガイドとしては欠陥品である MDGs 批判につながる。

　唯一 MDG パラダイムにしたがって作られたプログラムは，UNDP の「ミレニアム・プロジェクト」のディレクターを務めたジェフリー・サックスを中心に，ニューヨークにあるコロンビア大学の「アース（地球）・インスティテュート」，UNDP，それにミレニアム・プロジェクト関係者が作った NGO「ミレニアム・プロミス（Millennium Promise）」の共同作業として始められた

第 4 節　ODA の現状：機能不全に陥った ODA 体制　　　145

「ミレニアム村落総合開発プロジェクト」（ボックス 8 参照）だけだ。

 ボックス 8　ミレニアム村落総合開発プロジェクト・プロファイル[11)]

プロジェクトの背景と目的：サブサハラ・アフリカの 10 か国を選び，それらの国の「飢餓地域（Hunger spots）」に 14 の村落クラスターを決め，MDG パラダイムの考えに沿った村落総合開発を実施する。サブサハラ・アフリカには，地理や気候条件が違った地域があるので，なるべく多様な特徴を持った地域を選ぶ。このプロジェクトの目的は，MDG パラダイムが貧困地域の開発に有効であること，特に複数のセクターに同時的に働きかける総合開発が有効であること，「ビッグプッシュ」的な援助が効果的であること，さらにこのプロジェクトをパイロットとして，成功の暁には，多くの途上国で全国展開をする先駆けにすること，にある。

ミレニアム村落総合開発プロジェクト（**Millennium Villages Project**）：エチオピア，ガーナ，ケニア，マラウィ，マリ，ナイジェリア，ルアンダ，セネガル，タンザニア，ウガンダの 10 か国の貧困層が多い地域に 14 の村落クラスターを選び，その地域の住民（総人口約 50 万人）を対象に，保健，栄養，貧困削減，特定疾病対策，飲料水供給等々の多部門をカバーする総合開発計画を作り，実施する。多部門をカバーする総合開発アプローチをとるのは，そうすることによって部門間のシナジーを引き出すため（たとえば，保健の改善が，教育や農業生産の向上に役立つ）で，中核にアジア諸国の「緑の革命」をアフリカでも起こすような事業があることが望ましい。プロジェクトは，2015 年までの 10 年計画とし，プロジェクト内容は地域の特性にもとづいて，短期で目に見える成果があがる可能性のあるものにする。村落クラスターにおけるプロジェクトの実施は，すべてローカル人材によって行われる。したがって，プロジェクトはまたキャパシティービルディングの側面も併せ持つ。

プロジェクト・コストとファイナンス：プロジェクトの予算は，住民 1 人当たり年 120 ドル程度とする。そのうちの半分にあたる 60 ドルをプロジェクトからの支出とし，残りは村落クラスターの自己負担（10 ドル），当該政府予算（30 ドル），プロジェクトに参加する NGO（20 ドル）がファイナンスする。プロジェクト予算自体

[11)] このプロジェクトに関する情報は，Millennium Villages Project のウェブサイト，http://millenniumvillages.org/the-villages から得られる。また，Sachs (2015), Chapter 5, V. "Designing Practical Interventions — The Case of the Millennium Villages" を参照。

は，UNDP とミレニアム・プロミスに対する寄付（たとえばソロス財団）によって賄う。

では，ミレニアム村落総合開発プロジェクトはどのような成果をあげたのか。このプロジェクトは，10 年プロジェクトだから，総括的な評価は，2015 年に行われることになっている。しかし，中間的な結果に関する個々のクラスターにおける開発成果は，アース・インスティテュートとミレニアム・プロミスの共同責任のもとに『アフリカ農村部における開発の成果：ミレニアム村落総合開発プロジェクトの 3 年間の記録』として発表されている[12]。この報告では，最初に着手されたガーナ，ケニア，マラウィ，ナイジェリア，ウガンダの 5 つのクラスターの最初の 3 年間の結果が報告されている。プロジェクト開始前のベースライン水準と比較して，3 年間のうちにトウモロコシのヘクタール当たり収量は 1.5 トンから 4.3 トンに，マラリア感染率は人口の 24% から 10% に，また安全な飲料水へのアクセスは，20% から 72% へと，驚異的な成果をあげたとの報告だ。

しかし，この報告書で報告された驚異的な成果については，各方面から厳しい批判が寄せられており，報告された成果をそのまま信用すべきかどうかは疑わしい。まず，ベースラインからの変化が，たとえ正確に記録されていたとしても，単純な「ビフォー・アンド・アフター」の比較では，プロジェクトとプロジェクト成果の因果関係がわからないという批判がある。たとえば，3 年間でトウモロコシのヘクタール当たり生産量が 3 倍近くの増収になったのは，ケニアのサウリと呼ばれる村落クラスターで起こったことだが，ちょうどその

---

[12] The Earth Institute, Columbia University and Millennium Promise, *Harvests of Development in Rural Africa*, undated, http://millenniumvillages.org 上に述べた総括的な評価作業は，2015 年に実施され，2016 年に公表されることになっていたが，2017 年 7 月現在の時点では，未公表となっている。ミレニアム・プロミスの Annual Report on the Millennium Village Project は，2014 年版が 2015 年に発表された。しかし，Annual Report は，活動記録で，プロジェクトの評価はしていない。

第4節　ODA の現状：機能不全に陥った ODA 体制　　　147

頃ケニア経済はブーム期で，経済全般に生産活動は活発化していたこと，また
ミレニアム村落総合開発プロジェクトが始まる直前までケニアのこの地域では
雨量が例年より少なく，2005 年にようやく天候に恵まれたこと，を無視する
わけにはいかない[13]。

　本当にミレニアム村落総合開発プロジェクトは，大きな成果をもたらしたの
か。最終的な答えは，ジェフリー・サックスが約束したように，現時点では未
公表の 2015 年の最終報告を待たなければならない。しかし，これまでこのプ
ロジェクトをめぐって戦わされてきた議論を見ると，報告された「成果」を額
面どおりにとることは難しい。何よりも，この期間の経済成長に引き起こされ
た変化とプロジェクトによる変化を区別して考えなければならない。プロジ
ェクトよりも，経済成長の加速が成果に大きく影響している可能性があるか
らだ。そうだとすると，MDGs 目標達成には，この種のプロジェクトよりも
全般的な経済成長の加速の方が有効かもしれないからだ。さらに，村落クラス
ターにおけるプロジェクト実施はたしかにローカルの人材だけで実施されてい
るが，実は事前調査やプロジェクト審査や進捗状況の報告等々について，プロ
ジェクト実施本部に膨大な経費をかけている。しかも，より大きな問題は，裨
益者 1 人当たり年 120 ドルのサポートが終了した後で，開発事業はどうなる
かだ。想定されているように，ミレニアム村落はそのあとで自律的な成長を続
けるのか，それともプロジェクトが立ち上げた学校や保健所それに水道システ
ム等々は，外部からの資金援助が途絶えた後は，メンテナンスもされずに，機
能不全と崩壊の途をたどるのか。

　ジェフリー・サックスの「追っかけ」だったニーナ・マンクは，サックスの
足跡をたどり，いくつかのミレニアム村落総合開発プロジェクトを訪れ，プロ
ジェクトにかかわる人たちをインタビューした。そして，プロジェクトの実施
に携わるプロフェショナルやボランティアの熱意とコミットメントに感銘を受

---

[13]　Fisman and Miguel (2008, pp.201-202) を参照。共著者のカリフォルニア大学バークレー校
　の Edward Miguel は，ミレニアム村落総合開発プロジェクトの方法論の代表的な批判者。さ
　らに，ワシントン DC のシンクタンク Center for Global Development の Senior Fellow，
　Michael Clemens は，やはり評価方法の決定的な欠陥によって，ミレニアム村落総合開発プロ
　ジェクトの成果報告は信頼できないと結論付けている。Clemens (2012)，さらに，Clemens
　and Demombynes (2011) を参照。

けると同時に，そしてまた資金の流入が村落クラスターの経済を変貌させるさまに驚くと同時に，資金の流入が停止したとたんに，それまでの活況が消え，努力の結晶が雲散霧消していくさまを『理想主義者：ジェフリー・サックスと貧困撲滅を目指して』というルポルタージュに描いている[14]。

先に述べたように，ミレニアム村落総合開発プロジェクトの評価は，2015年に予定されていた最終評価作業の公表を待たなければならない。しかし，その結果いかんにかかわらず，ミレニアム村落総合開発プロジェクトについて懐疑的な見方が強くなっていることは確かだ。このプロジェクトがいわば，MDGパラダイムから生まれ出たものであるとすれば，その成果が否定的であることはMDGパラダイムそのものを否定することにならないか。しかし，世の中はそのように論理的に動いているわけではなさそうだ。

MDGsの期限である2015年に入って，ポスト2015年の議論がODA関係者の間で戦わされた。この議論に参加するに際して，すべてのODA関係者は苦渋の選択を迫られた。ある意味では，踏絵の前に立たされているといってもよいかもしれない。一方では，「100%でないにしてもMDGsの目標はおおむね達成された。MDGパラダイムは正しかったのだ。だから2015年後も同じような運動を続けよう」というMDGs継続路線を選択することもできる。「MDGsフェスタ（MDGs祭り）」を続けようと主張するグループがいて，ODA関係者の大多数を占める。他方，MDGパラダイムには，国際的なアジェンダあるいは国際的な開発政策・援助政策として根本的な欠陥があると主張するのは，時流から外れた異端の意見（not politically correct）と世間から思われる危険がある。

SDGsの展開

国連は，2014年12月に，それまでに国連事務総長が任命した賢人グループや作業部会が行ってきた世界のODA関係者との協議結果にもとづいて，『2030年までに人間の尊厳を達成する道程：貧困を撲滅し，すべての人の生活を変え，地球を守る―ポスト2015年の持続可能な開発アジェンダに関する

---

[14] Munk (2013). ニーナ・マンクは，「バニティー・フェアー（Vanity Fair）」というニューヨークの雑誌の編集長。

事務総長の総括報告』と題するレポートを発表した（Secretary-General of the United Nations 2014）。この報告書が書かれた経緯は，前代未聞のオープンで世界中のあらゆる意見をカバーしたもので，世界中のだれでも意見を申し述べることのできるプロセスだったという。実際，7万人以上の人の意見が集約されたものだという。

報告書の主張は，ポスト2015年の開発アジェンダとして，MDGsに代わってSDGs，すなわち「持続可能な開発目標」を設定すべしだ。SDGs自体は，国連総会に設けられたオープン・ワーキング・グループ，すなわちだれでも参加できる作業部会がまとめたもので，17の目標（ゴール）と実に169個に上る達成数値目標（ターゲット）からなっている。SDGsは，MDGsの進化したものということができる。第1に，SDGsの中核はMDGsと同じ目標だが，目標値はさらにアンビシャスになっている。たとえば，1日1.25ドルの貧困線の下にくる貧困層は，2030年までにゼロにする——すなわち完全な貧困撲滅を目指している。

第2に，MDGsについて寄せられた批判をとり入れて，目標を拡大している。MDGsに対して出された批判で，もっとも厳しいものは，MDGsが全体として途上国の経済成長を軽視している，というものだった。今日途上国経済の多くが直面しているインフラストラクチャーの不備，特に経済活動のロジスティックを支える港湾，道路等々，さらに工業化に欠かせない電力供給等々はある意味ではMDGsの視野には入っていなかった。MDGsの達成の政策手段としても，経済成長は有効だったにもかかわらず，だ。SDGsは，世界経済の繁栄のために経済成長が必須であることを認めて，包摂的かつ社会を変革させる経済（"inclusive and transformative economy"）を目標に組み込んでいる。そして，経済格差，成長，雇用，都市化，工業化，エネルギーの諸問題をすべて目標にしている。

第3の目新しい点は，地球環境の問題を前面に押し出したことだ。17個の目標のうちの，第13目標から第15目標までは，すべて地球環境の保全を目指したもので，海洋資源，森林資源，砂漠化対策，地質劣化の防止，生物の多様性保護，等々考えられるあらゆる地球環境保全の課題が目標になっている。

こうして，MDGsに新しい課題を加えてできあがったのが17の目標とその

各々の達成度合いをモニターするための 169 個の数値目標ということになる。そしてさらに，途上国はそれぞれの国に適合した国別数値目標を作るべしとなっている。

百科事典的な国際開発アジェンダに沿って，150 余の途上国がやはり百科事典的な個別目標を設定する。そして，2030 年に向かって開発努力をする！もうとても正気の沙汰とは思えない。しかし，国連を中心とする ODA コミュニティは，新しい SDGs を国際的なアジェンダとして掲げ，2015 年 7 月にアジスアベバで SDGs のためのファイナンスを議論する会議を開いた。MDGs のモンテレイ会議の SDGs 版が，アジスアベバ会議ということになる。そこでは，古くから国際的な公約とされてきた，先進国は自国の GNI の 0.7% を途上国の開発援助に拠出すべきだという議論が繰り返された。さらに，2015 年 9 月にニューヨークで国連総会が開催され，SDGs は正式に採択された。そして，さらに 12 月にパリで第 21 回国際気候変動会議が開催され，SDGs のうちの地球環境の核心部分が議論された。これが「SDGs フェスタ」のスケジュールだ。こうして，ポスト 2015 年の国際的開発アジェンダの議論は，ますますシュールな色彩を濃くすることになった。

貧困削減と包摂的経済成長

SDGs 策定のプロセスは，まったくのオープン・プロセスだった。すなわち，どこの国の，どのグループも，だれでも意見具申が可能なプロセスだった。結果としてまとめられた SGDs は，世界のすべての国のすべての人々の夢と希望を凝縮したものだ。それに，正面切って反対することは難しい。しかし，SDGs に対する反発がないわけではない。われわれの観察では，少なくとも 2 つの動きがそれだ。

第 1 は，世界銀行の動きだ。2012 年に元ダートマス大学学長で保健分野の専門家のジム・ヨン・キム（Jim Yong Kim）を第 12 代総裁に迎えた世界銀行は，2014 年に世銀グループの活動目標を発表した。もちろん，国連を中心とするポスト 2015 年アジェンダの作業が進んでいることを十分承知のうえだ。そして，2015 年に国連総会で SDGs が採択される前年の 2014 年に世銀グループの目標として発表したのだ。

表 5.2　世界の貧困人口率：2013 年

（2011 年購買力平価基準ベースで，1.90 ドル以下の人口）

東アジア&太平洋諸国	3.5%
東ヨーロッパ&中央アジア	2.3%
ラテンアメリカ&カリブ諸国	5.4%
中東&北アフリカ	(2.8%)*
南アジア	15.1%
サブサハラ・アフリカ	41.0%
途上国合計	12.6%
世界全体合計	10.7%

注：*2013 年のデータはなし。これは，2008 年時点の推計。
出所：World Bank (2016).

　目標は，MDGs や SDGs とはまったく異なり，ただ 2 つに絞られている。まず第 1 の目標として，2030 年までに貧困層人口（購買力平価 PPP ベースで 1 日当たり 1.25 ドル（2005 年基準）以下の所得で，極貧層（extreme poor）と呼ばれる）を世界全体（先進国を含む）で 3% 以下に下げる。第 2 に，途上国のそれぞれの国の所得水準で下位 40% の人口の所得向上を図る。SDGs とは対照的に極端に単純明快だ。しかも第 1 目標は，SDGs のように貧困の完全な撲滅ではなく，世界人口の 3% というある意味控えめな数値目標になっている。

　この貧困削減目標は実はよく考え抜かれた目標で，現実的であるだけでなく政策目標として有意義だ。この数値目標達成のためには，何よりも経済成長が不可欠であることが認識されている。そして，この目標達成のための条件は，第 1 に世界経済が 2000 年から 2010 年の 10 年間に経験した高い成長率を維持することによって消費水準が年 4% の成長を遂げること，第 2 はその間所得分布に大きな変化がないこと，の 2 つだ。いずれにしても，貧困削減のための主要な政策手段は経済成長で，貧困削減政策は成長政策にほかならないことを意味している。もちろん，3% 以下の貧困層人口は，世界全体の目標で，世界の各国が均一にこの目標を達成できるわけではない。表 5.2 にある，2013 年現在の貧困層人口の分布を見ても明らかなように，貧困層の人口は，南アジアとサブサハラ・アフリカに集中している。そして，これら地域の高い貧困率は過去数十年の低成長を反映している。だとすると，これら地域が 3% の貧困人口を達成するためには過去に例のないレベルの高度成長を必要とすることにな

るが，それは現実的ではない。

　3% 目標を評価するに際してさらに見逃せない点は，2000 年代の途上国の成長率は歴史的に見て高かったことのほかに，所得分配が不変であれば，という条件が付いていることだ。高度成長期には，所得格差が広がる傾向があることはよく知られている。同期間の所得分配の変化を前提にすると，たとえ 2000 年代の高度成長が達成できるとしても世界全体の貧困率は 6% 台にしか下がらない[15]。その意味するところは明らかで，3% 目標達成のためには，高い成長率のほかに所得格差を悪化させないための各種の公共政策がとられなければならないということだ。

　経済成長と所得格差の問題は，世界銀行の第 2 目標である包摂的成長で扱われている。具体的には，人口の下位 40% 所得水準の向上だ。この目標は，大変プラグマティックに設定されている。まず，なぜ下位 40% なのか。われわれは所得分布を調査研究するにあたって，5 分の 1（quintile）分割の統計概念に慣れ親しんでいる。そこで，下位 20% を目標にすると，それが意味する相対的貧困は，貧困削減目標に使った絶対的貧困と重なり，政策目標としての意味は薄れる。そこで，労働人口を多く含むその次の下位 40% を対象として，福祉政策だけでなく，農民層，中小企業，労働者階級を含めた労働市場政策や雇用政策，職業訓練や技術教育等々を視野に入れて，そのうえで経済成長戦略を考えるべきだという主張だ。だとすると，そんな広範囲にわたる政策に，国際的な数値目標を設定することはほとんど不可能に近い。したがって，この世界銀行の第 2 目標には，国際的な 2030 年までに達成すべきだとする数値目標は設定されていない。この問題は，それぞれに異なる構造的な問題を抱えるそれぞれの国が志向しなければならない目標だと考えられている。

　もう 1 つの動きは，最近の中国の途上国開発をめぐる動きだ。2000 年代に入って，中国政府がアジアやアフリカの諸国に対して供与する開発融資の流れが大きくなっていることが報じられている（たとえば，Mawdsley 2012）。さらに，BRICS と呼ばれるブラジル，ロシア，インド，中国そして南アフリカの 5 か国は，2014 年に「新開発銀行（New Development Bank）」あるいは

---

[15]　世界銀行の 2030 年までの目標に関しては，World Bank (2015) に詳細な議論が展開されている。

第4節　ODA の現状：機能不全に陥った ODA 体制　　　153

BRICS 銀行と俗称される途上国の途上国による開発銀行を設立した。また，より大規模の AIIB（Asian Infrastructure Investment Bank, アジアインフラ投資銀行）が 2015 年に設立された。両方とも中国のイニシアチブによるもので，途上国の膨大なインフラ需要を満たすことを目的としている。中国を含むいわゆる「新興援助国（Emerging donors）」と呼ばれる国々の援助条件や援助形態は，OECD/DAC 加盟国のドナーからは，いろいろと批判がある。ひも付き援助でかつ借款であるうえに，大規模インフラ・プロジェクトに終始しすぎている，というのもその批判の1つだ。しかし，批判する側の OECD/DAC の方も，自らのインフラ軽視がインフラ・ギャップを生じさせ，新興ドナーはそのギャップに入り込んできたにすぎないという事実も忘れてはいけない[16]。

　ODA あるいは OOF を含めた国際協力におけるインフラ投資の比重は，特に 2000 年代に入ってから極端に減少した。OECD/DAC 加盟国すべての ODA に占める経済インフラの割合は，1980 年代，1990 年代を通じて 20% 弱のレベルを保ってきたが，2000 年代に入って，14% 弱に低下した（OECD 2011, Fig.7, p.13）。この傾向は，国際開発援助のリーダーである世界銀行の貸し出しを見ても明らかだ。1970 年代半ばまで世銀借款（IDA を含む）の約半分がインフラ投資に向けられていたが，1990 年代の終わりにはこれが 40%，そして 2000 年代に入ってからは 30% に落ちている（Estache 2008）。この時期に ODA に占めるインフラの割合が減少傾向をたどったのは，第1に，環境問題に対する国際的な関心の高まり，第2に，途上国政府に蔓延する汚職を払拭しようという運動，第3に，オイルショックと途上国の対外債務破綻（連鎖的なデフォルト）の結果として破綻した財政を再建するためにインフラ投資をできる限り民間部門に任せるべきだというワシントン・コンセンサス，が原因だと考えられる。

　環境保護活動を目的とする NGO の活動は，1970-80 年代を通じて徐々に活発化してきたが，それがピークに達したのは，インドが計画し，世界銀行や JICA が支援していた大規模水力発電プログラム「ナルマダ・プロジェクト」に対して「ナルマダ救済運運動（The Save Narmada Movement）」が起こった

---

[16]　以下のインフラ投資に関する議論は，浅沼（2014, pp.31-35）によっている。

1990年代の初めだ。水没村落農民の立ち退きとダム建設による環境破壊（特に生物多様性に対する脅威）に反対する内外のNGOの大抗議運動だった。その運動に対する国際ドナー・コミュニティの対応は，NGOの抗議を惹起するような大規模のインフラ・プロジェクトからの撤退だった。さらに，1990年代後半には，世界銀行やIMF，そしてその他のODA機関でも，内外から途上国にまつわるプロジェクトや取引には，あらゆる種類の汚職が蔓延していてそれが途上国の成長と貧困削減の妨げになっているとする認識と，それに対して何らかの政策的・制度的な対処が必要だとする国際的な世論が出てきた。その結果，インフラ・プロジェクトを扱うほとんどすべての援助機関が，環境保護，住民移転，汚職防止に関する業務ガイドラインを設定したが，その総体的な効果は，インフラ部門に対するファイナンスの傾向的な減少だった。

　さらに追い打ちをかけたのは，その当時のインフラ事業に対する考え方だ。途上国では，概してインフラ構築は政府の責任と考えられて，政府が直接に公共投資として，あるいは国営の公益事業会社（たとえば，インドネシアの国営電力公社（Persahaan Listrik Negara, PLN））が独占的な権限を持ってインフラの構築を計画し，ファイナンスを実施してきた。しかし，オイルショックと対外債務破綻の後始末として，ワシントン・コンセンサスにもとづく経済と財政の構造改革によって，インフラ事業の将来の姿は，これら国営公益事業会社の民営化，あるいはできうる限りの財政負担の軽減を目的としたいわゆるPPP（Public Private Partnership）プロジェクトとして民間部門の関与を求めるべきで，政府によるインフラ事業への投資と経営は原則として避けるべきだという考えが主流となってきた。インフラ事業は，何らかの独占を伴うものが多いから，民間部門が責任を負うにしても，政府側で規制・監督のシステムが必要になる。そのうえに，インフラ事業の場合には，受益者からのコスト・リカバリー（費用回収）が難しい場合がある。たとえば，電力の場合には，貧困層の小口の消費者に供給コストの全額を負担させるような料金設定は政治的に無理だ。必然的に補助金が何らかの形で必要になる。そのうえ，政府の監督や規制が事業の収益（料金設定などを通じて）に決定的な影響を与える場合には，何らかの政府保証が欠かせない。いわゆるIPP（Independent Power Producers）プロジェクトには，需要，為替相場，エネルギー価格の変動に対

する政府保証を求められるケースも多い。このように，「官」から「民」への責任の移行がスムースに行われることは，むしろ稀だ。これもまた，インフラ部門への ODA が減少した理由の 1 つである。

先に引用したエスターチェのサーベイによると，インフラ・プロジェクトの経済的な収益率は，比較的高い。もちろんプロジェクトごとに違うが，一般的に，通信プロジェクトで 30〜40%，電力プロジェクトで 40% 前後，道路プロジェクトの場合は 80% に達するプロジェクトが多いという（Estache 2008）。だから，これら分野に対する投資需要が減少しているわけではない。むしろ，アジア諸国の現状を観察しての印象は，上に述べたような種々の理由によりインフラ投資が低迷している間に，需要の方は経済成長とともに増大してきた。その結果，需給関係が崩れて，いわゆる「インフラストラクチャー・デフィシット（infrastructure deficit）」が深刻になりつつある。アジアの大都市で，1 日何時間にもなる停電や上水道の給水制限の報道がある。

中国はじめ BRICS 諸国（ブラジル，ロシア，インド，中国，南アフリカ）の BRICS 銀行設立の動きは，もちろん国際政治的な動機が強く働いている。BRICS 銀行の正式名称は「新開発銀行（New Development Bank, NDB）」で，明らかに既存の世界銀行やアジア開発銀行等の地域開発銀行を意識している。すなわち，既存の国際開発金融機関（International Financial Institutions, IFIs）は，途上国の成長のための投資を十分にサポートしていないという認識だ。そこで，主要途上国が主導権をとって新たな国際開発金融機関を設立し，途上国の成長政策を融資を通じて支援しようという。2014 年にブラジルのフォルトレサで締結された NDB の設立協定は，NDB の目的は主として BRICS だけでなくその他の途上国のインフラ投資需要に応えるためと明記し，借款，債務保証，エクイティ投資，その他の多様な形態で途上国の官民のインフラ・プロジェクトを支援するとしている。そして，設立にあたり，まず 1000 億ドルの資本金で業務をスタートした[17]。

中国はさらに，BRICS 銀行だけにとどまらず，やはり資本金 1000 億ドルの AIIB を設立した。設立協定が締結され，加盟国の大多数が同協定の批准を

---

[17] BRICS 銀行については，同銀行の公式ウェブサイト，www.ndbbrics.org/を参照。

すませたのが 2015 年末で，その時点で AIIB は名実ともに世界銀行やアジア開発銀行のような国際開発金融機関となった。名前が示すように，この銀行はアジア地域を主たる対象にしていて，同地域の交通・運輸インフラを整備することによって地域内の経済統合を推進することを目的としている。もちろん，この銀行の設立を主導した中国は，世界銀行やアジア開発銀行と協働すると言っているが，世界銀行やアジア開発銀行のライバルに育て上げる意図は明白だ。当初は，アメリカや日本をはじめヨーロッパの主要 OECD 諸国は，中国がこの銀行に与える強い影響力を警戒して加盟を差し控えていたが，イギリスが国益——主としてインフラ投資ビジネス——を理由に参加を表明すると，アメリカと日本を主たる例外としてほとんどの OECD 加盟国も加盟を表明した[18]。

　このように，中国のイニシアチブで，インフラ投資に対する銀行が設立され，その動きに賛同する途上国の数が多数になり，OECD 諸国のほとんどが AIIB 設立に賛同している現状は，国際政治的な勢力均衡の変化だけでは説明できない。過去四半世紀の間に国際 ODA コミュニティが MDGs フェスタに血道をあげ，途上国が望む経済成長とそのために不可欠のインフラ構築を軽視してきた結果だといえる。

　これが，第 2 次世界大戦後 OECD 諸国を中心に展開されてきた ODA 体制の現状だ。ODA 関係者の大多数は，ポスト 2015 年からの 15 年間に SDGs を追求することが途上国を含む世界の持続的な発展と貧困撲滅を推進するために欠かせない国際的なアジェンダだと考えている。しかし，現在の ODA 体制が，実は機能不全に陥っていて，SDGs はむしろそれが露呈したものだと考える現実主義者は，別の途を歩もうとしている。それが如実に現れているのは，現在の ODA 体制の中核を占める世界銀行が，SDGs に背を向け始めたというショッキングな事実だ。また，中国を中心とする新興市場国のリーダーたちが，現在の ODA 体制に異を唱え，OECD 諸国の多くがそれに賛同している現状は，現在の ODA 体制の深刻な問題を露呈している。

　MDGs や SDGs の熱狂から少し距離を置いて，途上国の成長と貧困削減を考えてみよう。途上国といっても実に多様で，それぞれの途上国は特有の「地

---

[18]　AIIB については，同銀行の公式ウェブサイト，www.euweb.aiib.org を参照。

理と歴史」——すなわち気候，地質，資源等の経済的優位や制約，さらにその地政学的な立ち位置から国家形成にいたる長い歴史的背景と現在の発展段階——を背負って，発展を続けている[19]。そのすべての国をカバーする包括的な開発目標や一定期間内に達成すべき数値目標を規定することは，どう考えても現実的ではない。ましてや，その目標がドナー政府，国際機関，NGO 等々の世界中のステークホルダーに開かれた，オープン・プロセスで議論されて，決められたとなるとなおさらだ。その状況では，開発目標は，雑多な開発ビジョンを持つ雑多なグループが，それぞれの主張を持ち寄ったアイデアの寄せ集めになるからだ。

　もともと，一国の開発戦略と政策はその国の政治指導者のビジョンとコミットメントをベースに，政策作りと実施の専門家であるテクノクラートが力を合わせて作るものだ。開発のための潜在可能性と制約条件を判断し，そのうえで長期の開発戦略を立てる。もちろんその過程では，望ましい開発目標の間にトレードオフが生じる。たとえば，すべての国民に行き渡る保健制度を作るのが望ましいことはわかっていても，そのために必要な予算や人材育成の必要を考えると，その目標達成のためにも，当面は成長のためのインフラ投資を優先して成長の結果として財政資源の増強を図るといった戦略が望ましいことがある。しかし，すべてのステークホルダーが参加する「オープンで参加型」の政策決定過程では，ある意味ではそれぞれのロビー・グループの声の大きさが決定的になり，結局ポピュリスト的な政策が採用されがちになる。「今」の福祉政策が重視され，「将来」を重視する成長政策は，ともすれば置き去りにされる。

　「オープンで参加型」の政策決定プロセスでは，決定はすべてのステークホルダーの責任だとされている。先に議論したパリ宣言でも，途上国の成長と貧困削減は，すべてのステークホルダーの責任だとされた。しかし，その責任とは，人道主義と連帯意識にもとづく道義的な責任で，責任分担も決められず，また責任執行を強制するようなグローバルな枠組みはない。目標達成のために必要な財政資金をどのように確保するかを例にとると，財政支出の優先順位だけでなく，この面でもそのようなシステムが機能しないことがわかる。福

---

[19] これが，浅沼・小浜（2013）のメイン・テーマだった。

祉支出や公共投資予算の確保には，長期的には途上国政府自身の税制改革と徴税努力の強化が欠かせない。しかし，ドナーからの援助資金が潤沢だと，政治的なコストがかかる徴税努力は弱くなる。複数のドナーがいる場合，援助資金の動員も不十分になる可能性はある。しかし，あるドナーが国際政治的な理由で，単独ででも援助資金の供給を続けるとすると，国内の税制改革は先送りされ，結果として援助依存体質が続くことになる。冷戦時代にアメリカの援助に支えられたザイールやエジプトの歴史的な事例からも，このことは明らかだ。ザイールは鉱物資源の豊富な，潜在的な成長可能性が高い国だ。それにもかかわらず，援助受け取りを含む政府歳入は政治家の蓄財・浪費に流用された。また，エジプトの場合は，中東の政治状況を安定させるために，アメリカ政府はエジプトとイスラエルに対する援助を惜しまなかった。「親方アメリカ」に対する援助依存体質が定着した結果，エジプト経済を発展させるために必要な税制や政府支出（特に補助金制度）の合理化の努力は見られなかった[20]。

　明らかに，オープンで参加型の開発戦略や政策が機能しないという証左だ。そして，このことは，マンスール・オルソンをはじめとする集団行動の理論を援用しないでも，常識的にわかることだ。強制力を持った世界政府が存在しない現状で，明確な責任分担の枠組みもなしに，単に人道主義と連帯意識のみをベースに，世界をカバーする開発目標を立てて，すべてのステークホルダーが責任を持って目的達成に貢献することは，幻想でしかない（Olson 1971）。

　われわれは，ODA はいま瀕死の状態にあるという危機感を持っている。その危機感がどこから来るかは上に書いたとおりだ。しかし，瀕死の状態だといっても，心臓を貫かれたような特定の衝撃があったわけでもなく，また内臓の特定の部位に癌が生じたわけでもない。英語に "Death by a thousand cuts" という表現がある。全身に小さな傷を無数に受けて死んでいくことだ。どの傷が致命傷というわけではない。現在の ODA は，まさに death by a thousand cuts の途中にあるように思えてならない。どの傷ひとつをとっても致命傷に見えないために，なぜ死んでいくのかの説明がうまくできないのではないか……。この迷走する ODA をどうすればよいのだろう……。

---

[20] Lancaster (2007), Chapter 3: "The United States: Morgenthau's Puzzle" を参照。

第6章　途上国の成長戦略とODAの役割

第1節　イントロダクション：MDGsの教訓

　MDGsの教訓は何だったのか。われわれにとってMDGsの教訓は，「経済成長復権」の必要性だ。これはちょっと突飛で，飛躍のありすぎる議論だと思われるかもしれないので説明が必要だ。

　MDGsは，2015年が最終目標年になっていたが，それに先立って国連は，『ミレニアム開発目標報告書2015』と題する報告書を発表した（United Nations 2015）。国連事務局の他に，WTOやUNICEF等の国連の専門機関，ECLACやESCAP等の地域経済委員会，ブレトンウッズ機関の世界銀行，IMF等をすべて含めた国際機関からの報告をベースに，目標達成の進捗状況を総括したものだ。その報告書の中で，国連のバン・キムン事務総長（当時）は，「MDGsは，歴史上もっとも成功した貧困撲滅運動だった」と評価したうえで，「MDGs達成に向けた努力の経験と証拠に則って，われわれは何をなすべきかを知っている」と述べている（United Nations 2015, p.3）。たしかに，基準年の1990年の世界の貧困層は総人口の半分近くだったが，2015年には，貧困人口割合は14％まで低下している。この一面を見れば，MDGsは大成功だったと結論付けるのは理解できる。しかし，この報告書には，貧困人口減少が現実になった理由や要因については，一言半句も書かれていない。そればかりでなく，重要なのはMDGsをポスト2015年にも続けるべきだとして，国連を中心にSDGsが採択された。そして採択されたSDGsは，MDGsの拡大版と考えられるものだった（SDGsについては，後で議論する）。

　MDGsの期間内に，ドラマティックとも呼べる貧困人口の減少が可能に

なったのは，この期間——すなわち 1990 年からの 25 年間，特に 2000 年から 2015 年にかけて——途上国経済は近年にない高度成長を遂げたからだ。この間には 1997-98 年のアジア金融危機や 2008 年からのリーマンショックを契機とする世界不況とユーロ危機があったが，それにもかかわらず，途上国経済の成長は目覚ましかった。新興市場国と呼ばれる途上国群だけでなく，フロンティア経済と呼ばれるサブサハラ・アフリカの資源国も，世界的な一次産品ブームのおかげで，近年にない成長を遂げることができた。世界経済の成長加速が，劇的な貧困削減の主たる原因だったことは明白だ。

　もしこの判断が正しいとすれば，ポスト 2015 年に必要なのは，MDGs の改訂版や拡張版を作ることではなく，途上国経済の持続的な高度成長を目標として，そのための開発アジェンダを作ることになる。成長促進のための開発アジェンダは，MDGs や SDGs を目標にした開発アジェンダとは違ったものになってくるはずだ。われわれが関与した途上国数か国の開発経験から学んだのは，それぞれの途上国は，それぞれ固有の「地理と歴史」を背負って開発の道程を歩んでいる。成長の制約条件は，それぞれの国が持っている気候，地質，資源，隣国との地政学的関係，国家形成の歴史的背景によって決まってくるから，開発のビジョンや戦略もまた，それぞれの国に特有のものになる，ということだった（浅沼・小浜 2013）。

　この章では，最近，インド経済の開発アジェンダに関して，ジャグディシュ・バグワティおよびアルビンド・パナガリヤとアマルティア・センおよびジャン・ドゥレーズの間で交わされた論争を紹介することによって，ひとたび MDGs や SGDs を離れ，経済成長を目標にすると，いかに開発アジェンダ——成長戦略や開発政策等々——が変わってくるかを示したい[1]。事実，バグワティ＝パナガリヤは，MDGs から経済成長に焦点を当てると，開発のアジェンダとして，労働市場改革，土地改革，インフラストラクチャー構築，高等教育等々が重要課題になってくることを論じている。労働市場改革がインドの成長にとって重要課題になるのは，インドでは労働組合運動が盛んで，労働組合が労働市場に大きな歪みを与えているというインド特有の理由もある。しか

---

[1] Bhagwati and Panagariya (2013) と Dreze and Sen (2013)。バグワティ＝パナガリヤと同様の視点からインドの成長政策を論じているのは，Joshi (2017) だ。

し，インフラやその他の MDGs では取り上げられてこなかった課題（たとえばインフラや高等教育）が成長のために重要視されるべきだという論点は，他の途上国一般にも通じる。

　MDGs が成功裏に達成されたのに，ODA はどのような貢献をしたのだろうか。1990 年から 2015 年にかけての途上国経済の高度成長が，MDGs 達成のもっとも重要な原因だったとすれば，ODA の貢献はきわめて限定的だったといわざるをえない。ODA が，途上国経済の高度成長の主たる原因でなかったことは確かだ。では，ポスト 2015 年において国際的な開発アジェンダが持続的な経済成長——しかもできる限る高度の成長——に移行するとして，ODA の役割はどうなるのか。途上国経済成長の不可欠な要件の 1 つとして，ODA は存続するのか，あるいは従来われわれが考えてきた ODA の役割は，終焉を迎えることになるのだろうか。それとも，まだ限定的ながら国際経済体制の不可欠な要素として残ることになるのだろうか。もしそうだとして，現在機能不全に陥っている ODA 体制と ODA の方向性をどのように変えていけばよいのだろうか。これらの問題が，途上国の成長戦略のコンテクストで考えられなければならない。

第 2 節　「トラック・ワン戦略」と「トラック・トゥー戦略」

成長か貧困削減か

　「トラック・ワン」とか「トラック・トゥー」とかいっても何のことだかわからないから，後でもっと詳しく説明するが，「トラック・ワン」を途上国の経済開発を考える際の「成長路線」，同様に「トラック・トゥー」を「貧困削減路線」と言い換えてもよい。もちろん成長路線といったときに，目標としての貧困削減を考えていないわけではなく，貧困削減のためのもっとも効果的な戦略は経済成長を追求することだ，というのがこの路線の主張だ。また貧困削減路線といった場合，貧困削減の目的を達成するためには経済成長だけでは不十分で，大規模な直接的な貧困削減政策，すなわち直接に貧困層に働きかける各種の福祉政策や社会運動が必要だ，とする考え方だ。これまでわれわれが議論してきた MDG パラダイムは明らかにここでいう「貧困削減路線」だろう。

途上国の経済発展と貧困削減を追求してきた世界銀行では，この2つの路線が底流として併存してきた。あるときは一方が強く，またあるときは他方が主流の考え方になってきた。これは，第3章で議論したODAパラダイムの変遷によく現れている。1995年にジム・ウォルフェンソンが世界銀行総裁に就任してから，世界銀行は貧困削減路線一色になった。世界銀行本部の建物に入ると，巨大なアトリウムが現れるが，そこに掲げられた「世界の貧困撲滅がわれらの使命だ」というバナーがそれを表している。しかし，そのさなかにも，成長路線を推進するグループが，世界銀行から消えたわけではない。ウォルフェンソン総裁以前に世界銀行のチーフ・エコノミストの任にあったローレンス・サマーズは，「成長のない貧困削減は，デンマーク王子が出てこないハムレット劇のようだ！」と喝破しているし，「経済の高度成長が，包摂的な経済発展と貧困削減をもたらした」と主張する世界銀行の『東アジアの奇跡』が発表されたのは1993年で，ジム・ウォルフェンソン以前のことだ[2]。それを継承する成長路線論者の主張は，2005年に発表された一連の報告書，『1990年代における経済成長』，『開発の最前線にて』，そして『1990年代における開発の課題』に展開されている（World Bank 2005a; World Bank 2005b; Besley and Zagha (eds.) 2005）。この展開のベースになったのは，世界銀行で地域担当局長として途上国のポリシーメーカーと現実の経済成長とそのための改革を推し進めてきた者たちだった。そして，さらに2007年に『東アジアのルネッサンス』が出版され，2008年には，世界銀行の成長路線グループが推進してきた「経済成長・発展委員会」の報告書『成長委員会報告書』が発表された（Gill and Kharas 2007; Commission on Growth and Development 2008）。この報告書は，世界銀行をはじめとする国際的な援助機関と民間の財団が，経済成長政策に深い経験と洞察を持った19人の委員に，第2次世界大戦後に高度成長に成功した13か国の経験から，持続的な経済成長のための戦略と政策についての教訓を引き出してもらう試みで，それまでの世界銀行の経済成長に関する総仕上げとなっている。

---

[2] サマーズの引用については，Mallaby (2004, p.269)。元世界銀行職員のインダー・スッドは，マラビーと同じくウォルフェンソンの政策に批判的で，彼のことを "A New President: The Man Who Broke the Bank" とまで言っている。Sud (2017, Chapter 12).

第2節　「トラック・ワン戦略」と「トラック・トゥー戦略」　　　163

　残念ながら，このような経済成長路線は，MDG パラダイム一色に染まって
いた世界銀行や国際開発コミュニティにおいて，それに対抗するような強力な
パラダイムへと展開しなかった。この路線の指導的立場にあった世界銀行の幹
部たちが，「体制派」の反対を恐れて，経済成長路線を MDG パラダイムに対
抗する考え方として提示せずに，MDG パラダイムを「補完する」戦略だと言
いつのったのがその原因かもしれない。世界銀行においては，MDG パラダイ
ムに対する「反乱」は成功しなかった。経済成長路線が，いま一度勢力を増す
のは，MDGs 終了後の世界銀行による総括報告書（モニタリング・リポート）
を待たなければならなかった（これについては，後で議論したい）。

インドでの現実

　しかし，経済成長路線を，インドの経済発展にことよせて，強くかつ説得的
に打ち出したのは，ジャグディシュ・バグワティとアルビンド・パナガリヤ
だ。2013 年に出版された『経済成長はなぜ重要か』という本の中で，バグワ
ティ＝パナガリヤは，1991 年以来のインド経済改革は，インドの成長率を嵩
上げし，それが貧困削減をもたらしたとする，いわば「成長路線宣言」を行っ
ている。この中で，バグワティ＝パナガリヤは，明らかにインドだけでなく
国際開発コミュニティを席巻してきた貧困削減路線の知的指導者であるアマ
ルティア・センとジャン・ドゥレーズを痛烈に批判している（Bhagwati and
Panagariya 2013, p.88）。また後者もそれを意識していて，ほとんど同時期に
『開発なき成長の限界』を出版してバグワティ＝パナガリヤに反論している。

　インドの近年の経済成長は目覚ましいものがある。1950-1970 年代のイン
ドの成長率は，平均して 3% 台だった。人口増加を考慮すると，1 人当たりの
GDP 増加率は年平均 1% 台にとどまる。インドの当時の成長が「ヒンズー的
成長率」と揶揄された所以だ。しかし，1980-1990 年代には，GDP 成長率は
5% 台に，そして 2000 年から 2010 年の期間をとると，実に 7.6% に加速して
いる。しかし，ドゥレーズ＝センの考えでは，そのような成長加速の恩恵を
受けたのは，一握りの特権階級で，一般大衆の貧困はいまだなくなっていな
い。その成長は偏っていて，その結果「（インド）はますますサブサハラ・ア
フリカの海に浮かぶカリフォルニアに似た島々の様相を呈している」（Dreze

and Sen 2013, Preface)。経済成長を謳歌する前に考えなければならないのは，人間開発指標や MDGs の達成状況から見ればインドは中国に後れをとっているのみならず，バングラデシュにさえも追い越されているという厳然たる事実だ。バングラデシュの 1 人当たり GDP（2011 年ベース）は，インドの 70% 程度なのにもかかわらず，平均寿命や幼児死亡率のような指標では，バングラデシュの方が良い。また，女性の識字率はバングラデシュの方が高い。そのうえに，インドの場合は，平均寿命や識字率等の社会指標で見る限り，ケララ州やタミルナドゥ州のような社会政策の行き届いた地域とウッタルプラデシュ州やマジャプラデシュ州のような開発の遅れた州の格差は，同じ国とは思えないほど大きい（Dreze and Sen 2013, Chapter 3)。このような認識をベースに，ドゥレーズ＝センは貧困削減路線の継続を提唱する。

UNDP は，1990 年に 1 人当たり GDP では把握できない貧困状況を示す指標として，「人間開発指標（Human Development Index, HID)」を作り，新たに発行されることになった「人間開発報告書（Human Development Report)」のハイライトにした（UNDP 1990)。その趣旨は，国の開発状況は 1 人当たり GDP だけでは測りきれない。貧困の多面性を考慮するためには，その他の重要な「人間の条件」（教育や保健等の社会的な発展）を加味しなければならない，という考えだ。そして，開発状況の指標として，1 人当たり GDP に加えて人口の識字率や寿命を表す平均生存年齢を加えた人間開発指標を作った。ドゥレーズ＝センは，インドの各州の人間開発指標を援用して次のような結論を導いている。2005 年のインド全体の HID は 0.4 にしかすぎないが，過去に積極的に貧困削減プログラムを推し進めてきたケララ州，ヒマルプラデシュ州，それにタミルナドゥ州の HDI は，インド平均をはるかに上回る数値——すなわちそれぞれ 0.97，0.85，0.75——を示している。一方近年のインドの経済発展のシンボルになっている，IT 産業の拠点バンガロールを擁するグジャラート州の HID は 0.52 にすぎない。これらの数値からも，インドの近年の成長加速が一部のエリート層を豊かにしてきたが，貧困層の貧困削減に対して役に立ってこなかった，というのだ（Dreze and Sen 2013, Position No.1406[3])。

---

[3] Kindle の電子書籍は，ページではなく，Position No. だけで書籍の中の位置を示す場合がある。この場合は，No.4810 があるページからの引用であることを示す。

第2節 「トラック・ワン戦略」と「トラック・トゥー戦略」 165

　ではどうすればよいのか。このような観察にもとづいて，ドゥレーズ＝セ
ンは，彼らが基本的な公共サービスと考える教育（特に初等教育），保健，食
糧援助，環境保護分野に対する政府の関与と財政資金の割り当てを飛躍的に高
めることを提案する（Dreze and Sen 2013, Kindle Position No. 4810）。しか
し，そのために必要とされる財政資金をどうやって調達するか，あるいはその
ような財政資金の配分，すなわち貧困削減プログラムに重点的に財政資金を割
り当てることが，経済全体の成長政策とどのようなトレードオフを引き起こす
のかについては一言半句も触れられていない。国の開発戦略としてはまったく
不完全だといわざるをえない。
　これに対して，実はバグワティ＝パナガリヤの主張のベースになっている
考え方と開発戦略は，実に簡潔で説得的だ。いま一度 MDGs を見てみると，
貧困削減目標を別にして，他の目標は社会的発展――すなわち教育や保健そし
てその他の社会保障――だ。途上国では，これらのサービスは政府が公共財と
して提供する。そのためには，そのための財政収入が必要になる。財政収入の
増加率は，単純に考えると大体 GDP の成長率に連動するから，これらの社会
的サービスの増大のためには成長が必要になる。さらに，貧困層の削減目標は
雇用の増加なしには達成困難だから，やはり成長が目標達成のカギになる。
　ただ経済成長を加速しようとすれば，政府は政策ばかりでなく，政府支出自
体を変える必要が出てくる。その場合政府の教育や保健分野に対する支出は，
減らさなければならない。そうなると，経済成長を考慮せずに，MDGs だけ
を追求している場合と違って，短期的には MDGs 達成にマイナスの影響があ
るかもしれない。しかし，中期的・長期的には経済成長によって財政収入が増
えるから，教育や保険分野への支出の減少はむしろ増加に転じる。
　さて，貧困削減路線から経済成長路線へと戦略変更をした場合，戦略や政策
はどのように変わってくるのだろうか。多少これまでの議論を反復することに
なるが，この点は重要なので少し詳しく見てみよう。出発点は MDGs だ。ド
ゥレーズ＝センの考え方は，MDGs の考え方に非常に近い。もともとアマル
ティア・センは経済成長路線に反対で，UNDP の「人間開発指標」，「人間の
安全保障」，そして多面的な貧困概念の推奨者だ。MDGs が彼の考え方に根差
したものであることに間違いない。また，ジャン・ドゥレーズは，永い間アマ

ルティア・センの共同研究者だった。

MDGs は，もともと「人間開発指標」の概念に沿って構築されている。まず，貧困の経済的な面は貧困層人口の削減という目標に表現されている。しかし，貧困は経済的以上の様相を持っている。特に社会的な発展が人々の貧困状況に及ぼす影響は大きい。MDGs の場合には，教育の普及と国民の保健の増進が社会的な発展度合いを表す指標として使用されている。教育の場合は，すべての国民に初等教育の機会を与えること，また中等教育において教育機会を男女平等にすることが MDGs に入っている。保健については，母子保健と伝染病（HIV/AIDS，マラリア，その他の肺病等の主要疾病）の改善を強調し，妊産婦や乳幼児の死亡率を 3 分の 2 削減する目標を設定している。そのほかにも，安全な水へのアクセスがない人口を半減させる目標も設定されている。

MDGs の欠陥

繰り返しになるが，MDGs を国際的な公共政策ととらえると，MDGs には公共政策のフレームワークとして大きな欠陥があることは明らかだ。まず，数値化された複数の目標間に整合性があるかどうかわからない。より深刻な問題は，目標をどのようにして達成するかという，政策手段が明示的に示されていないことだ。たとえば，貧困層人口の半減は大変結構な目標だが，これをどうやって達成するのか。経済全体がある年率で成長すれば貧困人口は減るのか。あるいは，貧困層に対するセーフティーネット（生活保護）やその他の補助金，あるいは公共事業を通じての雇用創出が必要とされるのか——これらの政策上重要な問題は MDGs の議論には入ってこない。さらに，妊産婦と乳幼児の死亡率の削減は，どのように達成するのか。伝統的な産婆に多少の近代医学の訓練をするだけで成果があがるのか。あるいは出産自体が病院で行われないと妊産婦死亡率は下がらないのか。だから，政策対応としては病院のベッド数の拡大がもっとも効果的なのか。この例からわかるように，政策手段とコストを考えない政策は，政策とは呼べない。バグワティが，多分に侮蔑的な含意で，MDGs のことを「願望としての目標（aspirational targets）」と呼んだ所以だ[4]。

このような MDGs 批判については，当然次のような反論が予測される。何

第2節 「トラック・ワン戦略」と「トラック・トゥー戦略」　　167

よりも大切なのは，21世紀の初めにいまだ世界に蔓延する貧困を撲滅するべきだという目標をすべてのステークホルダーが共有することだ。そして，すべてのステークホルダーが，連帯感を持って目標の達成に邁進する。もちろん，政策手段やコストのことを考えないわけにはいかない。世界的な共通目標を確認したうえで，個別の国ごとに，目標達成のための政策手段，コスト，等々を考える。具体的には，各国政府は，国際的なドナーやNGO，一般市民を巻き込んで，目標達成のための戦略，「貧困削減戦略文書（Poverty Reduction Strategy Paper）」を作ることによって，願望としての目標をしっかりとした政策手段やファイナンスの裏付けのある政策目標に仕立て上げることができる。

　しかし，国別レベルでの貧困削減戦略文書作成の過程で出てくるのは，必然的に，貧困削減にかかわりのある公共部門のプログラムやプロジェクトの新設や既存のプログラムの拡張だ。まず，貧困層人口の削減については，各種の生活保護を目的とするセーフティーネットのプログラムがある。メキシコやブラジルが作ったプログラムで有名になったものに，メキシコの「プログレサ（Progresa）」やブラジルの「ボルサ・ファミリア（Bolsa Familia）」と呼ばれる条件付きキャッシュ・トランスファー・プログラムがある。子供を学校に通わせるとか，伝染病の予防接種を受けるとか，健康診断を受けるとか，いろいろな条件を付けて貧困家庭に生活補助金が支給される制度だ。雇用促進のための道路建設等の公共事業プログラムや中小企業支援プログラムも考えられる（Rawlings and Rubio 2003）。

　教育分野においては，児童の就学を条件としたキャッシュ・トランスファー・プログラムの他にも，初等教育の全国展開のための小学校の新設や小学校教員の育成と増員，それに近代的な教育設備への投資が必要になってくる。教育の質を上げるためにはカリキュラム改善や教科書の作成なども欠かせない。さらに，家庭内労働力として使われる貧困層家庭の子供たちに就学のインセンティブを与えるためには，給食制度，制服支給，現金支給のプログラムが

---

[4]　Bhagwati (2010). バグワティのこの論文の主旨は，彼の「MDGsに反対を唱えるのは難しいが，それが発展のために有効なブループリントを提供しているということを意味しない」という引用によく表されている。

必要な場合もある。保健分野では，農村部のクリニックや保健出張所（Health Stations）の新設・拡張，医師・看護婦育成，病院施設改善，HIV/AIDS やマラリアのための特別プログラム（特殊化学加工を施した蚊帳の支給等を含む），等々がある[5]。

　問題は，国別の貧困削減戦略文書を作るとなると，これらすべての MDGs 対応政策が，財政資金の手当てを必要とすることだ。貧困削減戦略文書の作成とは，まさにここに挙げたような貧困削減関連のプログラムのメニューを作り，すべてのステークホルダーがそのメニューからオーダーし，そして見積書を合算して，足りない分は ODA 勘定とするということになってしまっている。現実にドナーが必要とされるだけの ODA 資金を供与する用意があるかないかは問題とされていない。

　さて，ここに成長路線の考え——「トラック・ワン」の政策——を持ち込むと，戦略自体がどのように変わってくるか。単純に考えると，成長路線に沿った開発戦略を考えるということは，戦略的思考の枠組みに時間軸を持ち込んで，成長という動態的な要素を考慮することだ。具体的には，次のように2つの点に注目する。まず，経済成長の指標として，1人当たり GDP（あるいは GNI）の水準に注目する。それを経済成長一辺倒だとか GDP 崇拝だと批判する人たちがいるが，それは間違っている。1人当たりの GDP という指標は，経済だけでなく社会的な発展状況も表すからだ。1人当たり GDP が低い発展段階では，一般家庭の支出はまず最低限必要な衣食住に向かう。人間生活の基本的なニーズ（Basic Human Needs, BHN）を満たすことが最優先されるからだ。しかし，1人当たり GDP が上がると一般家庭の消費形態も変わってくる。子供の教育や家族の保健のための支出が増え始める。そして，ある時点で将来のための貯蓄や，投資，資産の蓄積が始まる。

　貧困層の1人当たり GDP の増加は，とりもなおさず教育，保健の面での改善をもたらす。MDGs の達成に，経済成長は強力な政策手段となりうるのだ。MDGs 期間の終わりに世界銀行と IMF が発表した MDG モニタリング・リポートでも，目標達成には経済成長が決定的に重要な役割を果たすことが

---

[5] マラリアをコントロールするためには，特殊化学加工を施した蚊帳の使用が有効であることが証明されている。Pierre-Louis, Qamaruddin, Espinosa, and Challa (2011).

第2節 「トラック・ワン戦略」と「トラック・トゥー戦略」　　　169

強調されている（World Bank and IMF 2015, p.xvi）。しかし，同様に重要なのは，経済成長がもたらす公的部門の財政規模の拡大だ。貧困削減路線を主張するドゥレーズ＝センのように，MDGs 達成に必要な政府支出プログラムの拡大を提案し，そのファイナンスについては政府の歳入で賄えない分は ODA で埋めるべきだというような乱暴な議論は，非現実的でかつ無責任だ。それはまた，国の財政運営責任の放棄だ。MDGs が必要とする政府支出プログラムの拡大は，原則として——そして主として——政府歳入の増大によって賄われるべきだ。だとすると，経済成長は MDGs 達成のための重要な必要条件になる。このことは非常に単純な思考実験で明らかだ。ちょっとアンビシャスにすぎるかもしれないが，今後 10 年の GDP の成長率を年率 7% と想定する。もし政府歳入の GDP に対する比率が一定だとすれば，10 年後には政府財政の規模は，現時点に比較して 2 倍になる。すなわち，MDGs のプログラム規模を 2 倍にすることが可能になる。もちろん，MDGs を目標とする開発政策のもとでの政府支出は，歳入だけでなく政府の借り入れと ODA によって補強されなければならない。しかし，ODA はともかく，持続可能な政府借り入れの規模も長期的には GDP の規模によって決まってくる。そうした意味で，経済成長が MDGs ベースの開発政策の重要な要件になる。

　そこで，開発政策の目標に，MDGs に加えて持続的な経済成長を加えるとどうなるか。われわれがつぶさに関与したいくつかの国の経済発展の軌跡を分析的に描いてみたことがある。その作業から出てきた 1 つの結論は，どの途上国をとってみても，それぞれが固有の「地理と歴史」を抱えて経済成長の過程をたどっている。ある時期に，何らかの事情で経済成長の持続的な加速に成功したり，あるいはその他の事情で挫折を経験したりする。どの国にも当てはまる持続的な経済成長のための政策フォーミュラなどは存在しない[6]。

　したがって，成長戦略の策定は，その国の発展段階，資源の賦与状況，国際的な経済環境，政府の政策能力，等々の要因を考慮して初めて可能になる。「トラック・ワン」戦略を提唱するバグワティ＝パナガリヤは，『なぜ成長が

---

[6] 浅沼・小浜（2013）。この本では，われわれがつぶさに経験したマレーシア，シンガポール，韓国，インドネシア，アルゼンチン，ガーナ，スリランカ，バングラデシュ，ネパール，ブータン，そして日本の経済発展の軌跡をたどった。

大切か』の中で，現在のインドにとって持続的な成長加速にとって何が重要な政策であり改革かを開陳している（Bhagwati and Panagaria 2013）。インド経済の成長にとって喫緊の課題は，労働市場改革だというのがその結論だ。先にも述べたように，長い間「ヒンズー的成長率」と揶揄されてきたインド経済の成長率が持続的な加速を経験したのは，1990 年代初めの政策転換，特に民間企業活動に対するさまざまな規制の自由化や外資導入規制の自由化といった制度・政策改革の結果だった。しかし，インド経済の構造を，高度成長を記録してきた他の途上国，とりわけ中国をはじめとする東アジアの新興市場経済と比較すると，インド経済においては成長の源泉としての製造業部門が弱い。他の経済では，高度成長の原動力となったのは輸出生産のための労働集約的な製造業だったが，インドでは製造業部門は資本集約的で雇用創出の力が弱い。しかし，これではインド経済の持続的な高度成長は望めないし，雇用創出の力が弱いと経済成長が貧困削減に貢献する度合いが小さくなる。バグワティ＝パナガリヤは，インドで労働集約的な製造業が発展していないのは，独立後に労働組合運動の政治力をベースに幾重にも張り巡らされた労働と雇用に関する規制が大きな阻害要因になっているからだという分析結果から，労働市場改革の重要性を論じているのだ（Bhagwati and Panagaria 2013, Chapter 8）。

　さらに，雇用創出のための製造業への投資が重要だとなると，労働市場の改革の他に，従来軽視されてきた産業インフラ——特に電力や道路・鉄道の交通・運輸インフラ——が開発政策の要点として浮かび上がってくる。また，工業化の過程は，産業立地と都市化の問題であることから，独立後にほとんど放置されてきた土地売買の法的な制度の不備を何とかしなければならない。さらに，MDGs では教育分野については，初等・中等教育が強調されてきたが，工業化の過程で必要になるのは高等教育を受けた人間資本だ。だから高等教育の優先度も上がる。

　このように，開発戦略に成長路線をとり入れた途端に，保健や教育，そして貧困層のためのセーフティーネットの構築にあたっていた開発政策の焦点は，労働市場改革，土地制度改革，インフラ構築，そして高等教育の充実へと移ってくる。これはインド経済の場合で，先にも述べたように，それぞれの国は，皆違った潜在的な成長力と制約条件を抱えている。したがって，それぞれの途

上国は独自の成長戦略を策定しなければならない。ただ結論として言えるのは，途上国経済の発展と貧困削減のためには MDGs を反映した開発政策だけではだめで，バグワティ＝パナガリヤの提唱する「トラック・ワン」改革の策定と実施が不可欠になることだ。

第3節　途上国成長の要件と ODA の役割

途上国成長の要件

　途上国の経済発展と貧困削減の課題をこのようにとらえ直すとして，そこでの ODA の役割は何だろう。初めに断っておきたいのは，ここでわれわれが展開しようとしているのは決して ODA は途上国にとって有害であるといった ODA 反対論ではないことだ。ODA 不要論に近いが，また ODA の有用性がまったくなくなったわけでもない。われわれの主張の趣旨は，ODA の相対的な重要性が減少した結果，ODA のアジェンダも必然的に変わってくるべきなのに，国際コミュニティはいまだに，ODA が「途上国経済成長および貧困削減」劇の主役だという認識を改めない。たしかに昔はそうだったが，いまでは脇役の一人だ。しかし脇役としてのセリフを考えないで，昔の主役としてのセリフをしゃべっている大根役者になっている。この節では，こうした「カン違い」を議論したいが，多分本書の中でも書くのが最も難しい節だ。

　さて，このような意識を前提として ODA の役割を論じる前段階として，途上国の経済成長をどのように考えるが重要になる。途上国が経済成長を達成するうえで，何が制約条件になり，ODA がその制約要件を緩和する役割を果たせるかどうかが問題になるからだ。

　経済成長や経済発展を議論するのは，まさに玉ねぎの皮をむくような作業だ[7]。一皮むくと，また次の皮が現れる。古典派経済学にしろ新古典派経済学にしろ——さらにはマルクス経済学でも——経済成長を，資本蓄積と技術進歩

---

[7] これは最近の世界金融危機について述べたことだが，スティグリッツは，「根本原因を探すのは，まさに玉ねぎの皮を剝くような作業だ。1 つの説明を見つけると，それはすぐさまより深いレベルの問題を提起する」と言っているが，これは経済成長にもぴったり当てはまる至言だ。Stiglitz (2010, p.xvii).

の過程としてとらえてきた。そして，議論が進むにつれて，資本蓄積概念を拡大して人間資本の概念が持ち込まれ，技術進歩もいろいろなタイプがあることが論じられた。もちろん，資本蓄積や技術進歩の動因が何であるかも重要だ。これが第1の皮だ[8]。

第2の皮は，成長理論が扱うマクロ現象のもとで起こっている経済の構造変化だ。資本蓄積が進み経済が成長すると，経済の比重は土地資本に依存する農業から工業へと移動する。そして，工業部門で起こる技術進歩が生産性上昇を呼び起こし成長を加速させる。その過程でサービス部門にも変化が起こり，内容的に高生産性のサービスが拡大する。このような構造変化が第2の皮だ[9]。

第3の皮は，ここに述べたような資本蓄積，技術進歩，構造変化が起こりうる社会・政治・文化・経済的な条件だ。たとえば，不安定な社会・政治状況のもとでは投資家は土地や生産設備に投資することを手控えるだろうから，資本蓄積は起こらない。また，法律が私有財産を保護しない場合にも，投資家による投資の手控えが起こる。これが，いわゆる制度経済学の主張だ[10]。

現実の途上国経済の成長や発展を考えるときに，ここに挙げた3層のどの点が重要なのだろうか。2006年に世界銀行が主になって作った「成長・発展委員会」は，途上国の中で，過去半世紀に持続的な成長に成功した途上国の経験をもとに，成長の条件を検討した。その報告書，いわゆる『成長報告書：持続的成長と包摂的発展』は，途上国の成長とその疎外要因について，第3層の政治経済的な要件を重視しているようだ（Commission on Growth and Development 2008）。

ちなみに，この報告書が歴史的経験にもとづいて重視しているキャッチアップ・グロースの第1の必要条件は，経済成長達成をそのミッション（使命）と心得る政府であり，その政治的指導者層と彼らを政策技能面で支えるテクノ

---

[8] 新古典派経済学でのこのレベルの議論の代表としては，ソローの経済成長モデルが挙げられる。Solow (2000). ソロー理論の発展を物語風に描いたものとしては，ジャーナリストの手になるWarsh (2006) が参考になる。

[9] このレベル，すなわち経済発展に伴う構造変化の分野での先駆的な研究は，クズネッツの「近代経済成長（Modern Economic Growth）」に関するものだろう。Kuznets (1973).

[10] このレベルで経済発展の条件を考察したものとしては，Acemoglu and Robinson (2012) がある。

クラートだ。このような政府の指導のもとでしか，成長の原動力となる市場の枠組み作りや市場や企業活動の監視・規制・監督は上手に行えない。報告書が言うように，「政府は成長要因ではない」。それは企業や家計の民間部門だ。しかし，その民間部門の活動の条件整備をするのは，政府をおいてほかない。そして，条件整備には，ハードのみならずソフトのインフラ構築，マクロ経済の安定，民間投資をガイドする産業政策，外国貿易のための制度作り，等々が含まれる。特に注目すべきなのは，社会保障制度の重要性だ。経済成長は，創造的破壊を伴う経済の構造変化だから，成長のための政策や制度改革は既得権益グループから強い抵抗を受ける。その過程で，不利益を被るグループの不利益を社会保障制度などを通じて緩和することは，成長政策のコインの裏側として無視できない。

　一口に途上国といっても，各々の国が置かれた状況には大きな差異がある。それぞれの途上国は，それぞれ特有の「地理と歴史」を背負っている。経済成長の条件としての気候や地質，水資源や鉱物資源，ロジスティックを大きく左右するその国自体の「地理」だけでなく，民族的構成のような国家形成にいたる長い歴史的背景，あるいはまた市場や交通網を提供してくれる近隣諸国との外交関係のような「歴史」が成長に大きく影響してくる[11]。『成長報告書』は，特に経済成長に不利な条件を持つ国として，第1に，旧宗主国の植民地政策によって不自然な国境線を引かれたサブサハラ・アフリカ諸国を挙げている。ナイジェリアにしてもガーナにしても，多数の民族を抱え，政治的・社会的に国内の統一をとることが難しく，統一国家としての開発政策を形成することが難しい。ウガンダ，ザンビア，ジンバブエ等々の多くのサブサハラ・アフリカ諸国が外洋にアクセスを持たない内陸国であるのも，その歴史的な植民地支配の産物だ。第2に，規模の経済を持たない，また外部的なショックに対して脆弱な小国が挙げられている。例としては，ガボン，トーゴ，エリトリア，ベニン等々数多くのサブサハラ・アフリカ諸国がこの範疇に入る。第3は，資源国で，いわゆる「資源の呪い」が原因で，政治経済の経営が難しい国だ。石油資源が豊富にあるにもかかわらず，政府の腐敗を主因として経済

---

[11] 浅沼・小浜（2013）で，われわれが11の途上国の開発政策の経験にもとづいて主張したのも，『成長報告書』と同じ趣旨だ。

運営に失敗を重ねているナイジェリアがその典型だ。第4に，中所得国も経済停滞に陥りやすい。当初成長を加速させた成長戦略は，国民の所得水準が上がり，産業の国際競争力や産業構造が変化する。その過程で新しい成長戦略が必要になってくるが，えてして「成功フォーミュラ」を変えるのは難しいからだ。このカテゴリーに属する中所得国は，メキシコやブラジルをはじめ，マレーシアやタイも「中所得国の罠」に陥っているようだ。

　以上，経済成長の論議としては，はなはだ不十分だが，このような要約的な議論をしたのは，経済成長に焦点を絞った場合，ODA は途上国の経済成長にどのように貢献できるかを考えてみたかったからだ[12]。ここで，先に要約した3層の経済成長の要因分析にしたがって，各層で ODA の果たすべき役割を考えてみよう。

ODA の役割

　途上国経済の場合は，先進工業国経済に対してのキャッチアップ過程が問題になる。キャッチアップ過程に焦点を絞ると，上に述べた3つの層——あるいは3つの「相」——でも，それなりの問題が生じる。たとえば，低所得段階においては国内貯蓄が希少で，それが資本蓄積のペースを遅くする。あるいは，ソフトおよびハードのインフラが整備されていないために，高い生産性を生み出す技術がスムースに導入できない，等々の問題だ。さらにまた，キャッチアップという言葉が表すように，その過程はキャッチアップする相手側——すなわち，世界経済の状況や体制——に大きく影響される。

　第2次世界大戦後のほとんど70年にわたる世界経済の歴史的な展開で，もっとも注目すべきなのは，グローバリゼーションの進展だろう。まず財とサービスの市場が世界的に拡大した。それと同時に先進工業国ベースの多国籍企業が誕生し，世界市場で生産・販売の事業展開をした。多国籍企業が行う途上国への直接投資（FDI）は，世界経済を動かす重要な要因になった。途上国の

---

[12]　もちろん，ODA の経済成長に与える効果の研究は，数え切れないほどある。しかし，そのほとんどは，経済援助量と経済成長率との相関関係を計量経済学的に分析したもので，因果関係については，クロスカントリー・データにもとづく推論にしかすぎない。最近の代表的な研究としては，Rajan and Subramanian (2005, 2007) 参照。

第3節　途上国成長の要件と ODA の役割　　　　　　　　　　　175

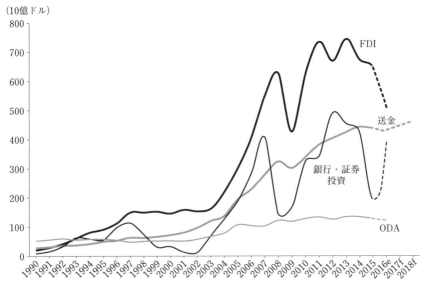

図 6.1　途上国への資金フロー：送金との比較

注：2016e＝推計，2017f，2018f＝予測。
資料：World Bank, "Migration and Remittances: Recent Developments and Outlook," Migration and Development Brief 27, April 2017.

　経済成長を阻害する要因として，過去には低所得のゆえの国内市場の狭さや国内における資本家・企業家層の矮小さが強調されることが多かったが，現在ではそのような議論は通用しない。香港，シンガポール，韓国，台湾をはじめ，タイ，マレーシア，中国，インドネシア，ベトナム等々の東アジア諸国の例を挙げるまでもなく，輸出志向の工業化が成功した事例は多いし，また経営資源については，多国籍企業による FDI がその解決策となっている。図 6.1 は，1990 年代からの途上国に対する資金の流れ──FDI をはじめ，銀行・証券投資，海外労働者からの送金等を ODA と比較した──を示している。
　そして，それを追うように，金融の世界にもグローバリゼーションが訪れ，国際的な資本移動が拡大した。資本移動の主体は，当初の銀行から証券，そして最近ではいわゆるシャドウ・バンクと称されるヘッジ・ファンドやその他のアセット・マネジメントの分野に及んでいる。このようなグローバリゼーションの対象になったのは，当初は一部の新興市場国（emerging market economies）

と呼ばれる国々に限られていたが，最近では，発展段階のより低い途上国群
——フロンティア経済（frontier economies）と呼ばれている——も，このよう
な国際的な資本・金融にアクセスできるようになった。もちろん，「条件さえ
整えば」の話で，それは重要な制約条件ではあるが，一般的には投資環境さえ
整えば，国内貯蓄不足が投資の足かせになることはなくなった。これは，途上
国の成長にとって，実に大きな変化だ。労働の国際移動も，グローバリゼーシ
ョンの1つの現象になっている。途上国の海外労働者の本国への送金は，世
界銀行の推計によれば，2016年には実に4,230億ドル——ODAの3倍，あ
るいは証券投資や銀行借款等の資金とほぼ同額——にまで達している[13]。途
上国によって大きな差があるが，海外労働者からの送金額が，年間GDPの
20～30% に上るネパールやハイチ，キルギスのような国も出てきている。

　それでは，成長に必要な労働投入はどうか。もちろん発展段階にもよるが，
途上国の場合一般的に言って，労働人口に問題はない。むしろ，増大する労働
人口に対して，それを吸収する雇用の創出が追いつかないことが問題だ。しか
し，雇用創出に成功したとしても，それは主として工業部門——そして場所と
しては，都市部門——ということになる。発展段階の初期には，労働人口の過
半数は農村地域にいて農業に従事しているから，農業部門（農村地域）から工
業部門（都市部）への労働移動が必要になる。この場合，農村から都市に移動
してくる労働力が工業部門における雇用に適しているという保証はない。移
動してくる労働力が，十分に健康的で，かつ最低限必要な教育（たとえば識字
能力）を受けているかどうかだ。さらに，労働投入といっても単なる単純労働
ではなく「人的資本」と呼ばれるような技能集団としての労働力となると，教
育制度が十分に発達していない場合には供給サイドに問題が出てくる。いず
れにしても，成長過程の構造変化がスムースに行われるには，労働の流動性
がなければならず，労働慣行，労働市場，労働法，労働組合制度，等々労働供
給にかかわる諸制度が工業化や成長にとって促進的なものでなければならな
い。シンガポールの歴史的な事例は，この意味で興味深い。シンガポールは，
1960年代の半ばから輸出志向型の工業化とそれをベースとする高度成長に成

---

[13] World Bank (2017a, p.2, Figure 1.1 and p.21, Annex B). 送金額のピークは，2014年の
4,360億ドルと推計されている。

功した国として知られている。シンガポール政府が工業化戦略の一環として最初に実施したのは労働関係法（Labor Relations Acts）の改定で，労使関係をバランスのとれたものにして外資をはじめとする企業活動を容易にすることを目的としていた（浅沼・小浜 2013，第 2 章第 4 節）。さらに，先にバグワティ＝パナガリヤの「トラック・ワン戦略」を論じた際に，彼らがインド経済の成長にとって最重要な要件として挙げたのが労働法の改正だったことを思い出していただきたい。

このように考えると，資本蓄積にしろ，技術移転にしろ，さらに労働投入にしろ，途上国の成長に必要な生産要素のレベル（すなわち，上記の第 1 層）のレベルでは，ODA が埋めなければならないギャップは存在しない，と結論付けられる。ちょっと雑駁な議論の誹りを受けるかもしれないが，グローバリゼーションの展開が不十分であった時代には，途上国経済の成長を抑制する投資・貯蓄ギャップや輸出・輸入ギャップが厳然と存在した。しかし，今日このようなギャップは存在しないと断言してもよいのではなかろうか。

もしギャップが出てくるとしたら，それは政府が「成長のための条件」を整えなかったからだ。すなわち，経済成長の問題のほとんどは，先にわれわれが「第 3 層」と呼んだ政府の政策や制度——エコノミストはこれをインスティテューションと呼んでいる——の問題だ。経済成長に伴って，政府の政策や制度は変化しなければならない。それが硬直的になっている場合には，短期的には政治的・経済的なコストがあっても，改革が必要になる。より一般的には，何らかのギャップが生じるのは，今日では政府の政策・制度と政府部門の運営においてであると言える。

先に「構造改革パラダイム」を論じた際に，政府の役割が議論された。その議論の中で，いわゆる「ワシントン・コンセンサス」なる考えが出てきた。一言で言えば，「小さな政府」論だ。しかし，途上国の場合には，「小さな政府」は，経済成長にとって望ましくない結果を及ぼす。なぜならば，経済成長の過程で，政府の役割は拡大せざるをえないからだ。発展の初期で所得水準が低い段階では，国民の関心事は衣食住のベーシック・ニーズで，家計の支出の大部分は衣食住に向けられる。しかし，所得水準の上昇とともに，教育や保健に対する支出需要が増えてくる。同時に，経済成長のためのインフラ支出も増え

る。農業部門では，新しい技術導入のために灌漑や水資源管理のインフラが必要だし，また新しい種子の使用や耕作方法の改善のための技術指導と普及制度を拡大しなければいけない。工業化と都市化が進むと，そのためのエネルギーや交通・運輸のためのインフラが必要になってくる。農村部にあった伝統的な相互扶助慣行を都市部に移すことはできないから，増大する都市住民のためには政府の責任で福祉制度も作らなければいけない[14]。要するに，経済成長の過程では，政府が供給しなければいけない「公共財」に対する需要は増大する傾向にあるから，政府の規模が拡大するのは避けがたい。

　同じことは，政府の政策や制度の面についても言える。産業政策を例にとってみよう。産業政策の本質は，政府が各種の政策手段を用いて特定産業の振興を図ることにある。産業政策が，インダストリー・ターゲティング（industry targeting）と呼ばれるのはそのためだ。1950-1960 年代に途上国の間に流行した産業政策は，工業化に不可欠と思われる産業を特定し，その産業設立のために，税制上の優遇措置を与えたり，有利な条件の政策金融を供与したり，民間企業に対する優遇措置では物足りないと判断した場合は国営企業を立ち上げたりすることだった。国の産業に対する関与の度合いが強い恣意的な政策だった。日本，韓国，台湾，シンガポール等がとった政策が典型だ。しかし，この種の産業政策の失敗例も多い。政府に先見の明があるかどうかは疑わしいし，また政策が恣意的であることから産業界のレントシーキングの対象になりやすい。われわれの意見では，たとえばシンガポール（電子・電機産業）や韓国（鉄鋼，造船等々の重工業）の 1960-1970 年代の経験は，インダストリー・ターゲティングの成功例だが，インドネシア（鉄鋼，自動車，化学工業）やガーナ（工業全般）の同時代の経験は失敗例だ（浅沼・小浜 2013）。

　グローバリゼーションが進んだ今日では，その当時とは事情が違う。したがって，産業政策のインダストリー・ターゲティングという点は同じでも，それを達成するための政策手段は大きく変わった。グローバリゼーションのもとで，多国籍企業による直接投資（FDI）が，途上国の工業化における主要な

---

[14]　ジャカルタやクアラルンプールのスラムや貧困者居住区は，「カンポン」とか「カンプン」と呼ばれる。村という意味だ。農村部からの低所得移住者が集まっている地域だが，もともとの村にあった互助慣習や慣行あるいは祭りなどはなくなっている。

第 3 節　途上国成長の要件と ODA の役割　　179

アクターとして登場してきた。しばしば，工業化の推進は FDI 誘致と同義語
であるかのごとく扱われ，FDI の受け入れ側である途上国の投資環境（invest-
ment climate）の改善が工業化の重要な要件になった。しかし，投資環境と一
口に言っても，港湾インフラから始まってその国の法の支配の状況までをもカ
バーする広い概念だ[15]。一般的にある国の投資環境を改善するのは，その国
の経済を発展させることと同じくらいの時間とエネルギーを要する。したがっ
て，FDI の流入を増大させるためには，投資環境の改善をするべきだという
のは，実際に役立つ政策助言とはいえない。

　そこで，国全体の投資環境の改善の前に，国の一部地域あるいは一産業を選
んで，そこに投資を検討している直接投資家や多国籍企業にとっての投資環境
を地域的・部分的に改善するのだ。われわれはこれが今日の産業政策だと思う。
1 つの例は，1 つの産業集積ができあがるくらいの規模の工業団地の建設だ[16]。
もし，そのような工業団地への投資家に対して電力供給や交通・運輸インフラ
を保証できれば，また労働争議に際して交渉の仲介役が果たせれば，さらに工
業団地内や近隣に労働者の供給を請け負えるエージェントがいれば，工業団地
内の投資環境は各段に良くなる。（工業団地の場合は，途上国の直接投資の際
にトラブルの原因となる土地収用の問題も起こらない。）このような工業団地
建設の基礎となるのは，工業団地法だし，ゾーニング規制だし，土地収用規則
だし，さらに工業団地に対するインフラ供給もすべて政府の役割だ。工業団地
を輸出特区等の特別な目的で使う場合はなおさらだ。もちろん工場団地そのも
のの建設は，民間の業者に任せることも可能だ。しかしその場合でも，工業団

---

[15]　世界銀行は，毎年世界各国における企業活動の難易度ランキングを発表している。World Bank
　　（2017b）。このランキング指標に含まれる要素は，電力や交通・運輸インフラをはじめとして，
　　政府の投資規制や用地取得に関わる法規制，金融機関の機能，法の支配等々実に多様だ。
[16]　2015 年にわれわれにスリランカのビヤガマ輸出特区（Biyagama Export Processing Zone）
　　を訪れる機会があった。この輸出特区は，外国の輸出企業のための生産基地をうたい文句にして
　　いるが，コロンボ港から 20 km 以上離れた内陸の森林地帯に設置された 180 ヘクタールの特区
　　で，コロンボ港から 1 時間はかかる。なぜこんな場所に輸出特区を設立したのかというわれわ
　　れの質問に，入所企業の責任者は，「特区設置のときのジャヤワルデネ大統領の甥でラニル・ウ
　　ィクレマシンハ現首相がちょうど初めて国会議員として立候補することになったので，大統領が
　　そのはなむけに彼の選挙区に輸出特区を設けたのさ」とこともなげに答えてくれた。世界中にこ
　　うした工業団地は多くある。スリランカの輸出特区については，Abeywardene et al.（1994）
　　を参照。

地に関連した法的な枠組みや周辺インフラの整備は政府の役割として残る。

この例からも明らかなように，経済成長を促進するうえでの政府の役割は大きい。成長のための「条件を整える」のは，政府の責任で政府によってなされなければならない。また，政府のこのような役割は発展段階とともに変わっていかなければならない。民間の経済活動の進化は，多国籍企業のもたらす技術導入や先進国からの最新の設備機械の輸入によってもたらされる。では，政府の政策や制度改革・制度作りは，どのようにして進化させればよいのか。民間部門に対するFDIや多国籍企業のような役割を，政府部門に対して果たしてくれる何かが存在するだろうか。

途上国の成長経験にもとづくと，政府の成長政策や制度作りが成功するのは，国の政治指導者がその目的にコミットしそれを有能なテクノクラートが目的に沿った実現可能な政策として策定しまた制度設計をする場合だ。この政治指導者とテクノクラートのコンビネーションが大切で，特にテクノクラートは政策技能と知見を持っていなければならない。ここに今日の途上国のギャップが存在する。これを，過去に議論した投資・貯蓄ギャップや輸出・輸入ギャップに擬えて，「政策能力ギャップ」とでも呼ぶことにしよう。先進工業国の政策や制度が途上国の成長にとって最適だというわけではない。先にも述べたとおり，すべての国は固有の「地理と歴史」を抱えて経済成長と発展の道を歩んできた。先進工業国が実行している政策や制度は国によって違い，世界基準のようなものはない。しかし，先進工業国は永い経験を持っている。過去において，途上国が今日直面する問題に類似した問題や困難を乗り越えた経験を持っている。あるいは，失敗の経験もある。何よりも，先進工業国の政策や制度は，成功や失敗を重ねながら進化を遂げてきた。マクロ・レベルでの財政運営や税制がそうだし，セクター・レベルでの電力をはじめとするエネルギー供給体制の構築や規制もそうだ。また，老齢年金や医療保険制度の構築も，ここでいう政策・制度の問題だ。

われわれの考えでは，この「政策能力ギャップ」を埋めるのがODAに残された役割だ。この役割は「公共政策サポート」と言い換えてもよい。もちろん，GDPの20〜25％を占める政府支出には，先進工業国の最新の技術を体化した財やサービスの輸入が含まれている。それが，政策技術の導入の契機に

なる場合もある。たとえば，最新の医療機械や医療薬が医療規制や医療体制の改革を促すような場合だ。しかし，政策能力ギャップを埋めるのは並大抵ではない。最先端の設備やサービスの輸入だけではそのギャップは埋められない。また，先進国から途上国に対する単なる知識の移転では，このギャップは埋められない。また，今日援助機関が実施しているいわゆるキャパシティービルディングも，たぶんに皮相的な知識の伝達に終わっている。

もし ODA がこの残された役割を果たすとすれば，より大規模な政策・制度改革の経験の収集と分析，より組織化された短期・長期の教育・訓練プログラム，特定政策問題に関するセミナーやシンポジウム，実際に政策や改革を担当する途上国ポリシーメーカーとの定期的な政策対話，等々の試みがなされなければならない。従来狭義の技術移転を含む知識の移転は安易に考えられてきた。技術や知識の集積があれば，水が高い所から低い所に自然に流れるように，移転は行われると考えられてきたようだ。しかし現実は違う。資本の流れが各種の金融機関の組織化された金融市場における活動を通じて初めて可能になるように，技術や知識の流れも良く組織化されたエージェントを通じて初めて可能になるのだ。「政策能力ギャップ」，あるいは「公共政策サポート」を ODA の主たる業務として確立し，ODA 機関がそのエージェントになるのは，今後に残された難しい課題だ。

第4節　失われる ODA の意義と残された役割

2015 年 12 月末で MDGs の期限は終了した。それに先立って，MDGs の後継目標として 2030 年を期限とする SDGs が 2015 年の国連総会で採択された。SDGs（「持続可能な開発目標」）は，MDGs を拡大したもので，17 の目標（ゴール）と 169 個に上る達成数値目標（ターゲット）からなる。あまりに多数の目標があるので，「神様でさえ，人間に 10 個以上の目標を与えなかったのに」と揶揄される。しかし，国連のサミット会合にニューヨークに集まった加盟国首脳からはたいした異論もなく採択されて，2015 年の大きなニュースとなった。それに先立って，エチオピアのアジスアベバで SDGs 達成のために必要なファイナンスを議論する会議があり，そこではすべての先進国は

GNI の 0.7% を ODA に使うべしという何十年と続いてきた不毛な議論が繰り返された。これが，われわれが揶揄を込めて「SDGs フェスタ」と呼んだ 2015 年のイベントだった。

「SDGs フェスタ」の醸し出す雰囲気とわれわれが MDGs の経験から引き出した教訓との落差は大きい。途上国の開発現場を見てきたわれわれにとって，マンハッタンの国連本部はフールズ・パラダイス（痴人の天国）のように思えるからだ。MDGs においては，目標の中核である貧困削減は大きく前進した。しかし，何度も繰り返しになるが，それは 1990 年代から 2000 年代にかけて世界経済がいわゆる一次産品のスーパーサイクルの波に乗って成長が加速したからだった。しかし，そのスーパーサイクルの波が下降局面に入って，世界経済が長い低迷期に入ろうというときに，実現可能性の考慮もなく，考えられる限りの「願望としての目標（aspirational targets）」を並べたてるのは，もはや政策という名に値しない。

ODA は，もともと途上国の経済成長を促進するために先進工業国群が資金提供をする目的で始められた。途上国は低成長を原因として貯蓄不足が常態で，成長のための資本蓄積に必要な投資が十分できなかったからだ（「投資・貯蓄ギャップ論」）。また，途上国が資本蓄積過程で必要とする輸入——それは新しい技術を体化したものだ——を賄うに十分な輸出能力がなかったからだ（「輸出・輸入ギャップ論」）。しかし，世界経済のグローバリゼーションが進み，途上国の輸出市場の可能性が広がり，多国籍企業による FDI が活発化し，国際的な資本市場にアクセスできるようになったいまでは，ODA の本来的な存在意義は，失われないまでも，大きく縮小していることはすでに述べたとおりだ。

ここで，われわれが展開しようとしているのは，ODA 有害論やその他の理由による ODA 反対論ではない。ODA は，途上国の経済成長と貧困削減の主役の座を，FDI や資本市場，さらには海外労働者の送金に譲り渡した，という意見だ。ODA は，大多数の途上国の経済発展にとってまだ有用ではあるが不可欠な要素ではなくなったというのがわれわれの主張だ。脇役としての役割はまだ残っている。

残された役割で重要なのは，途上国の「公共政策サポート」だ。途上国の成長と発展の過程で，政府の果たさなければならない役割は大きい。しかも，政

第4節 失われる ODA の意義と残された役割　　　183

府の役割自体が，経済成長に合わせて大きく変化し，成長していかなければな
らない。政策策定と実施，制度設計と改革の実施が常に求められるからだ。し
かし，現実には，ここに「政策能力ギャップ」とでも称するギャップが存在す
る。民間部門の発展や，世界経済自体の変化に応じて，途上国の政策や制度は
変化し続けなければならないが，それを実行に移す政府自体の変化を促す要因
は，グローバル化された世界経済に本来的に存在しない。この「政策能力ギャ
ップ」を埋めるのは，ODA の残された役割だろう。

　先進国が持っている政策能力が，そのまま今日の途上国に移転できるわけで
もなく，またそれは適切でもない。先進国群に中に存在する多様な政策・制度
の改革経験を，今日の途上国政府にとって有用な形で組織化して移転できるよ
うにするためには，開発援助機関の側の努力が必要とされる。すでに存在する
技術協力は，「政策能力ギャップ」を埋めるには不十分だ。また，政策能力ギ
ャップを効果的に埋めるためには，能力移転をファイナンスに内包させること
が必要になる場合もある。「開発プロジェクト」概念が全盛のときには，開発
プロジェクトの中に技術移転や経営資源の移転が埋め込まれていると考えられ
ていた。いわゆる「ファイナンス・プラス」の考え方だ。政策能力移転につい
ても同様に，「ファイナンス・プラス」のプラス要因として，政策能力移転を
考えることもできる。

　この章を閉じるにあたって，1つだけ最近の「ファイナンス・プラス」の良
い例を挙げておきたい。その例は，ラオスのナムチュン2と称される水力発
電プロジェクトで，世界銀行の IDA，アジア開発銀行の AFD がプロジェク
ト融資にかかわっていて，国際機関が提供する「プラス」部分がなければこの
プロジェクトはとうてい成立しなかった[17]。ラオスは，中国そしてベトナム，
タイ，カンボジアの ASEAN の3か国に囲まれた内陸国だ。人口は約680万
人の小国で，近年高度成長を続けているとはいえ，1人当たりの GNI は1,839
ドル（2016 年推計）で，ASEAN の中で極貧に属する国だ[18]。山岳国で，資

---

[17]　このプロジェクトにかかわった世界銀行スタッフによるプロジェクトの記録がある。Porter
　　and Shivakumar (eds.) (2011).
[18]　世界銀行のデータ。2015 年ベース。1人当たり GNI は，世銀のアトラス方式（当該国通貨建
　　ての国民所得統計を平均為替相場でドルに換算したもの。ただし為替相場の大幅な変動は調整）
　　による。

源は乏しいが，タイとの国境を流れるメコン河とその支流の豊かな水源を利用した水力発電プロジェクトは，計画中のものも含め数多い。2016 年ベースの推計によると，近隣国に対する電力輸出は全輸出の 4 分の 1 近くになる（World Bank 2017c）。

その中で，メコン河の支流のナムチュン河の水源を利用するナムチュン 2 プロジェクトは，1990 年代後半にいわゆる PPP（Public Private Partnership）プロジェクトとし計画された。それ以来，世界中の事業者や金融業者がプロジェクトを検討したが，永い間実現しなかったのは，プロジェクトが大規模でかつ複雑だったからだ。タイ電力への売電分と国内消費分を合わせた発電能力は約 1,070 メガワット，総工費は 14 億 5 千万ドル，資本金の半分はカンボジア政府が出資し，後は民間事業者が負担し，その資本金をベースに世界各国の輸出信用と銀行融資でプロジェクトを賄う（終章のボックス 9「ラオスのナムチュン 2 水力発電プロジェクト」を参照）。

プロジェクトが実現に向かったのは，ようやく 2001 年になってからで，世界銀行が中心になってプロジェクトの形成とファイナンスのアレンジに乗り出してからだ。こうしてプロジェクトは 2005 年になって建設が始まったが，その過程で世界銀行やアジア開発銀行の役割は典型的な「ファイナンス・プラス」だった。贈与，融資，融資保証等のファイナンス支援の他に，ダムの安全性確認，環境アセスメント，ダム建設の社会的インパクト調査等々は，これら援助機関が主導した。さらに興味深いのは，このプロジェクト・ファイナンスと並行して，世界銀行がラオス政府の公共財政管理システム（財政政策，運営等々のすべて）の改革プロジェクトを立ち上げたことだ。カンボジアのメコン河流域の発電事業から得られる財政収入を効率的にカンボジア経済の発展に使うためには，財政政策と財政システムの合理化が欠かせないとの判断からだ。あらかじめ，「資源の呪い」が起きないように財政の枠組みを設定しておこうという趣旨だった。

ラオスのナムチュン 2 プロジェクトは，われわれがここで議論した政策能力の移転や「ファイナンス・プラス」の考え方に有益な示唆を与えてくれる。われわれは，この議論を次の章で展開したいと思う。

終　章　ODA をどう再構築するか

第1節　イントロダクション：ODA の機能不全

　第2次世界大戦後の世界で，途上国に対する開発援助は重要な国際経済政策問題であり，また重要な国際政治問題だった。しかし，今日ではその重要性や緊急性は影が薄くなり，嬉しくはないが「ODA の終焉」という考えが現実性を持ってくる。なぜか。

　帝国主義や植民地主義が終焉を迎えたのは，第2次世界大戦後だった。元欧米の植民地だったサブサハラ・アフリカの諸国が独立を果たしたのは戦後15年を過ぎた 1960 年代になってからだが，多数の独立国を包含する世界が成立したのはこの戦争終結直後の時期だ。そして，そのようにして成立した世界は，先進工業国と当時「後進国（backward countries）」とか「低開発国（undeveloped countries）」と呼ばれていた途上国に大きく二分されていた。途上国の経済発展が，当事者である新興独立国家の政府だけでなく先進工業国を含む世界経済全体の第一義的な国際政治課題となったのは，このような環境においてだ。

　第2次世界大戦中から検討されてきた戦後世界の国際経済システムには，その重要な要素として途上国の経済発展の課題に対応する政策や制度が組み込まれてきたが，その1つが先進国から途上国に対する経済援助，開発援助だ。世界銀行やアジア開発銀行等の地域開発金融機関，先進工業国の途上国援助機関が世界経済システムの一部として制度化され，これら機関は競争・連携・協調して途上国の開発に貢献してきた。

　この2つのイッシュー，すなわち途上国の発展と開発援助は，戦後 70 年紆

余曲折を経ながら展開してきた。紆余曲折を捨象して極端に単純化すると，途上国の経済発展と貧困削減が右肩上がりに進展すると同時にそれに呼応するように開発援助の重要性が低下していった。開発援助の成功自体がその重要性を減じる種を内蔵しているのは，その性格から理解できる。そのうえ，世界経済の発展——特にグローバリゼーションによるモノ，カネ，ヒトの世界市場ができあがったこと——が重要な背景だ。これまでの章では，この2つの問題の相反的な展開を，途上国経済の発展と開発援助のパラダイム変化として議論してきた。

　ODA の現状は，そこで論じられているようにハッピー・エンドとはほど遠い。現在議論されている MDG/SDG パラダイムは内容的に空虚だし，現実の ODA は機能不全に陥っている。何よりも，途上国の現場で見る発展と開発の現実と，ニューヨークの国連本部などで議論される理想論との間にはおそるべき落差がある。

　われわれのように何十年も途上国を旅している者にとっては，途上国の経済発展や貧困削減はまさに足の踏み場もないような猥雑で荒々しい変化の連続する時空だ。いまから半世紀も前には，アジアの国々への旅の途中にバンコックに立ち寄って最初に目にするのは空港からバンコック市内への2時間から3時間もかかるタクシーの窓から眺める景色だった。空港自体が木造建築で，外にはエアコンなどない襤褸タクシーが並ぶ。バンコック市内に向かって走り出した途端に目に入るのは一面の水田で，農夫が牛を引いて耕している。その中をろくに舗装も施していない道路が横切るのだ。バンコック市内に入ると，昔ながらの高床式の家屋が並び，運河のそばには漢字の看板を掲げた商店が並ぶ。

　いまバンコックに入ると，実に近代的で日本のどの空港よりも交通量の多い空港に降り立ち，リムジンを雇って市内に向かうのは高架高速道路で，トヨタやメルセデスが時速 100 キロで走る。そこから見るバンコックは高層ビルの立ち並ぶメガロポリスで東京やニューヨークと変わりない。また，バンコックから北に飛んでミャンマーとラオスの国境辺の田舎に行っても，そこには耕運機で田んぼを耕す農民がおり，彼らの家には自家用車とバイクがおいてある。

　これが経済成長であり開発なのだ。一方，1990 年代に MDGs が国際開発コ

第1節 イントロダクション：ODA の機能不全

ミュニティの主要議題に上って以来，国連にしろ OECD にしろ，そこに集まってくる人たちは「貧困のない世界」とか「人間の安全保障」とか，果ては「人間能力の範囲を拡張するような開発」とか「国民総幸福量」とか，実に高邁にして高尚なテーマを議論してきた。しかし，これらの議論は普遍的な目的や価値を議論することに終始してきた。それを超えての議論は，せいぜい目標を数量化するだけだった。目的を達成するためにどうすれば良いか。どんな政策手段を使うのが得策か。その政策手段を使って目標を達成するためには，どのような条件を満たす必要があり，またどんなインプットが必要とされ，目的達成努力のコスト・ベネフィットはどうなるか。これらの高邁な議論では，こうした問題提起も深い分析や検討もテーブルに乗せられもしなかったように思う。何よりも，経済発展や開発という社会の大規模な変化の全体像や将来のビジョンを意識しての議論はない。議論に参加している人たちは，目的や価値の議論に高揚感を覚えるかもしれない。まさに，国連外交官と国際 NGO の人たちの「狂宴」だ。しかし，ある特定の一時期の，ある特定国の，ある特定の開発課題に取り組んでいるものにとって，そんな議論は現実離れした抽象論だ。

　究極の究極を考えることは，宗教家か哲学者に任せておけばよい。非現実的な大言壮語は政治家に任せておけばよい。この現世で生々しい社会経済課題を考えている政策担当者にそんな余裕はない。もっと現実的な，具体的な課題に取り組まなければならない。政策や制度の設計をしてそれをどう実施するか，すべて現実に根差した具体性のある話で，この世に存在するかしないかもはっきりしないパラダイスの話ではない。途上国の経済社会発展を考える場合には，せいぜい今後 5 年から 10 年程度のタイムスパンで，インフラをどうするとかどんなプロジェクトを実施するかとか，教育制度改革が必要だとか財政赤字をどうファイナンスするかといった身近な問題を扱うのが現実的だということになる。その意味では，過去に途上国が作ってきたいわゆる「開発 5 ヵ年計画」の方がまだ現実的だったし，投資計画や投資プロジェクトは現実の問題を提起していた。

第2節　新しい ODA のパラダイム

　いま必要とされているのは，新しい ODA パラダイムだ。そして，新しい ODA パラダイムを考えるときに注意することがいくつかありそうだ。

　第1は，ODA の歴史的な重要性が世界経済のグローバリゼーションとともに小さくなってしまった事実だ。途上国経済の成長プロセスで ODA 資金は重要な要因だった。ある場合には，ある特定国にとって ODA は成長のために不可欠な要因だった。たとえば，1970 年代，1980 年代のインドネシア経済の安定と成長には，IGGI（Inter-governmental Group for the Government of Indonesia）と称するインドネシア政府に対する援助グループが欠かせなかったし，韓国が産業の高度化，すなわち自動車産業や造船産業や化学産業といった重化学産業を設立する過程で，世界銀行や日本をはじめとする韓国援助協議会（Consultative Group for Korea）の大掛かりな技術支援を伴った資金援助は大きな役割を果たした（浅沼・小浜 2013，第3章「韓国：漢江の軌跡と産業構造の高度化」）。

　しかし，いまは違う。国際的な交易市場や国際金融資本市場が復活し，グローバリゼーションは未曽有のペースとスケールで進展してきた。途上国政府の経済政策運営も改善し，ほとんどの途上国が国際資本市場へのアクセスを持つようになった。そうした背景の中で，ODA の途上国開発に果たす役割は，有用であるかもしれないが決して不可欠ではなくなったのだ。いってみれば，途上国経済発展の必要条件の良くてワン・オヴ・ゼム，よりシビアに言うと「どうでも良い人畜無害」の要因になってしまったのだ。ここでわれわれが主張している意見は，ODA 批判論の中では，たぶん「不可欠ではないが，時と場合によっては，また使い方によっては，途上国の経済発展に貢献できる」という，弱い条件付きの賛成派に属するのではなかろうか。ここでは詳しく論じないが，ODA 批判を大別すると，「有害論」，「無害・無益論」，「本来的には肯定的だが，現在の ODA 政策は間違い」等々に分類できるが，われわれの意見は，最後のカテゴリーの変形ということができる[1]。

　第2に，このような ODA の重要性の低下という現実を受け入れたうえで，

第 2 節　新しい ODA のパラダイム　　　189

従来 ODA 議論に必ず付いてきた「ODA の数量信仰」をギブアップすべきだと思う。ODA の所要量と先進国の間でのバードン・シェアリングは，1960年代から盛んに議論されてきた（浅沼 1974，第 2 章「援助所要量と援助効果」を参照）。そして，いつの間にか，先進国はその国民総所得（GNI）あるいは国民総生産（GNP）の 1% を途上国の開発支援に，そのうちグラントあるいはソフト条件の ODA は 0.7% を負担すべきだということは，国際公約にまでなっていると考えられるようになった[2]。

　もっとも，そんな国際公約はモーゼの十戒の中の「汝姦淫するなかれ」ほどにも守られることはなかった。それは至極当然で，この「GNI の 1%」や「GNI の 0.7%」にはなんの根拠もなかったからだ。当初 UNCTAD 等が援助所要量を推計したのは，途上国がグループとして先進国と一種の集団交渉をする目的で腰だめ的な数字として考えられたのだ。それにもかかわらず，この目標は，それこそ石に刻まれたかのごとく不動のものになって，MDGs 達成のための援助を議論した 2002 年のモンテレイ会議や SDGs を議論した 2015 年のアジスアベバ会議でも努力目標として採択されている。一度掲げた御旗は，メンツの問題もあって簡単に降ろせないのか，あるいは皆が浮かれ騒ぐカーニバルの最中に「根拠は何か」などという面倒なことはだれも考えないのか。

　ここで，われわれが勧める「数量信仰のギブアップ」は，全世界の将来のODA の努力目標だけではない。一国や一機関についても同様だ。たとえば日本の場合，多額の円借款残高を抱えている。そして，過去に円借款を受け取った国々から毎年一定金額が元本返済される。返済が滞ることなく元本が返ってくるのはありがたいことだが，一方新規の円借款がなければ日本の ODA 実績

---

[1]　ODA 批判は数え切れないほどあるが，有名なのは古くは Bauer and Yamey (1957) で，最近では Moyo (2010) がある。

[2]　OECD/DAC の資料に，この ODA ターゲットの歴史が記されている（www.oecd/dac/stats/ODA-hostory-of-the-0.7%-target.pdf）。この資料によると，1950 年代に先進国は国民所得の 1% を途上国に移転すべきだという提案を最初にしたのは，当時イギリスの労働党の経済顧問をしていたアーサー・ルイスだったという。しかし，この 1% は，グロスの公的資金だったので，1968 年のニューデリー UNCTAD 会議で，事務局長のラウル・プレビッシュがネットの公的資金として 0.75% を提案。その後，公的資金も譲許的条件のものに限ることにして，やはり 1968 年のピアソン委員会報告書で，0.7% ターゲットが使われた。これが今日の 0.7%ターゲットの起源だ。

は負の金額になってしまう。それを避けようと円借款の借り手を探して奔走することほど担当者にとって惨めで，同時に滑稽なことはない（ODA のネットとグロスについては，第 4 章ボックス 6 を参照）。

第 3 に注意すべきは，ODA をどのような形態で提供するかだ。先に（第 3 章「ODA パラダイムの変遷」）にも書いたように，ODA 事業において「開発プロジェクト」という概念は非常に有用だった。世界銀行が発明したわけではないが，途上国の公共投資計画や事後評価への応用を広めた概念だ。開発プロジェクトの概念があって初めて，投資収益率の計算が可能になり，そこで開発援助の効率性や効果性，あるいは正当性の議論が可能になる。

しかし，この概念は現在の ODA 事業では乱用されすぎている。なんでもかんでもプロジェクトやプログラムの名前を冠して，すべて途上国の計画省や財務省の ODA 担当者に持ち込んで，細かい条件を交渉しようとする。そして，それぞれに贈与協定や借款協定が作られ，それぞれにプロジェクト運営，調達，経理の枠組みが作られる。当然使い勝手は悪くなるし，何しろ途上国政府の上層部ですべてを把握できなくなる。いわゆる ODA 案件の取引コスト（transaction cost）は高くなるし，何よりも政策担当者レベルで膨大な数の ODA プロジェクトを管理できなくなる。何が起こっているかのコントロールを失ってしまう。どうも，「昨日の良い正しい政策は，今日の不適な悪い政策」という言葉の典型になっているようだ。

プロジェクト概念の使用は，開発プロジェクトの定義から正当化できるような，すなわちそれだけで独立的にコスト・ベネフィットが計算できるような大型の開発プロジェクトに限ることとして（一プロジェクトの最低金額を決めることも一案だ。たとえば，1 千万ドル，といったように），それ以外の案件は，たとえば部門別の開発援助基金のような枠組みで提供し，実施者が比較的柔軟に使用できるようにする考慮が必要だろう。

基金（ファンド）のアイデアは，例を使って説明するのがわかりやすい。たとえば，ある国が農村電化を目指しているとする。当然，国全体の農村電化戦略を策定し，それから 5 年くらいの中期の投資計画をたてる。従来のプロジェクト・アプローチでは，県単位の詳しい「xxx 県農村電化プロジェクト」を作って，ドナーはそれを評価にかけたうえでプロジェクト単位で ODA 資金を

第2節　新しいODAのパラダイム　　　191

提供してきた。ファンドの場合は，今後5年くらいの全国規模の農村電化基金を作り，その政策と投資のフレームワークだけを作り，詳細は実施の過程で決めていく。ドナーは，そのファンドに資金提供をすることになる。こうすることによって，援助案件のプロセス・コストと所要時間が短縮される。また，一般あるいはセクター別財政支援プログラムのように広範囲の予算を扱わないので，ドナー側がその説明責任を果たすためにしなければならない作業も多くない。すでに存在するパイロット・プロジェクトの成果を使って，投資プログラムの経済性や適正性を判断できる。ファンド・ベースの融資だからと言って，従来行ってきた投資の評価をしないわけではない。投資プログラム全体の経済全体に対する妥当性，効率性と効果性，そして投資後の運用にかかわる持続可能性（サステナビリティ）といった評価基準を使った評価は，プロジェクト評価の場合と同じように行う。ただ，その評価に，パイロット・プロジェクトの成果や類似のプロジェクトの事後評価の結果を使ってファンドに組み込む投資プロジェクトを評価することになるのだ。

　このアイデアに対しては，実施機関で働く援助関係者からの強い反対が予想される。援助効果，ガバナンス，コンプライアンス等々が問題となっているときに，ドナー国の納税者のカネを，しっかりしたモニターなしに使うのは許せないというのがその根拠だ。だから，この提案はもう少し時間をかけてしっかりと検討しなければならない。しかし，大局的な立場からは，現在の1つの途上国当たり数百に上るODAプロジェクトを何とかしなければならない。もちろん，従来から企画され，実施されている一般財政支援や部門別のいわゆるセクターワイド支援の枠組みは，もっと活用されてよい。

　第4に，パリ宣言で問題となった開発政策のオーナーシップについては，ドナーサイドの考え方の180度の転換が必要だ。実際パリ宣言（とその背景）を子細に見ていくと，途上国の開発政策のオーナーシップを求めると言っても，それを起稿したドナー側のやろうとしていることは茶番に近い。ちょっと考えていただきたい。ドナーサイドの国連外交官，国際NGO，先進国の援助機関関係者がパリ宣言でしたことは，まずMDGsやSDGsで途上国の目標設定をして，それを途上国に押しつけて「さあこの目標達成のために何をすればよいか考えてください，戦略も政策もすべて途上国が考えるべきものです。し

かし，その過程でドナーサイドにできることがあったら教えてください。もし，ドナーサイドの考えや財布に受け入れられるようなら，喜んでお手伝いします」——これがパリ宣言だ。国連憲章と「人間の安全保障」や「人間開発」等の概念は，不動のものだから目標は変えるな。これがパリ宣言のメッセージだ。

　重要なのは，途上国政府が，開発援助・支援・協力についてもっと主体的になることだ。たとえば，ある分野の開発を考えるときに，海外からの支援が必要と判断されるとする。その場合，ODA の受け取り手の途上国政府が，どのドナーがその分野で当該途上国にとって必要な優れた技術や経験を持っているか，またファイナンスが必要になったときにそのドナーに必要なだけの資金力があるか，等々の判断したうえで，開発支援の要請を行うようになるのが望ましい。その判断のためには，途上国政府は多数の候補となる先進国にミッションを送り，自らの判断で最適なドナーを探す努力をすべきだ。歴史的な例としては，新生日本は明治 4 年（1871 年）に西欧諸国に岩倉使節団を送っている。その使節団の本当の目的は不平等条約の改定準備だったとのことだが，使節団報告書の，日本の近代化のためにはどの分野ではどの国の制度や政策をモデルにするのが得策かという判断はその後の近代化政策の基礎になったようだ（中村 2015, p.122）。

第 3 節　「機能主義パラダイム」の勧め

　さて，このような注意点を念頭に置いて，新しい ODA パラダイムを考えよう。第 1 の選択肢は，ODA の安楽死だ。ODA の役割は終わった。その役割は，途上国群の経済成長であり貧困削減だった。そして，途上国経済の先進国経済へのキャッチアップ，いわゆる「コンバージェンス」は相当程度実現した。であるなら，この際 ODA の勝利を宣言して終わりにしようという選択だ。たしかに，途上国経済の発展とキャッチアップは著しい。世界経済の重心は途上国群に移ったかの感があるくらいだ。しかし，途上国経済の安定と発展の行く先に問題がないかというとそうではない。まだ問題が多数存在することは明らかで，安楽死の選択は無責任のそしりを免れないかもしれない。安楽

死の選択を考えるのは，ODA の役割を明らかにするデビルズ・アドボケート（わざと反対意見を唱えて議論を活発にする人）のようなものだ。

第 2 の選択肢としてわれわれが提唱したい新しい ODA パラダイムをなんと呼べばよいのだろう。一番わかりやすいのは，「機能主義（Functionalism）パラダイム」だろう。その特徴は，SGD/MDG パラダイムが，「貧困のない世界」や「人間の安全保障」といった普遍的な価値を表す理念に焦点を置いた結果，実際に何をすれば良いのかという現実の戦略や政策を深く考慮しない，極端に頭でっかちなパラダイムになってしまったという反省に基づいている。冗談でよく NATO（No Action, Talk Only）ということが言われるが，MDG/SDG パラダイムはまさにそれだった。

では，新しいパラダイムで ODA が果たすべき機能にどのようなものがあるか。これまでも，世界銀行やアジア開発銀行がその役割を議論するときに，よく「ファイナンス・プラス」という言葉が使われた。これらの機関が途上国に提供するのは，ファイナンスだけではない。それに何か重要なプラス要因が付加されるのだという意味だ。付加されるのは，たとえば大型のインフラ・プロジェクトに付随する最新の技術や，一般財政支援の場合のように政策や制度改革だった。機能主義パラダイムの場合には，「ファイナンス・プラス」の「プラス」サイドを強調して，むしろファイナンスはその「プラス」要因のための入れ物として扱う。

「プラス」要因に当たるものとしては，大きく 3 種類の機能が考えられる。もちろん，この 3 種類の機能の境界線をはっきり描くことは難しいが，この 3 種類の機能は今日の途上国が，少なくとも 3 種類のうちの 1 つは必要としているもので，かつそれを効率的に提供できるのは国際的な公的機関——マルチあるいはバイの開発援助機関——がもっとも適していると考えられる。途上国のすべてがこれらの機能を必要としているわけではない。途上国と言っても多種多様で，成長と安定，そして貧困削減の達成を阻害する制約要因や環境はそれぞれに違っている。さらにまた，それぞれの国の政治経済的な構造は違っており，開発戦略や政策運営にまつわる困難性の性格も違う。繰り返しになるが，それぞれの途上国は，それぞれ特有の「地理と歴史」の重荷を抱えて経済発展の道をたどっているのだ[3]。

第1の機能は，途上国政府の開発戦略や政策作りを支援することだ。成長と貧困削減のための制度や政策作りは，容易ではない。開放体制をとっている途上国の場合，民間部門には貿易や直接投資を通じて技術や経営資源やさらにはその他の知識と技法が流入する。それは，その途上国が国際的な市場を通じて世界経済につながっているからだ。また，市場を通じての技術や資本移転といっても，需要と供給のマッチングは自然に起こるものではない。その間にはエージェントが介在する。国際資本市場を考えてみるとわかりやすい。途上国の企業が国際資本市場から資本調達をしようとする場合，国際的な証券会社や投資銀行がエージェントの役割を果たして，その企業と海外の投資家との橋渡しをする。ここで考えている途上国の制度・政策作りの支援は，ある種の技術移転，いうなれば広義の技術で，戦略や政策策定の技法等を含む技術の移転だ。そして，援助機関が，こうした制度・政策作りや運営についての経験や技法を途上国政府に移転させるエージェントになる。これがわれわれの考えている第1の機能だ。従来の技術協力を拡張あるいは方向転換して，制度作りや政策策定と運営に技術協力の重点を移すという提案だ。また，制度・政策作り支援は，技術援助だけではだめで，ある場合には移転のための装置としてファイナンスが必要になる。

1つの事例として，公共財政管理分野での支援が考えられる。「資源の呪い」が問題になる資源国は，ともすれば放漫財政からする財政・国際収支域に陥りやすい。そんな途上国に対しては，「資源の呪い」から経済運営を守るのは規律ある財政政策の枠組みだが，その枠組みを作る手伝いと同時に，一時的な財政・国際収支支援を提供する必要が出てくる。そのような場合には，ドナー・グループが連携して——たとえばIMFや世界銀行の主導のもとで——ファイナンスを含む支援を実施するのが望ましい。

第2の機能は，インフラ構築の支援だ。インフラといっても，いわゆるハード・インフラと称される鉄道・港湾・道路・空港・都市交通等の交通・運輸インフラ，水力発電ダム・火力発電設備等々のエネルギー供給設備，灌漑設備等の農業インフラから，病院，学校等の教育・保健部門のインフラまで広範囲の

---

3) 浅沼・小浜（2013）は，いくつかの特定の途上国がそれぞれ異なった「地理と歴史」という重荷を抱えながら，どのような開発戦略と政策を追求してきたかの物語だ。

第3節 「機能主義パラダイム」の勧め 195

ものがある。さらに，ハード・インフラだけでなく，ソフト・インフラと呼ばれるこれらインフラの運営にかかわる制度や政策がある。ここに挙げたエネルギー・インフラについていえば，ともすれば独占体制になりやすいエネルギー供給部門をどのように組織するか。電力の発電，送電，配電は分離したうえで，それぞれの料金体系と価格決定はどのような管理・監督体制のもとに行うのか。こういったもろもろのシステム構築が必要になる。

　PPP（Public-Private Partnership，官民連携）方式と呼ばれるインフラ・ファイナンスが流行している。膨大なインフラ需要をすべて財政からの投資で賄うのではなく，民間資金が投資できるような制度と環境を作ってインフラ・ファイナンスをしようというアイデアだ。もっともよく知られた事例としてはエネルギー供給が挙げられる。従来国営電力公社が電力供給を行っていた場合でも，民間事業者に発電プロジェクトをまかせ，生産される電力を国営電力公社が買い取る長期契約を結ぶ。現在このようなインフラ・ファイナンスの手法は，エネルギー，交通・運輸，港湾・空港，等々の分野で使われている。

　しかし，このような場合でも，政府の役割は残る。制度・政策のソフト・インフラだけではない。たとえば，大規模な水力発電ダム建設を考えた場合，長期購入契約の履行保証等の他に，ダム建設にまつわる環境調査をはじめ，近隣の道路建設等の社会的な投資は，政府の役割として残る。1つの事例として，最近のラオスのナムチュン2水力発電プロジェクトが良い例だ。基本的には，メコン川の水流を利用して発電をし，発電量のほとんどをタイの電力公社に輸出するという，典型的な売電プロジェクトだが，その規模とクロス・ボーダーというプロジェクトの性格のために政府の役割は大きく，それを支援したのは世銀グループの世界銀行とIFCやアジア開発銀行をはじめとする開発援助機関だった。PPPプロジェクトにおいても，政府と援助機関の役割は大きいということを示す好事例だ（このプロジェクトについては，ボックス9「ラオスのナムチュン2水力発電プロジェクト」を参照）。

ボックス9　ラオスのナムチュン2水力発電プロジェクト

ここに紹介するラオスのナムチュン2（Nam Theun 2, NT2）と呼ばれるプロジェクトは，新しいODAパラダイムを考える際に参考になる，いくつかの興味深い特徴を備えている[4]。

ナムチュン河は，ラオス国内を流れるメコン河の支流で，いくつかの水力発電の可能性を持っている。NT2は，その河を水源とする水力発電プロジェクトとしては2番目のもので，高さ39メートル，幅436メートルのコンクリート重力ダム（concrete gravity dam）を建設し，そこから引いた水を利用して，250メガワットのタービン4基，小型の37.5メガワットのタービン2基を設置して，合計1,075メガワットの産出能力を持ったプロジェクトだ。

プロジェクトが産出する電力は，1,000メガワットは長期売電契約のもとでタイに，残りの75メガワットはラオスの国内消費に向けられる。総工費は，プロジェクト建設の開始された2005年の名目ベースで，タイまでの送電線建設コストを含め，実に14.5億ドルと見積もられた。そして，そのファイナンスは，タイへの長期売電契約の信用をもとに，民間主体のIPPプロジェクト（independent power producer）として，いわゆるプロジェクト・ファイナンスを予定した。

多くの途上国では，IPPプロジェクトは，いわゆるPPP（Public Private Partnership）の走りで，従来公共部門が実施してきた公共投資プロジェクトを，政府と契約を結んだ民間企業がファイナンスから運営までを請け負う方式だ。たとえば電力供給が良い例で，電力公社が民間企業と長期契約を結び，民間企業はその長期契約を信用のベースとして投資資金を調達する。

ラオス政府は当初NT2をPPP方式で実施する計画をたてたが，それは非現実的だと判明した。ラオスは，中国，ベトナム，タイ，カンボジア，ミャンマーに囲まれたインドシナ半島の内陸の，人口680万人あまりの小国だ。国土の大半は山岳地帯で，伝統的な稲作農業の他は，資源としては銅，金，宝石等があるが，1人当たりGDPは低い。その他の唯一の豊富な資源は，国内を流れるメコン河の水資源だ。すでに1960年代から多くの水力発電プロジェクトが企画されおり，その中でも有名なのは1960年代半ばから20年の歳月をかけて建設されたナムグム・ダム水力発電プロジェクトだ。

しかし，このNT2は，永い間国際的なIPPプロジェクト市場で棚ざらしにされてきた。タイ電力公社との間に長期の電力売買契約を結ぶにしても，それだけでこれだけ大規模のプロジェクト・ファイナンスは難しい。そのうえ，社会主義国ラオ

---

[4] ナムチュン2・プロジェクトについては，Porter and Shivakumar (eds.) (2011) を参照。

スの政治の安定性やプロジェクトの管理能力は常に疑いの眼で見られてきた。さらに，東アジアで盛んになったIPP事業は，1990年代末のアジア金融危機でしぼんでしまった。

NT2は，水力発電プロジェクトとしては，技術的にもまた経済性の面からも大変良いプロジェクトだ。しかも，ラオスの将来を考えると，豊富にある水資源を活用しないわけにはいかない。そこで，21世紀になって，世界銀行が主たるスポンサーになって，NT2の実現に乗り出すことになった。民間企業ベースのIPPプロジェクトとしての基本的な枠組みは残して，多数のマルチ，バイの援助機関が関与することにもなったが，その場合の援助機関の役割は，次のようなものであった。

第1に，ファイナンスだ。プロジェクト会社の資本の4分の3は，民間資本が占めることになっていたが，残りの4分の1は，ラオス政府の出資金だ。そのファイナンスは，政府の自己資金の他に，アジア開発銀行の贈与と借款（AFD），さらにIDAの贈与とヨーロッパ投資銀行の借款で賄われる。借り入れ部分は，実に多方面からの融資で，フランス，スウェーデン，ノルウェーおよびタイの輸出信用，IDAとアジア開発銀行の政治的リスク保証に基づく借款，AFD借款等々と銀行借り入れからで，実に複雑な財務構造になっている。しかし，これだけのファイナンスが，公的援助機関の支援なしにはとうてい成り立たなかったことは明らかだ。明らかにファイナンスにギャップがあって，ODAがその穴埋めの役割を果たした。

第2に，今日では，ダム建設は大きな社会的問題になる可能性がある。ダム建設による環境破壊とダム・サイト近隣の住民に対する影響が懸念されるからだ。援助機関にとっては，そのような環境保護団体などからの反対運動が起こる可能性のあるプロジェクトは，なるべく避けたいはずだ。事実，1990年代からダム建設のような大規模インフラ・プロジェクトに対するマルチ，バイの開発援助機関による支援は減少してきた（浅沼・小浜2013，第9章第3節「アルン・プロジェクトの挫折」を参照）。NT2の場合は，その環境アセスメントと住民に対するインパクト・アセスメントを世界銀行が主導して実施し，それに基づいて環境保護処置と適切な住民への補償を計画した。そして，そのような処置をとったうえでも，プロジェクトが16.3％の収益率を確保できることを証明した。この面で，世界銀行が世界銀行自体の環境保護と住民補償基準を使ってプロジェクト形成をしたことは，他の公的金融機関をはじめとするステークホルダーの信頼を醸成するのに大いに役立った。

第3に，このプロジェクトにまつわるリスクは，プロジェクトに関するものだけではない。国際開発コミュニティの懸念の1つは，ラオス政府がこのプロジェクトから生じる財政収入をどのように使うか——端的に言うと，浪費しないか——だった。ラオスのような水資源と鉱物資源だけが豊富な国は，常に「資源の呪い」の危険性を抱えている。NT2のコンセッション期間は25年（2009-2034年）だが，この間にラオス政府に入るプロジェクトからの歳入は約20億ドル（名目）と見込ま

れていた。そこで，このプロジェクトと並行して，世界銀行はラオス政府に対して，大々的な財政制度改革を勧めた。「公共財政管理強化プログラム（Public Financial Management Strengthening Program, PEMSP）」がその成果で，予算作成や予算管理の法律・制度改正が実施された。

NT2 プロジェクトは，ラオスにとって，まさに国を改造するような（transformative）プロジェクトだった。そして，そのプロジェクト実現のために世界銀行やアジア開発銀行をはじめとする開発援助機関が果たした役割は大きい。ギャップ・フィリングとファイナンス・プラスを典型的に示すプロジェクトだ。

誤解のないように付け加えると，ODA が途上国のインフラ構築に貢献すべきだという主張は，先進国からのインフラ・システムの輸出に手を貸すべきという意見とは違う。インフラ輸出は民間事業者の仕事で，政府の役割としては，せいぜい公的な輸出金融や輸出・投資保証に限られる。ODA を通じる途上国のインフラ構築支援は，途上国政府の責任範囲に入る環境投資や社会投資，それに当該インフラのまつわるソフト・インフラの構築の支援に重点が置かれるべきだ。

第 3 の機能は，途上国がさらされる天災・人災等々の災害に対する支援だ。大規模な地震や津波等の災害の他に，内戦等の人災ともいえる災害がある。さらに，災害後の緊急援助もあれば，気候変動が引き起こす予想される災害に対する対策もある。いろいろな理由で破綻国家になった国に対する支援も，このカテゴリーに入る。この第 3 の機能は，規模にしても分野にしても，さらに性格にしても，実に多種多様な支援になると思われる。スマトラ地震の緊急援助や復興支援から，アフガニスタンやイラクのような破綻国家に対する，高度に国際政治的な支援，さらには世紀的な気候変動から発生すると思われる台風や洪水等に備えた都市の防災対策等々まで，技術協力や研究協力からインフラ投資に対する資金援助までの広範囲な機能だ。

われわれが提唱する新しい ODA パラダイムは，途上国の成長と貧困削減を支援するためには，大言壮語を止めて，現在途上国経済が直面する深刻な問題

で，先進国の開発援助機関やエキスパートが貢献できそうなものを選び，それを支援しよう——「アクションを起こそう，もう議論はたくさんだ！」——というのがその趣旨だ。新しい ODA に必要なのは，途上国の政府が持っていない技能や知識を，これら機関がエージェントになって途上国に移転する努力をすることだ[5]。

第4節　ODA とドナー国の国益

　さて，繰り返しになるが，われわれが提唱したい新しい ODA パラダイムは，機能主義的援助で，そこで課題とされる機能は，

—開発のための政策・制度作りの支援
—ハード，ソフト両分野でのインフラ構築の支援
—天災，人災および地球環境事業等に対する支援

の3つの分野での支援だった。これらの機能は，すべて途上国政府が責任を持って遂行しなければならない機能で，ODA が提供するのは技術・技法・資金等々について途上国政府が持っていない，あるいは持っていたとしても希少な資源だ。ODA は，これらの分野におけるギャップ・フィリング（欠落を埋める）という位置付けになる。

　われわれは，このパラダイムはバイの援助の場合にも適用されるべきだと考える。しかし，バイの援助の場合は，ODA 供与側の国益とどのように折り合いをつけるかの問題が残っている。バイの ODA の場合は，その原資が直接的に納税者としての国民から出ているいないにかかわらず，動機としての国益があるし，何らかの国益概念をバイの ODA から払拭することは不可能だ。国益とは何かを上手に定義するのは難しい。しかし，過去のバイの ODA の歴史的な展開を見てみると，バイの援助機関は，ODA をそれぞれの ODA 供与国のパワーの増強に使ってきたようだ。

---

[5] 最近 JICA 研究所が，Kato (2016) を発刊したが，やはりポスト 2015 年の議論は，理念の追求になっている。

パワーの源泉は，3つある。第1は軍事力だ。特に覇権国家の場合は，その軍事力を背景として覇権を拡大・維持しようとする。第2の要素は経済力で，生産，資源，通商等のすべてで，国はさらに経済力を高めるためにそのパワーを使おうとする。最後に，最近注目されているのは，いわゆるソフト・パワーで，文化的要素に加えて価値観や外交政策それ自体も含められうる。過去のバイのODAの歴史を見ると，ODAは実に多様な「国益追求」の目的に使われてきた。卑近な例では，アメリカは覇権主義的なスタンスから世界経済運営でのヘゲモニーを追求するために軍事援助と並行的にODAを使ってきた。1つだけ事例を挙げるとすれば，アメリカの対エジプトODAだ。世界的な覇権国アメリカにとって，中東の安定は重要で，イスラエル対アラブ諸国という対立の図式で，エジプトは重要な要素だった。しかし，そのアメリカのエジプトに対する経済援助がエジプトの成長と発展，そして貧困削減に実質的に貢献したかどうかはまた別の問題だ。むしろ，エジプトの経済はアメリカの援助に支えられていたから，必要な改革（たとえば非効率的な国営企業の合理化）が遅れたといわれている[6]。

　一方でまた，経済力の増強を目指すためにODAを使う国もあった。多分，日本はこの範疇に入るのだろう。直接的に輸出振興や海外投資振興のためにODAを使うような露骨な重商主義でないにしても，通商や投資を通じて関係の深い途上国に対して，インフラ整備や直接投資を促進するような政策環境の整備を支援することによって，それらの国々の開発を後押しし，間接的にあるいは結果としてそれらの国々との経済関係がより拡大し，緊密になるというシナリオだ。

　バイのODAを，覇権国主義的な外交政策の補助機能に援用するか，あるいは通商国家の外交政策の対外経済政策の一環として使用するかは，もちろんそれぞれのドナーの選択だし，それぞれの国際政治・経済における立ち位置によるのは言うまでもない。しかし，いずれの場合も，ODAの性格からして，国のパワー増進の手段としてのODAは，ソフト・パワーの要素を多く含む。事

---

[6]　Acemoglu and Robinson (2012, pp.395-398). ここでは，主としてエジプトにおける改革の時代と言われた1990年代を問題にしているし，アメリカが支持した政府の政策を議論している。したがって，援助と政策との直接的な関係は論じられていない。

第4節 ODA とドナー国の国益　　201

実，北欧諸国（デンマーク，スウェーデン，ノルウェー等）は，ODA をソフト・パワーとして強く認識したうえで，自国の持つ価値，すなわち北欧諸国の場合は人権，環境に関する政策推進に役立てようとしている。ブレア首相時代のイギリスもまた，ODA を自国のソフト・パワー増進に使っていたようだ[7]。

　国益と ODA の関係を考えるとき，この最後の点——すなわち，ODA はソフト・パワーの一要素だという点——は重要だ。ODA を考える際に，国益を狭義にとらえるか，あるいは広義にとらえるか，狭義と広義の間の線引きをどうするかは，難しい問題だ。狭義の国益を意識した ODA プロジェクトの場合は，それがまったく無関係な分野におけるある取引の一環，すなわち代償として提供される場合がある。国際政治的な案件があって，それが国連安保理で審議されるとする。そのときに，理事国の任にある途上国の投票に影響を与えるために ODA プロジェクトが利用されるとすれば，それは ODA を狭義の国益追求のために使ったことになる。バイの ODA がある国との関係を良好にする目的を持っているにしても，ある商取引，あるいは政治取引の一環になってしまうと，取引の一部になってしまって，ソフト・パワーとしての「ODA 効果」はなくなってしまう。露骨な取引になればなるほど，ODA という援助，支援・協力といった精神に反することになるのだ。

　これは日本の事例ではないが，1990 年代の前半（サッチャー首相の時代）

---

[7] 1997 年に「新しい労働党」の標語を抱えて政権に就いたブレア首相（当時）は，それまで外務省（Foreign Office）の外局であった海外開発庁（Overseas Development Administration）を独立した国際開発省（Department for International Development, DfID）とする改組を行い，海外援助のみならず途上国の開発にかかわる政策（貿易政策，環境政策，安全保障政策）すべてを担当させることにした。「援助ではなく開発」を標語にしたのだ。結果として，イギリスの ODA からは，商務省と国防省（両方ともイギリスの輸出を推進してきた）の強い影響力が排除された。商務省と国防省の追求してきた国益は短期的な性格のもので，長期的には環境や途上国における紛争がイギリスの国益にかかわってくるというのがブレア首相の考えだった。この改組のおかげもあって，DfID は，途上国開発援助については国際的に知的リーダーと認められるようになった。1 つの事例は，ブレア首相時代に 2005 年にグレンイーグルで開かれた G8 会合だ。この G8 サミットのテーマは，アフリカの開発と気候変動で，2004 年にブレア首相は自らを議長とするアフリカ委員会（Commission for Africa）を立ち上げて，アフリカ人を多数とする有識者を招き，アフリカの開発をどのように推し進めるかの政策提言を行った。ブレア首相は，意識的に ODA をソフト・パワーの源泉として認識していたのだ。DfID 設立の経緯については，Barder (2005)，アフリカ委員会については，Commission for Africa (2005a) を参照。同報告書の要約は Commission for Africa (2005b) として出版されている。

にイギリスで起こったマレーシアに対する水力発電ダム・プロジェクトへの支援とイギリス・マレーシア間の武器輸出をめぐる秘密協定に関するスキャンダルがある。その内容は，サッチャー首相（当時）とマハティール首相（当時）の間で，「マレーシアはイギリスから武器を輸入する。その見返りにイギリスはマレーシアのケランタン州のプルガウ水力発電プロジェクト・ダム建設のファイナンスのために贈与を供与する」という覚書が交わされたことだ。この取引は，あるイギリスNGOの訴えで裁判所に持ち込まれ，イギリスの法廷で「経済性のないプルガウ水力発電プロジェクトに対するODA資金供与は，1980年の海外開発協力法違反である」という判決が下された。マレーシア側は，贈与は武器輸出の補助金にすぎないという態度で，結局イギリスの輸出信用保証庁（ECGD）が肩代わりをして一件落着となった。しかし，途上国の経済発展と貧困削減を目的として「邪念の入らない援助」を標榜していたイギリスのODAの評判は地に落ちた[8]。

　このイギリスの事例は，重要な教訓を含んでいる。ODAは，本来的に受け入れ国の経済発展と貧困削減に貢献することを第一義的な目的にしているが，バイのODAの場合は供与国の国益が絡んでくる。先にも述べたように何が国益か，さらにODAのコンテキストでその効果をなくすような露骨な，狭義の国益は何かを厳密に，事前に定義することは難しく煩わしい。他方，ODA政策を決定したり実施したりする政府部門は，ともすれば国益の大義名分を盾にODAを他の外交目的の手段に使おうとする。そこで，イギリスの「海外開発協力法」や日本のいわゆる「ODA大綱」の出番が来る。

　ODA大綱に，日本のODAは日本の国益を考慮すべきだと書き込むかどうかが問題になるが，実はそれは些末な事柄でたいして重要ではない。なぜなら，バイのODAは必然的に国益を考慮せざるをえないからだ。アメリカやフランスのODA法に国益の増進が出てくるが，それは自国の議会のためのリップサービスだ。大綱やODA法のより重要な役割は，時の政府が「国益のため」と称してODAを受け入れ途上国の開発と貧困削減という本来的な目的か

---

[8]　このスキャンダルの経緯については，当時イギリスの援助省（Overseas Development Administration, ODA）の次官だったランカスターの著書，Lankester (2013) に詳しく書いてある。

第 4 節　ODA とドナー国の国益　　　203

ら逸脱した形で使うのを抑制することにある。先に挙げたイギリスの事例では，取引のために都合が良いとはいえ，経済性のないプロジェクトを支援することは海外開発協力法を犯すという原理原則のために，時の政府の ODA 事業が断罪された。新しい日本の「開発協力大綱」は，政府の「ODA 乱用」あるいは「ODA 流用」を抑制できるだろうか[9]。

　現場の ODA 事業担当者は，ODA の現状にある種の戸惑いを覚えているに違いない。日本だけでなく，その他のドナー国でも，ODA に関する議論は二極分解していて，多分に分裂症気味だ。一方では，先にわれわれが MDG パラダイムと名付けて批判した NATO（No Action, Talk Only）が ODA 文化になっている。そして，高邁な「貧困のない世界」の理想が，終わることなく論じられている。ただ，それが，何か実現に向けた積極的な政策行動につながっているかというと大いに疑問だ。他方，大綱に関する国益の議論や中国のイニシアチブで設立された AIIB（アジアインフラ投資銀行）への加入問題をめぐって，途上国のインフラ構築にかかわるビジネスを追求するような政府の動き──すなわち，輸出競争のために ODA を使おうという議論が進行しているし，ODA 実施機関には民間部門と協働して輸出促進の手助けをするようにという政府の圧力がかかっている。

　われわれが提唱する機能主義的 ODA は，このような分裂症的な状況を打破して，途上国の開発と貧困削減に貢献できるような ODA を目指している。NATO でもなく，また自国の輸出・投資促進に重点を置いた ODA ではなく，途上国が経済成長と貧困削減を達成する過程で現れるいろいろなギャップ──技術や資源や政策・制度等々──を埋める ODA だ。

　それでは，現在の MDG/SDG パラダイムで方向性を失っている ODA は変えることができるのだろうか。政策のパラダイム転換は一夜にして達成できるものではない。まして，ODA のように長年にわたって制度化されてきた政策の場合はそうだ。国際的にも国際開発コミュニティができあがっており，国際的なマルチやバイの援助機関で働いたり，それらのために専門家としてのサービスを提供したり，あるいは国際的な NGO でそれらの機関と協働している人

---

[9]　「開発協力大綱」については，第 4 章ボックス 7 を参照。

たちの数は多い（われわれもその一員だった）。パラダイム転換は，これらの人たちの考え方や行動様式を変えることにある。それは，単に機関の上層部からの指令で達成できるものではない。

しかし，われわれは，5〜10年の時間をかければ，われわれが提唱するようなパラダイム転換は可能であると思う。まず，国際開発コミュニティの中で，パラダイム転換の議論を起こす。そして，マルチやバイの援助機関の政策に影響を与える。それが成功すれば，これら機関は，徐々にここに提唱されている機能を実施するための専門家のネットワークを構築し，機関の中にもそのような専門家を雇い入れ，その数を増やす。そのような斬新的なプロセスを経て，初めてパラダイム転換が可能になる。ODAだけでなく，その他の分野においても2030年がポリシーメーカーの視野に入ってきたいまこそ，パラダイム転換の努力を始めなければならない。第2次世界大戦後70年間にわたって，国際経済運営の重要な一部分だったODAを終焉に導かないためにも。

参考文献

Abeywardene, Janaki et al. (1994), *Export Processing Zones in Sri Lanka: Economic Impact and Social Issues*, Working Paper 69, Geneva: International Labor Office.

Abramovic, Dragoslav (1958), *Debt Servicing Capacity and Postwar Growth in International Indebtedness*, Baltimore: Johns Hopkins.

Abramovic, Dragoslav et al. (1964), *Economic Growth and External Debt*, Baltimore: Johns Hopkins.

Acemoglu, Daron and James A. Robinson (2012), *Why Nations Fail: The Origins of Power, Prosperity, and Poverty*, New York: Crown Publishers (ダロン・アセモグル, ジェイムズ・A・ロビンソン著, 鬼澤忍訳『国家はなぜ衰退するのか』上・下, 早川書房, 2013 年)。

Akerlof, George A (1970), "The Market for 'Lemons': Quality Uncertainty and the Market Mechanism", *Quarterly Journal of Economics*, Vol.84, No.3, August.

浅沼信爾 (1974),『国際開発援助』東洋経済新報社。

浅沼信爾 (2014),「インフラビジネスと日本の ODA」『世界経済評論』9・10, Vol.58, No.5.

浅沼信爾・小浜裕久 (2007),『近代経済成長を求めて』勁草書房。

浅沼信爾・小浜裕久 (2013),『途上国の旅：開発政策のナラティブ』勁草書房。

Balassa, Bela and Associates (1971), *The Structure of Protection in Developing Countries*, Baltimore: The Johns Hopkins Press.

Baldwin, Richard (2016), *The Great Convergence: Information Technology and the New Globalization*, Cambridge, MA: Belknap Press of Harvard University Press.

Banerjee, Abhijit Vinayak, Roland Bénabou, and Dilip Mookherjee (eds.) (2006a), *Understanding Poverty*, New York: Oxford University Press.

Banerjee, Abhijit Vinayak, Roland Bénabou, and Dilip Mookherjee (2006b), "Introduction and Overview," in Banerjee, Bénabou, and Mookherjee

(2006a).

Barbero, Maria Ines and Fernando Rocchi (2003), "Industry" (Chapter 9), in Gerardo della Paolera and Alan M. Taylor (eds.), *A New Economic History of Argentina*, New York: Cambridge University Press.

Barder, Owen (2005), "Reforming Development Assistance: Lessons from the UK Experience", *Working Paper Number 70, Center for Global Development*, Washington, D.C.: Center for Global Development.

Bauer, P. T. and B. S. Yamey (1957), *The Economics of Under-developed Countries*, Chicago: University of Chicago Press.

Baum, Warren C. and Stokes M. Tolbert (1985), *Investing in Development: Lessons of World Bank Experience*, New York: Oxford University Press（細見卓監修，OECF 開発援助研究会訳『途上国の経済開発：世界銀行 35 年の経験と教訓』上・下，東洋経済新報社，1988 年）。

Bernanke, Ben S. (2015), *The Courage to Act: A Memoir of a Crisis and its Aftermath*, New York: W. W. Norton & Company（ベン・バーナンキ著，小此木潔監訳・監修『危機と決断―前 FRB 議長ベン・バーナンキ回顧録』上・下，角川書店，2015 年）。

Besley, Timothy and Robin Burgess (2003), "Halving Global Poverty," *Journal of Economic Perspectives*, Vol.17, No.3, Summer.

Besley, Timothy and Roberto Zagha (eds.) (2005), *Development Challenges in the 1990's: Leading Policymakers Speak from Experience*, Washington, D.C.: The World Bank.

Bhagwati, Jagdish (2010), "Time for a Rethink", in IMF, *Finance and Development*, Washington, D.C.: IMF, September 2010.

Bhagwati, Jagdish and Arbind Panagariya (2013), *Why Growth Matters: How Economic Growth in India Reduced Poverty and the Lessons for Other Developing Countries*, New York: Public Affairs.

Bhagwati, Jagdish N. and Anne O. Krueger (co-directors) (1974-1978), *Foreign Trade Regimes ad Economic Development, A Special Conference Series in 12 Volumes*, New York: Columbia University Press.

Blustein, Paul (2016), *Laid Low: Inside the Crisis That Overwhelmed Europe and IMF*, Waterloo, Ontario: Centre for International Governance Innovation.

Brambilla, Irene, Sebastian Galiani, and Guido Porto (2013), "Argentine Trade

Policies in the XX Century: 60 Years of Solitude" (Chapter 4), in Guido di Tella, Edward Glaeser and Luca Llach (eds.), *Exceptional Argentina,* mauuscipt.

Cassen, Robert and Associates (1994), *Does Aid Work? Report to an Intergovernmental Task Force,* Second Edition, Oxford: Clarendon Press.

Chenery, Hollis, Montek S. Ahluwalia, C. L. G. Bell, John H. Duloy and Richard Jolly (1974), *Redistribution with Growth, A Joint Study by the World Bank's Developemntd Research Center and the Institute of Development Studies at the University of Sussex,* London: Oxford University Press.

Clemens, Michael (2012), "Evaluating the Impact of Aid to Africa: Lessons of the Millennium Villages", Presentation at a seminar held at ODI, July 3, 2012.

Clemens, Michael and Gabriel Demombynes (2011), "When does rigorous impact evaluation make a difference?: The Case of Millennium Villages", *Journal of Development Effectiveness,* Vol 3, 2011-Issue 3, pp.305–339.

Chen, Shaohua and Martin Ravallion (2001), "How Did the World's Poor Fare in the 1990s?" *Review of Income and Wealth,* Vol.47, No.3, September.

Coes, Donald V. (1995), *Macroeconomic Crises, Policies and Growth in Brazil, 1964-90,* Washington, D.C.: The World Bank.

Commission for Africa (2005a), *Our Common Interest: Report of The Commission for Africa,* London: Commission for Africa.

Commission for Africa (2005b), *Our Common Interest: An Argument,* London: Penguin Books.

Commission on Growth and Development (2008), *The Growth Report: Strategies for Sustained Growth and Inclusive Development,* Washington, D.C.: The World Bank.

Conway, Edmund (2014), *The Summit: The Biggest Battle of the Second World War — fought behind closed doors,* London: Little, Brown.

Cooper, Richard N. (2005), "Half-Century of Development", in Francois Bourguignon and Boris Pleskovic (eds.), *Lessons of Experience, Annual Bank Conference on Development Economics 2005,* Washington, D.C.: The World Bank.

Cornia, G. A., R. Jolly, and F. Stewart (1987), *Adjustment with a Human Face : Protecting the Vulnerable and Promoting Growth,* New York: Oxford University Press.

ダワー，ジョン，大窪愿二訳 (1981)，『吉田茂とその時代（下）1945-54』TBS ブリタニカ。

Deaton, Angus (2006), "Measuring Poverty," in Banerjee, Bénabou, and Mookherjee (2006a).

Dollar, David and Aart Kray (2002), "Growth is Good for the Poor", *Journal of Economic Growth*, Vol.7, No.3, September.

Dollar, David, Tatjana Kleineberg, and Aart Kraay (2016), "Growth still is good for the poor," *European Economic Review*, Vol.81, January.

Dreze, Jean and Amartya Sen (2013), *An Uncertain Glory: India and its Contradictions*, Princeton: Princeton University Press（アマルティア・セン，ジャン・ドレーズ著，湊一樹訳『開発なき成長の限界：現代インドの貧困・格差・社会的分断』明石書店，2015 年）。

Eichengreen, Barry (2007), *The European Economy Since 1945: Coordinated Capitalism and Beyond*, Princeton: Princeton University Press.

El-Erian, Mohamed A. (2010), *Navigating the New Normal in Industrial Countries*, Per Jacobsson Foundation, Washington, D.C.: IMF.

Erten, Bilge and Jose Antonio Ocampo (2013), "Super Cycles of Commodity Prices Since the Mid-nineteenth Century", *World Development*, vol.44, pp.14-30, http://dx.doi.org/10.1016/j.worlddev.2012.11.013.

Estache, Antonio (2008), "Infrastructure and Development: A Survey of Recent and Upcoming Issues", in Francois Bourgignon and Boris Pleskovic (eds.), *Rethinking Infrastructure for Development (Annual World Bank Conference on Development Economics — Global 2007)*, Washington, D.C.: The World Bank.

Ferrarini, Benno, Raghbendra Jha, and Arief Ramayandi (eds.) (2012), *Public Debt Sustainability in Developing Asia*, London: ADB and Routledge.

Fisman, Raymond and Edward Miguel (2008), *Economic Gangsters: Corruption, Violence, and the Poverty of Nations*, Princeton, New Jersey: Princeton University Press.

Fukuyama, Francis (1992), *The End of History and the Last Man*, New York: Penguin Books（フランシス・フクヤマ著，渡部昇一訳『歴史の終わり』上・下，三笠書房，1992 年）。

Galiani, Sebastian and Paolo Somaini (2013), "Path-dependent Import-substitution Policies: The Case of Argentina in the 20th Century" (Chapter 5), in Guido di Tella, Edward Glaeser and Luca Llach (eds.), *Exceptional Argentina*, manuscript.

Galor, Oded (2011), *Unified Growth Theory*, Princeton: Princeton University Press.

Gardner, Richard N. (1956), *Sterling-Dollar Diplomacy: The Origins and the Prospects of Our International Economic Order*, Oxford: Oxford University Press.

Gill, Indermit and Homi Kharas (2007), *An East Asian Renaissance: Ideas for Economic Growth*, Washington, D.C.: The World Bank.

Gordon, Robert J. (2016), *The Rise and Fall of American Growth: The U.S. Standard of Living Since the Civil War* (The Princeton Economic History of the Western World), Princeton, NJ: Princeton University Press.

帚木蓬生 (2017),『天に星　地に花（上）』集英社文庫。

半藤一利 (2006),『昭和史　戦後編 1945-1989』平凡社。

Haq, Mahbub ul (1976), *The Poverty Curtain: Choices for the Third World*, New York: Columbia University Press.

広田幸紀 (2014),『東南アジア新興国の変容と我が国 ODA の変遷に関する考察』埼玉大学大学院に提出の博士論文。

Horsefield, J. Keith (1969), *The International Monetary Fund, 1945-65: Twenty Years of International Monetary Cooperation*, in three volumes, Washington, D.C.: IMF.

IMF (2002), *Assessing Sustainability*, Washington, D.C.: IMF.

IMF (2003), *Sustainability Assessments? Review of Application and Methodological Refinements*, Washington, D.C.: IMF.

IMF (2017), MONGOLIA: Staff Report for the 2017 Article IV Consultation and Request for An Extended Arrangement Under the Extended Fund Facility, Washington, D.C.: IMF.

James, Harold (1996), *International Monetary Cooperation Since Bretton Woods*, Washington, D.C. and New York: International Monetary Fund and Oxford University Press.

Joshi, Vijay (2017), *India's Long Road: The Search for Prosperity*, Oxford: Oxford University Press.

Kapur, Devesh, John P. Lewis, and Richard Webb (1997), *The World Bank:*

Its First Half Century, Volume 1: History, Washington, D.C.: Brookings Institution Press.

Kato, Hiroshi (2016), "Japan's ODA 1954–2014: Changes and Continuities in a Central Instrument in Japan's Foreign Policy", in Hiroshi Kato, John Page and Yasumitsu Shimomura (eds.), *Japan's Development Assistance: Foreign Aid and the Post-2015 Agenda*, New York: Palgrave Macmillan.

川口融 (1980),『アメリカの対外援助政策：その理念と政策形成』アジア経済研究所。

Kennedy, Paul (2006), *The Parliament of Man: The Past, Present, and Future of the United Nations*, New York: Random House.

Kohama, Hirohisa (1995), "Japan's Development Cooperation and the Economic Development in East Asia," in Takatoshi Ito and Anne O. Krueger (eds.), *Growth Theories in Light of East Asian Experience*, Chicago: University of Chicago Press.

小浜裕久 (2002),「モンテレー「国連開発資金会議」にみる日本のプレゼンスと社会の弱点？　日本は世界の中でどう生きていこうというのか？」『世界経済評論』2002 年 6 月号。

Kohama, Hirohisa (2003), "Japan's Development Cooperation in East Asia: A Historical Overview of Japan's ODA and its Impact," in Hirohisa Kohama (ed.), *External Factors for Asian Development*, Singapore: Institute of Southeast Asian Studies (ISEAS).

小浜裕久 (2013),『ODA の経済学　第 3 版』日本評論社。

高坂正堯 (1968)『宰相　吉田茂』中央公論社。

草野厚 (2006),『解体：国際協力銀行の政治学』東洋経済新報社。

黒崎卓・山形辰史 (2003),『開発経済学：貧困削減へのアプローチ』日本評論社。

黒崎卓 (2009)『貧困と脆弱性の経済分析』勁草書房。

Kuznets, Simon (1973), "Modern Economic Growth: Findings and Reflections", *American Economic Review*, Vol.63, No.3, June.

Lancaster, Carol (2007), *Foreign Aid: Diplomacy, Development, Domestic Politics*, Chicago: The University of Chicago Press.

Lankester, Tim (2013), *The Politics and Economics of Britain's Foreign Aid: The Pergau Dam Affair*, London: Routledge.

Little, Ian M. D. and James A. Mirrlees (1968), *Manual of Industrial Project Analysis in Developing Countries, Volume II, Social Cost-Benefit Analysis*,

Paris: OECD (Development Center).

Little, Ian, Tobor Scitovsky, and Maurice Scott (1970), *Industry and Trade in Some Developing Countries: A Comparative Study*, London: Oxford University Press.

前野ウルド浩太郎 (2017),『バッタを倒しにアフリカへ』光文社新書。

Mallaby, Sebastian (2004), *The World's Banker: A Story of Failed States, Financial Crises, and the Wealth and Poverty of Nations*, New York: The Penguin Press.

Maren, Michael (1997), *The Road to Hell: The Ravaging Effects of Foreign Aid and International Charity*, New York: The Free Press (a division of Simon & Schuster Inc.).

Mason, Edward S. and Robert E. Asher (1973), *The World Bank Since Bretton Woods*, Washington D.C.: The Brookings Institution.

Mawdsley, Emma (2012), *From Recipients to Donors: Emerging Powers and the Changing Development Landscape*, New York: Zed Books.

Mazower, Mark (2012), *Governing the World: The History of an Idea*, New York: The Penguin Press.

Meier, Gerald M. and Dudley Seers (eds.) (1984), *Pioneers in Development*, New York: Oxford University Press.

Milanovic, Branko (2016), *Global Inequality: A New Approach for the Age of Globalization*, Cambridge, MA: Belknap Press of Harvard University Press (ブランコ・ミラノヴィッチ著, 立木勝訳『大不平等——エレファントカーブが予測する未来』みすず書房, 2017 年)。

Milikan, Max and W. W. Rostow (1957), *A Proposal: Key to an Effective Foreign Policy*, New York: Harper and Brothers.

Moyo, Dambisa (2010), *Dead Aid: Why aid is not working and how there is a better way for Africa*, New York: Farrar, Straus and Giroux (ダンビサ・モヨ著, 小浜裕久監訳『援助じゃアフリカは発展しない』東洋経済新報社, 2010 年)。

Munk, Nina (2013), *The Idealist: Jeffrey Sachs and the Quest to End Poverty*, New York: Doubleday.

Nabli, Mustapha K. (ed.) (2011), *The Great Recession and Developing Countries: Economic Impact and Growth Prospects*, Washington, D.C.: The World Bank.

中村隆英著，原朗・阿部武治編 (2015)，『明治大正史』上，東京大学出版会。

丹羽宇一郎 (2017)，『死ぬほど読書』幻冬舎新書。

OECD/DAC (1996), *Shaping the 21st Century: The Contribution of Development Cooperation*, Paris: OECD.

OECD/DAC High Level Forum (2005), *Paris Declaration on Aid Effectiveness: Ownership, Harmonization, Alignment, Results and Mutual Accountability*, Paris: OECD.

OECD (2006), *DAC in Dates: The History of OECD's Development Assistance Committee*, Paris: OECD.

OECD/DAC (2008), *Accra Agenda for Action*, Paris: OECD.

OECD (2011), *Measuring Aid: 50 Years of DAC Statistics — 1961-2011*, Second Impression, Paris: OECD.

OECD/DAC (2011), *Busan Partnership for Effective Development Cooperation*, Paris: OECD.

Olson, Mancur (1971), *The Logic of Collective Action: Public Goods and the Theory of Groups*, Cambridge: Harvard University Press（マンサー・オルソン著，依田博・森脇俊雅訳『集合行為論—公共財と集団理論』ミネルヴァ書房，1996 年）。

O'Neill, Jim (2001), *Building Better Global Economic BRICs*, Global Economics Paper No.66, November 2001, New York: Goldman Sachs.

Panagariya, Arvind (2008), *India: The Emerging Giant*, New York: Oxford University Press.

Patrick, Hugh and Henry Rosovsky (eds.) (1976), *Asia's New Giant: How the Japanese Economy Works*, Washington D.C.: Brookings Institution（ヒュー・パトリック，ヘンリー・ロソフスキー編，金森久雄・石弘光・貝塚啓明監訳『アジアの巨人・日本』日本経済新聞社，1979 年）。

Pierre-Louis, Anne-Maryse, Jamana Qamaruddin, Isabel Espinosa, and Shilpa Challa (2011), "The Malaria Control Success Story", Punam Chahan-Pole and Manka Angwafo (eds.), *Yes Africa Can: Success Stories from A Dynamic Continent*, Washington, D.C.: The World Bank, Chapter 23.

Porter, Ian C. and Jayasankar Shivakumar (eds.) (2011), *Doing a Dam Better: The Lao People's Republic and the Story of Nam Theun 2*, Washington, D.C.: The World Bank.

Prebisch, Raul (1984), "Five Stages in My Thinking on Development", in Gerald

M. Meier and Dudley Seers (eds.) *Pioneers in Development*, New York: Oxford University Press.

Rajan, Raghuram G. and Arvind Subramanian (2005), *What Undermines Aid's Impact on Growth*, NBER Working Paper 11657, Cambridge: National Bureau of Economic Research.

Rajan, Raghuram G. and Arvind Subramanian (2007), "Does Aid Affect Governance?", *American Economic Review*, Vol.97, No.2, May 2007, pp.322-327.

Ramalingam, Ben (2013), *Aid on the Edge of Chaos: Rethinking International Cooperation in a Complex World*, Oxford: Oxford University Press.

Ravallion, Martin (2016), *The Economics of Poverty: History, Measurement, and Policy*, New York: Oxford University Press.

Rawlings, Laura B. and Gloria M. Rubio (2003), *Evaluating the Impact of Conditional Cash Transfer Programs: Lessons from Latin America*, Policy Research Working Paper 3119, Washington, D.C.: The World Bank.

Reid, Michael (2014), *Brazil: The Troubled Rise of a Global Power*, New Haven: Yale University Press.

Riddell, Roger C. (2007), *Does Foreign Aid Really Work?*, New York: The Oxford University Press.

Sachs, Jeffrey (2005), *The End of Poverty: How we can make it happen in our lifetime*, London: Penguin Books（ジェフリー・サックス著，鈴木主税・野中邦子訳『貧困の終焉：2025年までに世界を変える』早川書房，2014年）。

Sachs, Jeffrey (2015), *The Age of Sustainable Development*, New York: Columbia University Press.

Scott, Simon (2015), *The Accidental birth of "official development assistance"*, OECD Development Cooperation Working Paper 24, Paris: OECD.

Secretary-General of the United Nations (2014), *The Road to Dignity by 2030: Ending Poverty, Transforming All Lives and Protecting the Planet: Synthesis Report of Secretary-General on the Post-2015 Sustainable Development Agenda*, New York: United Nations.

Sen, Amartya (1999), *Development as Freedom*, New York: Alfred A. Knopf（アマルティア・セン著，石塚雅彦訳『自由と経済開発』日本経済新聞社，2000年）。

Serra, Narcis and Joseph E. Stiglitz (eds.) (2008), *The Washington Consensus Reconsidered: Towards a New Global Governance*, Oxford: Oxford University Press.

Singer, H. W. (1984), "The Terms of Trade Controversy and the Evolution of Soft Financing: Early Years in the U. N.", in Gerald M. Meier and Dudley Seers (eds.), *Pioneers in Development*, New York: Oxford University Press.

Smith, Donald E. (1958), *Nehru and Democracy: The Political Thought of an Asian Democrat*, Calcutta: Orient Longmans Private Ltd.

Solow, Robert M. (2000), *Growth Theory: An Exposition (2nd Edition)*, New York: Oxford University Press.

Steil, Benn (2013), *The Battle of Bretton Woods: John Maynard Keynes, Harry Dexter White, and the Making of a New World Order*, Princeton: Council on Foreign Relations Book, Princeton University Press.

Stiglitz, Joseph E. (2002), *Globalization and Its Discontents*, New York: W. W. Norton & Company（ジョセフ・E・スティグリッツ著，鈴木主税訳『世界を不幸にしたグローバリズムの正体』徳間書店，2002 年）。

Stiglitz, Joseph E. (2010), *Freefall: Free Markets and the Sinking of the Global Economy*, London: Allen Lane（ジョセフ・E・スティグリッツ著，楡井浩一・峯村利哉訳『フリーフォール』徳間書店，2010 年）。

Sud, Inder (2017), *Reforming Foreign Aid: Reinvent the World Bank: Lessons in Global Poverty Alleviation from 40 Years of Adventures (and Misadventures) in International Development*, Createspace Independent Publishing Platform, Chapter 12.

Summers, Lawrence H. (2014), "U.S. Economic Prospects: Secular Stagnation, Hysteresis, and the Zero Lower Bound," *Business Economics*, Vol.49, No. 2.

鈴木幸一 (2017),「『にもかかわらず，やるのだ』創業者の叱責」『日本経済新聞 電子版』2017 年 2 月 14 日。http://www.nikkei.com/news/print-article/?R_FLG=0&bf=0&ng=DGXMZO12828670T10C17A2000000&uah=DF050120103185。

高野秀行 (2017),『謎の独立国家ソマリランド　そして海賊国家プントランドと戦国南部ソマリア』集英社文庫。

寺西重郎 (2017),『歴史としての大衆消費社会：高度成長とは何だったのか？』慶應義塾大学出版会。

UNDP (1990), *Human Development Report 1990*, New York: Oxford University Press.

UNDP (2005), *Investing in Development: A Practical Plan to Achieve the Millennium Development Goals, Millennium Project Report to the UN Secretary-General*, London: Earthscan.

UNIDO (1972), *Guidelines for Project Evaluation*, New York: United Nations.

United Nations (2002), *Monterrey Consensus on Financing for Development*, Monterrey, Mexico, 18-22 March 2002.

United Nations (2015), *The Millennium Development Goals Report 2015*, New York: United Nations.

Varoufakis, Yanis (2017), *Adults in the Room: My Battle with Europe's Deep Establishment*, London: The Bodley Head.

Vogel, Ezra F. (2011), *Deng Xiaoping and the Transformation of China*, Cambridge: The Belknap Press of Harvard University Press (エズラ・F・ヴォーゲル著, 益尾知佐子・杉本孝次訳『現代中国の父鄧小平』上・下, 日本経済新聞社, 2013 年)。

Warsh, David (2006), *Knowledge and the Wealth of Nations: A Story of Economic Discovery*, New York: W. W. Norton.

Williamson, J. (1990), *Latin American Adjustment: How Much Has Happened?*, Washington, D.C.: Institute for International Economics.

Williamson, John (2003), "From Reform Agenda to Damaged Brand Name: A Short History of the Washington Consensus and Suggestions for What to Do Next", *Finance and Development, September 2003*, Washington, D.C.:IMF.

Williamson, John (2008), "A Short History of the Washington Consensus", in Narcis Serra and Joseph E. Stiglitz (eds.), *The Washington Consensus Reconsidered: Towards a New Global Governance*, Oxford: Oxford University Press.

Wolpert, Stanley (1996), *Nehru: A Tryst with Destiny*, New York: Oxford University Press.

World Bank (1970), *Current Economic Position and Prospects of Malaysia*, Volumes I and II, Report No.EAP-11a, Washington, D.C.: The World Bank.

World Bank (1981), *Accelerated Development in Sub-Saharan Africa: An Agenda for Action*, Washington, D.C.: The World Bank (The "Berg Report").

World Bank (1993), *The East Asian Miracle: Economic Growth and Public Policy*, New York: Oxford University Press（白鳥正喜監訳／海外経済協力基金開発問題研究会訳『東アジアの奇跡—経済成長と政府の役割』東洋経済新報社，1994 年）。

World Bank (1998), *Assessing Aid — What Works, What Doesn't, and Why*, Washington, D.C.: The World Bank（小浜裕久・冨田陽子訳『有効な援助—ファンジビリティと援助政策』東洋経済新報社，2000 年）。

World Bank (2005a), *Economic Growth in the 1990s: Learning from a Decade of Reform*, Washington, D.C.: The World Bank.

World Bank (2005b), *At the Frontlines of Development: Reflections from the World Bank*, Washington, D.C.: The World Bank.

World Bank (2015), *A Measured Approach to Ending Poverty and Boosting Shared Prosperity: Concepts, Data and the Twin Goals*, (Policy Research Report), Washington D.C.: The World Bank.

World Bank and IMF (2015), *Global Monitoring Report 2014/2015: Ending Poverty and Sharing Prosperity*, Washington, D.C.: The World Bank.

World Bank (2016), *Poverty and Shared Prosperity: Taking on Inequality*, Washington, D.C.: The World Bank.

World Bank (2017a), *Migration and Remittances: Recent Developments and Outlook, Migration and Development Brief 27*, Washington, D.C.: The World Bank.

World Bank (2017b), *Doing Business 2017: Equal Opportunity for All (14th Edition)*, Washington, D.C.: The World Bank.

World Bank (2017c), *Lao Economic Monitor: Challenges in Promoting More Inclusive Growth and Shared Prosperity*, Washington, D.C.: The World Bank.

World Bank (2017d), *Monitoring Global Poverty: Report of the Commission on Global Poverty*, Washington, DC: The World Bank.

山崎正和著，御厨貴他編 (2017)，『舞台をまわす，舞台がまわる—山崎正和オーラルヒストリー』中央公論新社。

山崎正和・御厨貴 (2017)，「佐藤栄作と安倍晋三の違い」『文藝春秋』2017 年 8 月号。

Yanagihara, Toru and Anne Emig (1991), "An Overview of Japan's Foreign Aid", in Shafiqul Islam (ed.), *Yen for Development: Japanese Foreign Aid and the Politics of Burden-Sharing*, New York: Council on Foreign Relations Press.

Yergin, Daniel (1991), *The Prize: The Epic Quest for Oil, Money and Power*, New York: Simon and Schuster（ダニエル・ヤーギン著，日高義樹・持田直武訳『石油の世紀—支配者たちの興亡』日本放送出版協会，1991年）。

米倉誠一郎 (1999)，『経営革命の構造』岩波新書（新赤版 642）。

米倉誠一郎 (2017)，『イノベーターたちの日本史：近代日本の創造的対応』東洋経済新報社。

Ziegler, Chuck (2016), The "World Bank", in *The 1818 Bulletin*, May 16, 2016, Washington D.C.: The 1818 Society.

あとがき

　前前著，前著同様，今回も「共著者は悪人だ」というお話から（浅沼・小浜2007，p.217；浅沼・小浜 2013，p.359）。いろんな所に書いているが，浅沼さんは本当に悪人。この本を書き始めた頃，2012年の後半だろうか，浅沼さん，嬉しそうに，この本の帯，決めた！　『ODA の経済学』（小浜 2013）の著者による「ODA 終焉論」。

　『嫌われる勇気』という本があるらしい。売れているという話も聞くけど，僕には「嫌われる」のに「勇気」が要る，というのがわからない。少数派なのだろうか。「小浜さんが変わってなきゃ，世の中変わってない人なんかいない」という友人もいる。僕は，いたって「まとも」だと思っているが，あくまで主観の判断[1]。（浅沼さんは否定するかもしれないが）浅沼さんも僕も，外務省・JICA などでは，ブラックリストの上の方にいる。あるとき，外務省・JICA の関係者と呑んでいて，「僕は外務省・JICA で嫌われてるから」って言ったら，一人が気を遣ったのか「小浜さんのこと好いてる人もいますよ」と言ったので，「そういう奴は出世しない」と言ったらみんな納得。

　僕は，独断と偏見で本や論文を「Y 型」「U 型」に分けている。別に，「Y型」は良くて「U 型」はダメだと言っているわけではない。「Y 型」は読んでワクワクする，「U 型」は読むと勉強になるけどワクワクしない[2]。この話を浅沼「大」先生にしたところ，「U 型？　白書みたいな本ね，そんなのカス！」と言下に酷い一言。僕は，白書でも良い白書もあると思っている。この本が「Y 型」か「U 型」か，書いた本人にはわからない。ちょっと背負ってるので「カスの U 型」だとは，もちろん思ってない。

---

[1] 桂文珍の落語の枕だったか，年寄りが運転する車が高速道路を逆走している。ラジオで「いまxx 高速を車が一台逆走しています，気をつけて下さい」と言っているのを聞いて，その年寄りが「なに言うとるンねん，ぎょうさん逆走しとるじゃないか」と。

[2] 「ワクワク」については，米倉（2017，p.282），丹羽（2017，p.102）も参照。

読んで「すごお～い」と思ったのは，アカーロフのレモンの論文（Akerlof 1970）。この論文など典型的な「Y型」。3つのジャーナルで落とされて，やっとQJEに採択されたという逸話もいい。

別の意味で米倉誠一郎の『経営革命の構造』も「Y型」のいい例だ[3]。この本で米倉は，「21世紀を担う学生諸君に読んでほしい」と言っている。「学生の心に火をつける」ことが教師の重要な仕事だとしたら，この書で米倉誠一郎はそれに成功している。現在の世界が失敗を恐れない多くの企業家に担われたものだったことを知ってほしかったとも言っている。この点に関心の読者は，鈴木（2017）も面白い。

米倉（1999）第1章「イギリス産業革命の技術と企業家」は，経営史家米倉誠一郎の面目躍如。歴史とは「何年に何があった」という年表を暗記することではない。歴史の勉強は，塩野七生[4]も言っているように，ものを動かすメカニズムと人間ドラマをセットにして理解するプロセスのはずだ。中学高校の世界史で習った産業革命の歴史のなんとつまらなかったことよ。米倉（1999，第1章）では人間の匂いがする産業革命の歴史を楽しむことができる。高校時代，産業革命の歴史をこんな風に習ったらどんなによかったかと思う。「ここを読んで産業革命がよくわかった」と米倉に言ったら，「僕も書いてみてよくわかった」と言っていた。米倉は変な奴だ[5]。米倉誠一郎は，小浜さんのことも変人だと思っているらしい。本人はいったってまともな人間だと思っているのに。

1999年11月，米倉とパリ経由アンマンに行った。成田で米倉が，「まだ本屋に並んでないけど，こんな本書いた」と言って新著をくれた。パリまで10時間以上あったので『経営革命の構造』読み終わって，パリに着いて米倉に，「読んだ，面白かった」って言ったら，「そんなにはやく読まないでよ，書くの

---

[3] 以下の記述は，一部『経済セミナー』2000年4月号の書評によっている。

[4] 塩野七生は，彼女の卒論に対して「こんなの歴史じゃない」と言った歴史学の教授に対して，「歴史学じゃない」って言うなら何ともないけど，「歴史じゃない」というコメントは許し難い，と言っている。

[5] かつて有斐閣の『書窓』という雑誌が学者・研究者に「なぜ研究者になったのか」というアンケートをしたことがある。そこで米倉誠一郎は，「『竜馬がゆく』を読んだから。でも実はビートルズに出会ったから」と答えていた。

あとがき　　221

大変だったんだから」と。

　浅沼さんが言うように，本当にくだらない本もあるけど，「U型」だって読む価値のある本はたくさんある。最近読んだ本で「U型」のいい本をいくつかあげると，Gordon (2016)，Baldwin (2016)，Milanovic (2016) など。ゴードンのアメリカ史の分厚い本，よくもこんなに克明に調べたもんだと感嘆。たしかにアメリカの経済発展に関心の向きには必読書だというのに異論はないし，読んで為になったけど，問題は分厚くて重たいこと。普段はキンドルで読んでいるけど[6]，「土曜ゼミ」の教材に使ったのでハードカバーで読んだが寝っ転がって読むには向かない。Milanovic (2016) は例の「象の絵」の本。長期の実証研究は，趣味だ。Baldwin (2016) は，理論的な本だと思って読んだけど，グローバリゼーションの歴史的研究で，読みやすかった。雁行形態論の絵だか写真はよくわからなかったけど。

　援助にはいろいろな目的があると思う。冷戦時の米ソ援助競争（狂騒？）を見れば，「われわれの陣営に入れよ，援助するよ，どう使おうと君（独裁者？）の自由だよ」という目的もあるだろう。国連は一国一票だから，アフリカの小さい国々に援助して（小さい金額でも経済規模からして「大きな」援助になる）常任理事国入りを支援してもらおうと日本の政治家は言う。彼らは国連安保理の常任理事国になることが目的なのだろうか。日本が常任理事国になったら国連がどう変わって世界がどのようによくなると言うのだろうか。日本が常任理事国になったら，世界の紛争が減り，より平和になるのだろうか。僕が不勉強なのかもしれないけど，常任理事国入りの目的をきちんと説明した文書はどこにあるのだろうか。

　外務省の「安保理改革 Q&A」[7]によれば，「安保理改革の早期実現や日本の常任理事国入りにはどのようなメリットがあるのですか？」の答えとして，「国連を中心とした多国間主義に基づく国際社会の平和と安全の維持が促進され，また，日本の国益を国際社会においてより良く実現していくことができるようになる」という。その答えを敷衍して5つのポイントが指摘されている。

---

[6] Baldwin (2016)，Milanovic (2016) は，キンドルで読んだ。

[7] 2014年1月21日。http://www.mofa.go.jp/mofaj/gaiko/un_kaikaku/j_rijikoku/qa.html

①安保理への信頼向上，ひいては日本周辺を含む国際社会の安定が増進される，

②世界各地の平和と安全へのより建設的な役割を果たすことが可能になり，日本の平和外交の発信力が強化される，

③安保理において国益を実現する[8]，

④国際社会への貢献に見合った地位と発言力を得ることができる，

⑤質の高い情報へのアクセスが高まる。

　援助は経済発展を側面から支援する政策手段だ。経済発展は一義的にはそれぞれの国が責任を負う。いろいろなところに書いているが，経済発展は「庶民の生活がよくなる」ことだと思っている（たとえば，浅沼・小浜 2007，p.4）。「Growth with Equity」と言い換えてもいい。これもいろいろなところに書いているが，経済発展は不断の構造変化の過程で実現される（たとえば，小浜 2013，p.18）。

　日本の ODA 原資は，日本人のポケットから出ているから（税金や郵便貯金のお金など），日本の国益に資するべく活用さるべきだというのはそのとおりだと思う。いまの日本にとっての「国益」は，世界経済の安定的発展だと思う。

　世界経済の相互依存関係の高まりの中で，援助の理念というものは考えなくてはいけないと思う。世界の国々はもはや互いに独立しては生きていけないようになっている。世界の国々は世界共同アパートに一緒に住んでいる住人と言えるのかもしれない。先進国は上の方の見晴らしの良い，しかも広い部屋に住んでいて，発展途上国は日当たりの悪い，そして小さい部屋に住んでいるということだろう。それぞれの部屋をどのように飾るかについては，先進国は直接的には関心はない。しかし，アパート全体の構造が，しっかりしているのか，あるいは揺らぎ始めているのかについて，先進国は重大な関心を持っているのである（小浜 2013，p.8）。トランプ政権は，どう考えているのだろうか。

---

[8] 国益については，「北朝鮮の核・ミサイル問題のような日本の安全保障に直接影響を及ぼす諸課題について，常に安保理での意思決定に参画することを通じて，日本の国益をよりよく守っていくことが可能になる」と説明されている。

あとがき　　223

　浅沼さんとは「趣味が合う」ところもあれば，全然「趣味が合わない」ところもある。何しろ，二人とも「肉食系老人」。何年か前，南アジアのある国に二人で「おしゃべり」に行った。出かける少し前，外務省の人だったか現地日本大使館の人だったか忘れたが，「日本食レストランはいくつかあります」といったe-mailが来た。老人は，海外に行っても，日本メシが不可欠と思ってのことだろう。浅沼さん，不思議そうな顔して，「日本メシなんて全然要らない」と言うので，僕は，「出張に行って，日本メシ，行きますよ，たとえばジャカルタ・ヒルトンの鉄板焼き」と応えた。大先生，「ジャカルタ・ヒルトンの鉄板焼きなら行ったことある」と。ある若い友人は，表現はもう少し丁寧だったかもしれないけど「小浜さん，年寄りなのに揚げ物好きですよね」と言う。われわれは「肉食系老人」であると同時に「揚げ物系老人」でもあるらしい。目黒のとんかつ屋など，大変趣味が合う。

　開高健が趣味だし，前前著は『近代経済成長を求めて』だからサイモン・クズネッツのアプローチも大いに気に入っている。

　一番趣味が違うのは，浅沼さんは酒を飲まない。はっきり言わないが，「お仕事」が好きなんだと思う。僕は一年365日呑んでるし，「お仕事」嫌い。でも不思議なことに，つまみがおいしい居酒屋は，浅沼大先生大好きなのです。新橋の居酒屋も日本堤の居酒屋も趣味らしい。

　数年前，ある呑み仲間に前著を送ったところ，「お前は，毎夜酔っぱらって騒いでると思ったら，たまには仕事もするんだ」といったe-mailが来た[9]。共通の友人にこのe-mailの話をしたら，「前半もあたってる」だと。

　ある女性は，「あなたは酔っぱらって，騒いで，昼寝してると，本が一冊書けるのよね」と言うし，別の呑み仲間は，「きのう，家内と田村町[10]に行ったけど，小浜さんいなかった」という。彼は，僕が毎晩田村町で呑んで騒いでると思ってるのだ。別の友人は，「小浜さんみたいに本能に忠実に生きてると，人生楽しいよね」などと言う。「小浜さん」だって，少しは仕事もするのです。

　2002年3月，メキシコのモンテレイで開かれた「国連開発資金会議（Inter-

---

[9]　「毎夜酔っぱらって騒いでる」以外のことも書いてあったが，それは内緒。
[10]　田村町（虎ノ門と新橋の間）にあった居酒屋。

national Conference on Financing for Development)」[11]で当時のブッシュ大統領は，2006 年までに世界銀行への出資を含めアメリカの ODA を 50 億ドル増額することを議会に要請したと述べた[12]。2001 年の「9/11」以降，手のひらを返したようなあからさまな方針転換であるが，悪い方針転換ではない。

　これに対していまのトランプ政権は，軍事費を増額し，援助予算は減らしたいという。アメリカのムニューシン財務長官は 2017 年 3 月 24 日，ワシントンで開かれたイベントで，「アメリカの労働者にとって利益にならない貿易協定は再交渉していく。われわれは保護主義にはならないが，再交渉で利益が得られなければ，（保護主義に）ならざるをえない」と述べたと報道されている（『讀賣新聞（電子版）』2017 年 3 月 25 日）。トランプ政権の閣僚だから，こう言うだろうが，「アメリカの労働者にとって利益にならない」というのは，短期的利益を指しているのだろうか。「再交渉で利益が得られなければ，（保護主義に）ならざるをえない」というのは，保護主義になった方がアメリカの労働者にとって利益になるというのだろうか。そうすることが「アメリカを再び偉大な国にする」ことなのだろうか。

　いくら常識がない小浜さんでも 70 年近く生きてきたから，世の中にいろいろな人がいることはわかる。でも，漢字が読めない人や文楽の良さを理解できない人たちとは，お友達になりたくない。「脳もないくせに偉そうな口きく人」も嫌いだ。歴史に関心がなく，当然，歴史を勉強したこともない政治家は困りものだ。某大国の大統領，某元経済大国の総理大臣しかり。

　ノンフィクション作家の高野秀行は，「地方にこそその国の現実が見える」と言う（高野 2017, p.26）。ある友人は，「途上国に行って首都に 3 日いて政治家お役人学者ジャーナリストたちと話せば，その国の経済についてモノを書くことができる」と言う。でも，「1 週間以上いて，地方に行ったりすると，いろいろ考えて，書けなくなる」と言う。われわれは，どちらかというとマクロ屋さんだと思う。ボックスの中には援助プロジェクトもあるから，ミクロに関心がないわけではない。でも，「西ジャワの A 村と B 村の比較分析」といった論文は書けない。

---

[11] 「国連開発資金会議」の日本政府の対応については，小浜（2002）参照。
[12] http://www.un.org/ffd/statements/usaE.htm

あとがき　　225

　内戦後のスリランカを車で北まで行くと，内戦とその破壊，復興のための国際社会の支援を目の当たりにすることができる。日本でも時々報道されるが[13]，スリランカ南部のハンバントゥタに行けば，「援助は国際政治だ」という現実を目の当たりにすることができる。

　世の中知らないことだらけだ。山崎正和のオーラルヒストリー（山崎 2017）などを読むと，自分が生きてきた時代の日本でも，知らないことがいっぱいある[14]。山崎正和は御厨貴との対談で，「戦後の日本は一貫して国内を精緻に整備してきて，何かと騒がしい世界情勢の中で稀なほど安定した国になりました。と同時に世界に対しては何も提案しない国のままでやってきた（笑）」と言っている（山崎・御厨 2017, pp.131-132）。「吉田ドクトリン」と軌を一にする。この本の議論に関連させれば，日本の援助は「中期倍増計画」などで，ある時期金額では世界一の援助大国となった。でも，これは何か理念があってのことではない。「経済大国になったのに，世界の平和維持に軍事的貢献ができないなら，援助でもどんどん増やせ」とアメリカに言われたからだろう。70歳も近いから充分老人だが，幸か不幸かまだまだ好奇心は衰えない。

　寺西（2017）のような「通説にチャレンジする」研究を読むと，好奇心はますます掻き立てられる。山崎正和のオーラルヒストリーも箴言に満ちている。たとえば，「インターディシプリナリー」，「学際的」という言葉への懸念。ディシプリンに弱い人が「インターディシプリナリー」を唱えているという指摘は同感。一方，梅棹忠夫はまさに「インターディシプリナリー」を絵に描いたような学者だというのも，本当にそうだと思う（山崎 2017, pp.214, 222）。「ある時期まで，日本の役人は国士の気風を持っていました」（山崎 2017, p.245）という指摘をいまの官僚たちはどう受け止めるのだろうか。

　戦争直後浅沼さんたち悪童は，近くの閉鎖された飛行場の倉庫にあった戦闘

---

[13]　たとえば「インド洋覆う中国資金　スリランカ・ハンバントタ港…借金漬け重要港の譲渡迫る」『讀賣新聞（電子版）』2017 年 6 月 26 日。

[14]　たとえば，全共闘などの学生運動で社会が混乱し，演劇もまるごとつぶされたなか，「それでも日本社会のアイデンティティはしっかりと経済によって守られていた。あの混乱期にも経済は高度成長を続けている。これも不思議といえば不思議です。あれだけの社会的混乱を経ながら，しかも知的な分野での大混乱がありながら，経済だけは素知らぬ顔をして伸びていたわけです」（山崎 2017, p.163）。

機の燃料タンクに防弾のために貼るゴムを盗んでゴム草履用に売ったことも
あると言う。世界銀行に入ってからだろうか，浅沼さんは，「ハーシュマン先
生のお供をしてインドに出張したとき」などと平然と言う。歳は10歳くらい
しか違わないのに，開発の古典を書いた人が同僚（？）だとは，まるで石器時
代人のようだ。仕事でもメシでも好奇心旺盛で，一緒に出張に行って「夜，何
食べる？」と訊くと，たいていは「肉」と答える。時には，砂浜の小屋がけレ
ストランでエビと魚と言うこともあるが（数年前，南アジアの某国に行ったと
き，「もう何十年も行ってないけど，まだあるかなあ」といいつつ砂浜のレス
トランを見つけ出した）。

　勁草書房の宮本詳三さんとはかれこれ30年以上のつきあいだ。翻訳などい
ろいろ数えると10冊くらい宮本さんと一緒に作っている。だいぶ前のこと
だが，武蔵境駅前で篠原三代平先生と飲んで二人でお宅まで送ったこともあ
る[15]。「歩くオーバーコミットメント」と揶揄されている小浜さん，いっぱい
いっぱい仕事が遅れているのに，浅沼・小浜の4冊目も考えている。

　2017 年夏

小浜　裕久

---

[15] 記録を調べたら，2002 年 6 月 13 日のことだ。

索　引

数字・アルファベット

1948 年経済協力法（Economic
Cooperation Act of 1948）　17
1961 年対外援助法（The Foreign
Assistance Act of 1961）　18
1 日 1 ドル　98
2 つのギャップ理論　67, 71, 75
9.11 事件　125
AIIB（Asian Infrastructure Investment
Bank, アジアインフラ投資銀行）　111,
153, 203
BHN（Basic Human Needs）　93, 122,
168
BHN（Basic Human Needs）アプローチ
68
BRICS　60, 152
BRICs　60
BRICS 銀行　111, 155
DAC（Development Assistance
Committee, 開発援助委員会）　20, 21,
26, 29
DfID（Department for International
Development）　80, 127, 131, 201
F/S（フィージビリティ・スタディ）　81,
82
FDI（直接投資）　129, 174, 178, 180,
182
G5　88
G7　24, 88, 108
GATT（General Agreement on Tariffs
and Trade）　14
GNI（Gross National Income, 粗国民所

得）　23
ICT（Information and Communications
Technology, 情報通信技術）　134
IDA（International Development
Association, 国際開発協会，第 2 世銀）
17, 27, 28, 76, 77, 183, 197
IMF（国際通貨基金）　12, 13, 19, 32, 54
IPP（Independent Power Producers）
154
IPP プロジェクト　196, 197
IUCN（International Union for
Conservation of Nature and Natural
Resources）　131
JANIC（Japan NGO Center for
International Cooperation）　131
JICA（国際協力機構）　80, 102, 103,
119, 121, 131
MDG パラダイム　93, 95, 125-127, 129,
130, 139, 144, 145, 148, 161, 163, 203
MDG/SDG パラダイム　186, 203
MDGs（ミレニアム開発目標）　19, 25,
68, 70, 94, 97, 98, 126-128, 133,
135-138, 140, 147-149, 151, 156,
159-161, 164-170, 181, 182, 186, 189,
191
MDGs 達成　139
MDGs フェスタ（MDGs 祭り）　148,
156
NATO（No Action, Talk Only）　193,
203
NGO　70
ODA　（Official Development

Assistance) 11, 17
ODA 大綱（政府開発援助大綱） 109,
110, 121, 122, 202
ODA 大国 99
ODA 体制 127, 139
ODA の数量信仰 189
ODA パラダイム 65, 69-71, 75, 87,
100, 129, 190, 198
OECF（Overseas Economic
Cooperation Fund, 海外経済協力基金）
29, 101, 104, 119, 121, 131
OOF（Other official flows） 28
OXFAM 131
PPP（Public-Private Partnership, 官民連
携） 154, 184, 195, 196
SAL（Structural Adjustment Loans）
89
SDGs（Sustainable Development Goals,
持続可能な開発目標） 70, 71, 97,
149-151, 156, 159, 160, 181, 189, 191
SDGs フェスタ 150, 182
SECAL（Sector Adjustment Loans）
89
UNCTAD 会議（UNConference on Trade
and Development） 21
UNDP（United Nations Development
Program, 国連開発計画） 31, 32, 122,
127, 136

ア行
アクラ行動アジェンダ（Accra Agenda for
Action） 142
アジア開発銀行（Asian Development
Bank, ADB） 28, 32, 54, 80, 197
アジア金融危機 59, 160
アジア地域のヘゲモンの顔 100, 111
アジアの巨人・日本 109
アジスアベバ会議 150, 189
アドボカシー・グループ 70
アフリカ委員会（Commission for Africa）
201

アフリカ開発会議（TICAD） 111
アメリカの AID 80
アラインメント 141
あらまほしき目標 134
安全保障のための援助（security aid） 66
アンタイイング（ひも付き援助の廃止）
142
家産制（Patrimony） 48
移行国 58, 125
異端の意見（not politically correct）
148
一次産品 40, 41
一次産品輸出 67, 71
一般財政支援 29, 191
印僑 48
インスティテューション 177
インソルベンシー（破産） 56
インダストリー・ターゲティング（industry
targeting） 178
インフラストラクチャー・デフィシット
（infrastructure deficit） 155
インフラ不足 127
ウォルフェンソン，ジム 94, 102
失われた 10 年 62
エコノミック・アニマル 109
円借款 118, 119, 189
援助アーキテクチャー 33, 127, 139
援助競争 25, 125
援助国グループ 32, 142
援助大国（Aid Super-power） 110
援助庁 121
援助調整（aid coordination） 32
援助法 121
オイルショック 37, 51-57, 62, 68, 87,
89, 107, 108, 110, 153, 154
オイル・ファシリティ（石油融資制度） 54
欧州復興援助 17
欧州復興開発銀行 80
オーナーシップ 117, 120, 128, 141
オルソン，マンスール 158

カ行

海外技術協力事業団（OCTA）　102
海外経済協力基金　→　OECF
外貨ギャップ（Foreign Exchange Gap）
　73
開発5ヵ年計画　187
開発アジェンダ　161
開発援助アナーキー　129
開発援助基金　190
開発援助グループ（Development
　Assistance Group, DAG）　26
開発協力大綱　112, 122, 203
開発計画　82
開発コミュニティ　127
開発政策ローン（Development Policy
　Loan）　92
開発のパートナー　140
開発パートナーシップ・グループ　32, 142
開発パラダイム　97
開発プロジェクト（projects for
　development）　30, 71, 75, 190
開発プロジェクト・アプローチ　80, 81
開発プロジェクト援助　67, 75
開発プロジェクト援助のパラダイム　67
開発プロジェクト文化（culture）　75
華僑　48
拡大基金融資制度（Extended Fund
　Facility, EFF）　54
ガバナンス　118, 137, 191
環境と開発会議（Rio Conference on the
　Environment and Development）
　132
雁行形態　58, 221
願望としての目標（aspirational targets）
　166, 182
機会費用　80
基金（ファンド）　190
既得権益　54
機能主義（Functionalism）パラダイム
　193
機能主義的援助　199

キャッシュ・トランスファー・プログラム
　167
キャッシュ・トランスファー制度　135
キャッチアップ　192
ギャップ理論　80-82, 129
キャパシティ・ビルディング　76
キューバ　115
狂宴　187
近代経済成長（Modern Economic
　Growth）　172
金本位制度　14
グラント・エレメント　17
クローニー・キャピタリズム（crony
　capitalism）　48, 49
グローバリゼーション　26, 38, 40, 51,
　58-61, 63, 112, 174, 175, 178, 186,
　188, 221
グロス（粗額）　104
経済外交の顔　100, 107
経済協力省（the Ministry for Economic
　Cooperation）　29
経済計画　43, 44
経済成長・発展委員会　162
経済復興基金（Kreditanstalt fur
　Wiederaufbau, KfW）　29
経済連携協定　113
計算価格（accounting price）　81
啓発された自己利益（Enlightened
　self-interest）　95
ケインズ　12
ケインズ案　14
交易条件　46, 71, 89
交易条件悪化　41
効果的な開発協力のための釜山パートナーシ
　ップ　142
公共財　178
公共財政管理　194
公共財政管理強化プログラム（Public
　Financial Management Strengthening
　Program, PEMSP）　198
公共政策サポート　180-182

工業団地　179, 180
公共投資計画（Public Investment Program, PIP）　82, 117, 190
後進国（backward countries）　185
構造改革　44
構造改革パラダイム　177
構造調整（structural adjustment）　56, 57, 89, 122
構造調整援助　68, 129
構造調整借款あるいは贈与　69
構造調整政策　68, 88, 90, 91, 130
構造調整政策のパラダイム　82, 87
構造調整政策融資　91, 92
構造調整ローン（あるいは，クレジット）　89
高度経済成長　109, 123
後発発展途上国　38
小切手外交　121
国益　123
国際開発協会　→　IDA
国際開発金融機関（International Financial Institutions, IFIs）　127, 155
国際開発庁（Agency for International Development）　29
国際協力機構　→　JICA
国際協力銀行（JBIC）　102, 104, 119, 121
国際協力事業団（JICA）　102
国際金融システム　12
国際収支ギャップ　89
国際収支支援　66
国際通貨基金　→　IMF
国際通貨制度　12
国際復興開発銀行（IBRD）　12, 13
国際貿易機構（International Trade Organization, ITO）　14
極貧（extreme poverty）　97
国連開発計画　→　UNDP
国連外交官，開発外交官と国際 NGO 人間の饗宴＝狂宴　144
国連外交の顔　100, 110

国連開発の 10 年（United Nations Development Decade）　19, 24
国連ミレニアム・サミット　97, 111, 125, 128, 133
国連ミレニアム宣言　133
国家計画委員会（National Planning Commission）　44
ゴールデン・イヤーズ　37, 61
コロンボ・プラン　100
混合経済体制　43, 44
コンディショナリティ　69, 90, 92, 118, 142
コンバージェンス（所得水準の収斂）　37, 62, 192

サ行
財政支援　66
財政投融資　119
再分配を伴う成長　94
債務の持続可能性　84, 86
債務の持続可能性分析の枠組み（Debt Sustainability Analysis, DSA）　84
債務不履行　27
債務返済能力　27
債務累積　27
サックス，ジェフリー　136-138, 147, 148
サッチャー　202
サッチャリズム　87
サブサハラ・アフリカ　87, 115, 126, 130, 132, 145, 151, 160, 173
サプライヤー・クレジット（suppliers' credits）　27, 50, 79
参加型アプローチ　141
産業政策　178
サンフランシスコ平和条約　101
資源の呪い　173, 184, 194, 197
事後評価　190
支出純額　104
支出総額　104
自助　118

自助努力　117, 120, 121
持続可能な開発目標　19, 149
社会開発のための首脳会議（Copenhagen Summit on Social Development）　132
社会主義型の社会（Socialistic pattern of society）　43
社会的持続可能性　86, 130, 131
シャドウ・プライス（shadow price）　81
従属関係　36
重力理論　117
純資源移転（net resource transfer）　104, 105
商品援助　66
植民地主義　39
女性会議（Beijing Conference on Women）　132
所得格差　152
所得分配　152
シンガー，ハンス　41
新開発銀行（New Development Bank, NDB）　152, 155
新興援助国（Emerging donors）　153
新興市場国（emerging market economies）　38, 60, 175
人口と開発会議（Cairo Conference on Population and Development）　132
新常態（New Normal）　38, 61
新シルクロード　111
進捗計測指標（Indicators of Progress）　142
人的資本　176
人道的配慮　121
進歩のための同盟（Alliance for Progress）　29
垂直分業　39
スウェーデン国際開発公社（Swedish International Development Authority, SIDA）　29
数量信仰のギブアップ　189
スタグフレーション　53

ストリーテン，ポール　94
スーパー・コモディティ・サイクル　60, 62
スーパーサイクル（長期循環）　38, 84
スハルト　109
すべての国民のための教育会議（Jomtien Conference on Education for All）　131
政策対話　120
政策能力ギャップ　180, 181, 183
成長と発展委員会（Growth and Development Commission）　57
成長のエンジン　41
成長を通じた配分（Redistribution with Growth, RWG）　68
制度経済学　172
政府開発援助大綱　→　ODA 大綱
世界銀行（国際復興開発銀行）　12-14, 16, 18, 19, 27, 30-32, 54, 57
世界大恐慌　40
石油の呪い　55
セクターワイド支援　191
絶対的貧困　152
絶対的貧しさ（extreme poverty）　97
セーフティーネット　135, 166, 170
セン，アマルティア　94, 131, 160, 163, 165
戦時賠償　100, 101
相互依存関係の認識　121
宗主国　39
ソフト・インフラ　195, 198
ソフト・パワー　200, 201
ソロス財団　146

タ行
第 1 次オイルショック　24, 37
第 2 世銀　→　IDA
第三世界　125
大不況（The Great Recession）　38, 61
多国籍企業　174, 180, 182
田中角栄　108

単なる願望的目標（mere aspirational
targets） 135
地域開発銀行 80
チープレイバー 41
チャーチル 12
中期計画 109
中期目標 106
中所得国の罠 174
中心国対周辺国（the center-periphery）
62
長期停滞 61, 63
直接投資 → FDI
貯蓄・投資ギャップ 82
貯蓄ギャップ（Savings Gap） 72
通商国家 115
低開発国（undeveloped countries） 185
帝国主義 39
テキーラ危機 59
デフォルト（債務返済不能） 30, 55, 59,
60
統計オタク 20
投資・貯蓄ギャップ（Investment-Savings
Gap） 72, 82
投資環境（investment climate） 179
投資吸収能力（absorptive capacity）の不
足 72
ドゥレーズ，ジャン 160, 163, 165
ドゥレーズ＝セン 164, 165, 169
途上国債務危機 55
トラック・トゥー 161
トラック・ワン 161, 168, 169, 171, 177
取引コスト（transaction cost） 143
ドル不足 27

ナ行
ナムチュン2 183
ナルマダ・プロジェクト 153
ナルマダ救済運動（The Save Narmada
Movement） 153
ニクソンショック 107, 108
日本開発銀行 119

日本輸出入銀行 27, 101, 119, 121
人間開発 192
人間開発指標（Human Development
Index, HID） 94, 164-166
人間開発報告書（Human Development
Report） 68, 131, 164
人間の安全保障 111, 113, 122, 165,
187, 192, 193
人間の顔の見える改革 70
人間の顔をした構造調整 91
ネット（純額） 104
ネルー，ジャワハルラル 43
農工間交易条件 50

ハ行
バイの開発援助機関 80
ハク，マブブ・ウル 68, 93
バーグ報告書 87
バグワティ，ジャグディシュ 160, 163,
166
バグワティ＝パナガリヤ 160, 169-171,
177
覇権国家 66, 114
破綻国家 198
パックス・アメリカーナ 114, 115
ハード・インフラ 194, 195
パナガリヤ，アルビンド 160, 163
ハバナ会議（1947年） 14
パフォーマンス基準 118
パリ協定 120
パリ宣言 128, 129, 139-144, 192
ハル，コーデル 11
バンドン会議 78
万民のための教育 96
ピアソン委員会報告書 189
比較優位 42, 49
東アジアの奇跡（The East Asian Miracle）
57, 162
ビッグプッシュ 138, 145
非同盟国グループ（Non-Aligned
Movement） 78

費用・便益分析　81
ビル&メリンダ・ゲイツ財団　131
貧困削減　62, 91, 93, 113, 126-128,
　134, 140, 144, 151, 152, 161, 186, 198,
　200, 202
貧困削減戦略（Poverty Reduction
　Strategy）　138
貧困削減戦略文書（Poverty Reduction
　Strategy Paper）　167, 168
貧困のカーテン　93
貧困の罠　137, 138
貧困撲滅　131, 148, 149, 159, 162
ヒンズー的成長率　58, 163, 170
ファイナンス・プラス　76, 106, 129,
　183, 184, 193
ファンジビリティ（Fungibility, 流用可能
　性）　67, 73, 74
福田ドクトリン　106, 109, 110
釜山合意　142
双子の赤字　37
ブラジルの奇跡　46, 49
ブレトンウッズ会議　13-15
ブレトンウッズ機関　78
ブレトンウッズ体制　12, 86
プレビッシュ, ラウル　41, 189
プログレサ（Progresa）　167
プロジェクト・アプローチ　75, 82
プロジェクト・フォーカス　31
フロンティア経済（frontier economies）
　176
米州開発銀行（Inter-American
　Development Bank, IDB）　28, 54,
　80
米ソ援助競争　221
平和構築　122
貿易立国　115
包摂的成長（Inclusive growth）　135,
　152
浦項綜合製鉄（POSCO）　48
ポピュリスト　157
ボルサ・ファミリア（Bolsa Familia）

167
ホワイト案　14, 15

マ行
前川レポート　110
マーシャル・プラン　17, 18, 101
マディソン, アンガス　20
マハティール首相　202
マハラノビス　44
マハラノビス・モデル　44
緑の革命　145
ミリカン, マックス　67, 114
ミリカン＝ロストウ・ドクトリン　114,
　115
ミレニアム・チャレンジ・アカウント
　（Millennium Challenge Account）
　126
ミレニアム・チャレンジ・コーポレーション
　（Millennium Challenge Corporation）
　126
ミレニアム・プロジェクト　136, 143, 144
ミレニアム・プロミス　144
ミレニアム開発目標　→　MDGs
ミレニアム信託基金　136
ミレニアム宣言　94, 135
ミレニアム村落総合開発プロジェクト
　（Millennium Villages Project）　144,
　146-148
民生安定のための物資援助　66
モーゲンソー, ヘンリー　11
モラルハザード　118
モンテレイ会議　25, 125, 139, 189

ヤ行
融資条件（コンディショナリティ）　91
ユーロ危機　61, 160
ユーロ市場　52, 53
ユーロバンク　52
輸出・輸入ギャップ（Export-Import Gap）
　73, 82
輸出志向工業化　51, 57

譲許性　17
輸入代替工業化　39, 40, 42, 43, 45-47,
　49-51, 56-58, 69, 82
要請主義　116, 117, 120
幼稚産業　47
幼稚産業保護　69
吉田ドクトリン　110, 115, 116
吉田ビジョン　115

ラ行
ライセンス・ラージ（License Raj）　45
リーマンショック　61, 63, 160
リオ会議　96
ルイス，アーサー　189
冷戦　114

レーガノミックス　87
レバシリ　39, 48
連帯感（solidarity）　140
レント　49
レントシーキング　178
ロストウ, W. W.　67, 114

ワ行
ワシントン・コンセンサス（Washington
　Consensus）　56, 90, 118, 130, 153,
　177
ワシントン輸出入銀行（The
　Export-Import Bank of Washington,
　のちに The Export-Import Bank of the
　United States と改名）　27

著者略歴

浅沼　信爾（あさぬま　しんじ）
1961 年　一橋大学経済学部卒業
（株）東京銀行，世界銀行エコノミスト，クーンロープ投資銀行極東代表事務所代表，世界銀行計画・予算局長，同アジア第 1 局長，S. G. ウォーバーグ（現 UBS 銀行）取締役兼ウォーバーグ証券東京支店長，千葉工業大学教授，一橋大学教授を経て，
現　在　一橋大学国際・公共政策大学院（アジア公共政策プログラム）客員教授および国際協力機構（JICA）客員専門員。
著　書　『国際開発援助』東洋経済新報社，1974 年；*Yen for Development,* Council on Foreign Relations Press, 1991（共著）(ed. By Shafiqul Islam)；*Widjojo Nitisastro's 70 Years: Theory, Policy and Practices (Essays on the Economic Development of Indonesia, 1966-1990)*（共著）(eds. Moh. Arsjad Anwar, Aris Ananta and Ari Kuncoro, "External Debt Management: Indonesia's Experience in 1975-1985", (Chapter 5), 1998, Kompas, Jakarta；『近代経済成長を求めて―開発経済学への招待』勁草書房，2007 年（小浜裕久氏と共著）；『途上国の旅：開発政策のナラティブ』勁草書房，2013 年（小浜裕久氏と共著）など。

小浜　裕久（こはま　ひろひさ）
1974 年　慶應義塾大学大学院経済学研究科修士課程修了
現　在　静岡県立大学名誉教授
著　書　*Lectures on Developing Economies-Japan's Experience and its Relevance,* Tokyo: University of Tokyo Press, 1989 (with Kazushi Ohkawa)；『日本の国際貢献』勁草書房，2005 年；*Industrial Development in Postwar Japan,* London: Routledge, 2007；『近代経済成長を求めて―開発経済学への招待』勁草書房，2007 年（浅沼信爾氏と共著）；『ODA の経済学（第 3 版）』日本評論社，2013 年；『途上国の旅：開発政策のナラティブ』勁草書房，2013 年（浅沼信爾氏と共著）など。
訳　書　『エコノミスト　南の貧困と闘う』東洋経済新報社，2003 年（共訳）；『傲慢な援助』東洋経済新報社，2009 年（共訳）；『援助じゃアフリカは発展しない』東洋経済新報社，2010 年（監訳）；など。

ODA の終焉　機能主義的開発援助の勧め

2017 年 9 月 25 日　第 1 版第 1 刷発行

著　者　浅沼　信爾
　　　　小浜　裕久

発行者　井村　寿人

発行所　株式会社　勁草書房

112-0005 東京都文京区水道 2-1-1　振替 00150-2-175253
（編集）電話 03-3815-5277／FAX 03-3814-6968
（営業）電話 03-3814-6861／FAX 03-3814-6854
大日本法令印刷・牧製本

©ASANUMA Shinji, KOHAMA Hirohisa　2017

ISBN978-4-326-50440-4　Printed in Japan

JCOPY　〈(社)出版者著作権管理機構　委託出版物〉
本書の無断複写は著作権法上での例外を除き禁じられています。複写される場合は，そのつど事前に，(社)出版者著作権管理機構（電話 03-3513-6969，FAX 03-3513-6979，e-mail: info@jcopy.or.jp）の許諾を得てください。

＊落丁本・乱丁本はお取替いたします。
http://www.keisoshobo.co.jp

開発経済学の挑戦

三重野文晴

金融システム改革と東南アジア
長期趨勢と企業金融の実証分析

A5 判　3,600 円
54605-3

国宗浩三

IMF 改革と通貨危機の理論
アジア通貨危機の宿題

A5 判　3,700 円
54604-6

森壮也・山形辰史

障害と開発の実証分析
社会モデルの観点から

A5 判　3,200 円
54603-9

高橋基樹

開発と国家
アフリカ政治経済論序説

A5 判　4,200 円
54602-2

黒崎　卓

貧困と脆弱性の経済分析

A5 判　3,400 円
54601-5

戸堂康之

技術伝播と経済成長
グローバル化時代の途上国経済分析

A5 判　3,300 円
54600-8

浅沼信爾・小浜裕久

途上国の旅：開発政策のナラティブ

A5 判　3,700 円
50386-5

浅沼信爾・小浜裕久

近代経済成長を求めて
開発経済学への招待

A5 判　2,800 円
50296-7

勁草書房刊

＊表示価格は2017年9月現在，消費税は含まれておりません。